回望
汪曾祺

王干主编

我们的汪曾祺

苏北 编

广陵书社

图书在版编目（CIP）数据

我们的汪曾祺 / 苏北编. -- 扬州 : 广陵书社，
2016.7
（回望汪曾祺 / 王干主编）
ISBN 978-7-5554-0580-1

Ⅰ. ①我… Ⅱ. ①苏… Ⅲ. ①汪曾祺（1920-1997）
—纪念文集 Ⅳ. ①K825.6-53

中国版本图书馆CIP数据核字(2016)第141339号

书　　名	我们的汪曾祺
编　　者	苏　北
责任编辑	丁晨晨
出版发行	广陵书社
	扬州市维扬路 349 号　　　邮编　225009
	http://www.yzglpub.com　E-mail:yzglss@163.com
印　　刷	三河市华东印刷有限公司
开　　本	650 毫米 ×940 毫米 1/16
印　　张	20
字　　数	212 千字
版　　次	2016 年 7 月第 1 版第 1 次印刷
标准书号	ISBN 978-7-5554-0580-1
定　　价	56.00 元

前　言

"我们一直呼唤大师，也一直感叹大师的缺席。但有时候我们常常容易忽略大师的存在，尤其是大师在我们身边的时候，我们会选择性地失明。有一个作家去世十八年了，他的名字反复被读者提起，他的作品被反复重版，年年在重版，甚至比他在世的时候，出版的量还要大。我们突然意识到一个大师就在我们身边，而我们却冷淡了他，雪藏了他。他就是汪曾祺。"这是著名评论家王干先生在《被遮蔽的大师——论汪曾祺的价值》里对汪曾祺的评价。

"回望汪曾祺"这套丛书，就是回应王干先生并向汪曾祺致敬的一套关于汪曾祺著作和评价的文丛。先期出版五种：《夜读汪曾祺》《人间送小温——汪曾祺年谱》《汪曾祺诗词选评》《汪曾祺论沈从文》《我们的汪曾祺》。

《夜读汪曾祺》是著名评论家王干先生三十多年来研究汪曾

祺文章的汇编，从多种角度解读汪曾祺为文为人和对中国当代文学的贡献，并由此认为"汪曾祺可以当之无愧被称为 20 世纪中国的文学大师，他的'大'在于融汇古今、贯通中西，将现代性和民族性成功融为一体，将中国的文人精神与民间的文化传统有机地结合，成为典型的中国叙事、中国腔调。他的价值是中国文学和文化的瑰宝，随着人们对他认识的深入，其价值越来越弥足珍贵，其光泽将会被时间磨洗得越发明亮迷人。"《人间送小温——汪曾祺年谱》是徐强先生花费多年心血研究整理的国内首部完整的汪氏年谱，具有极高的文献价值。《汪曾祺诗词选评》是金实秋先生对汪曾祺的诗词楹联的点评，有的诗词楹联还是第一次正式出版。《汪曾祺论沈从文》是刘涛先生对汪曾祺怀念老师沈从文的十余篇文章的解读。《我们的汪曾祺》由苏北先生选编，是国内文化名人、作家、评论家、读者怀念和评价汪曾祺的文章的一次集中展示。

我们回望汪曾祺，是因为汪曾祺的文学作品越来越受到读者的推崇和喜爱，并无可争议地成为当代文学大师。也正如王干先生所说："当中国文学回归理性，民族文化的自信重新确立的时候，汪曾祺开始释放出迷人而灼热的光芒来。"

广陵书社编辑部

目 录
CONTENTS

也说曾祺

黄　裳

曾祺在文学上的"野心"是"打通"，打通诗与小说散文的界限，造成一种新的境界，全是诗。有点像钱默存想打通文艺批评古今中西之间的境界一般。可惜中道殒殂，未尽其志。"未尽才"，哀哉！

苏北老兄：得《温暖的汪曾祺》一册，漫读一过，颇有所感。曾祺弃世十年矣，还有人记得他，为他编纪念文集，这使我感到温暖。也许我的感觉不对，今天记得曾祺的人正多，只是未见诸文字、行动。年来闭户索居，耳目闭塞，为我所未见、未知。总之，曾祺身后并不寂寞，他的作品留下的影响，依然绵绵无尽，这是肯定无疑的。

先说他的作品。除了流誉众口的《受戒》《大淖记事》等两个短篇，我的感觉，足以称为杰作的是《异秉》（改本），能撼动人心的是《黄油烙饼》和《寂寞和温暖》，这两篇都含有"夫子自道"的成分。《七里茶坊》也好，但采取的是旁观态势。最晚的力作则是《安乐居》。

值得一说的是他的《金冬心》。初读，激赏，后来再读，觉得不过是以技巧胜，并未花多大力气就写成了，说不上"代表作"。说来颇有意思，我也曾对金冬心发生过兴趣，编过一本《金冬心事辑》，从雍乾间冬心朋辈的诗文集中辑取素材，原想写一篇清前期扬州盐商、文士、画人之间关系的文章，一直未下笔，见曾祺的小说，未免激赏。后来重读，觉得这正是一篇"才子文章"，撷取一二故实，穿插点染，其意自见，手法真是聪明，但不能归入"力作"。

但从此又引出另一有趣话题。有论者说汪曾祺是最后一位士大夫型文人；又有人说，汪是能作文言文的最后一位作家。我翻过他的《全集》，并未发现他有一两篇文言作品，但为何会给人留下如此印象？这就不能不从他的语言运用、文字风格去找原因。是他的语言文字给读者留下了浓郁而飘浮的特异气氛的结果。

"……罗汉堂外面，有两棵很大的白果树，有几百年了。夏天，一地浓荫，冬天，满阶黄叶。"这是曾祺笔下的一节文字（见《桥边小说》中的《幽冥钟》。另外在《钓鱼的医生》里有"一庭春雨，满架秋风"句，可以比观）。偶然相遇，不禁有奇异的生疏而兼熟悉之感。这岂非六朝小赋中的一联？写出了环境、气氛，既鲜明又经济，只用了八个字，以少许胜多许，而且读来有音节、韵律之美，真是非常有力的手法。平视当代作者，没有谁如此写景抒情。这是最后一位士大夫么？是"文言文"么？

　　回忆一九四七年前后在一起的日子。在巴金家里，他实在是非常"老实"、低调的。他对巴老是尊重的（曾祺第一本小说，是巴金给他印的），他只是取一种对前辈尊敬的态度。只有到了咖啡馆中，才恢复了海阔天空、放言无忌的姿态。月旦人物，口无遮拦。这才是真实的汪曾祺。当然，我们（还有黄永玉）有时会有争论，而且颇激烈，但总是快活的，满足的。我写过一篇《跋永玉书一通》，深以他俩交往浸疏为憾，是可惜两个聪明脑壳失去碰撞机会，未能随时产生"火花"而言。是不是曾祺入了"样板团"、上了天安门，形格势禁，才产生了变化，不得而知。曾祺的孩子汪朗虽有所解说，但那是新时期的后话了。

　　不能不联想到沈公（从文）。

　　从《沈从文全集》的通信部分看，他是写过不少信件，包括对公私各方面，对他的工作、处境，有说不尽的牢骚，充分诉说了生命受过的重重挤压。但在一九六二年，当局面多少有些宽松之际，他以政协委员身份得到外出视察的机会时，久被压抑的心情得到弛放，他写起诗来，对同游的委员们也不无讥嘲。我当时向他索得几页诗稿，在报上发表了，让他在久离文坛后与读者有个见面机会。诗稿是用毛笔蓝墨水写在红格账簿纸上，一色漂亮的章草。诗见报后从文即来信，索回原稿，他的理由是："旧体诗刊载过多，对年轻人无多意思。""拙诗最好莫再分割刊载，因为如此一来，对读者无多意义，对作者亦只能留下一种填篇幅痛苦不好受印象。"坚持索回原稿。来信至再至三，而且越来越"严肃"，使我十分恼火，曾向永玉诉说："沈公是怎么啦？"永玉说，随他去吧，老毛病啦。于是手稿至今仍压在手底。沈公写的是五言排律，也许是读了周作人在老虎桥所写的《往昔》组诗而引起了诗兴，不知可的确。

上世纪五十年代，我有两次与曾祺同游。一次是随团去香港访问，不知曾祺是否曾被邀作报告，我是有过经验的。推辞不掉，被邵燕祥押赴会场（燕祥兄与陆文夫似同为领队）。并非我不喜说话，实在是觉得那种在会场上发言没有什么意思。又一次与曾祺同游，一起还有林斤澜，叶兆言负责照管我们的生活，从扬州直到常州、无锡，碰到高晓声、叶至诚。一路上每逢参观院校，必有大会。曾祺兴致甚高，喜作报告，会后请留"墨宝"，也必当仁不让，有求必应。不以为苦，而以为乐。这是他发表《受戒》后声名鹊起以后的事。

这是社会环境、个人处境的变化对作家内心有所影响而产生的后果的两个好例。

我以《故人书简》为题写过几篇纪念曾祺的文章，差不多每篇都全录曾祺原信。以为这样做好，可以保存他的文字原貌，实在是想要删减也不易。有一封关于王昭君的抬杠信，可以见当年在酒店、咖啡馆里谈天的风景。谈天中争论是常事，事过即了，不以为意。此后曾祺没有就此议题继续谈论。我想关于王昭君，应以老杜"群山万壑赴荆门"一律为不刊之作。杜甫是贴着昭君这个活生生的人下笔，不是当作政治筹码说事的。

曾祺后来曾写过北京京剧院五大头牌的文章，写张君秋，有这样一节：

演《玉堂春》，已经化好了妆，还来四十个饺子。

前面崇公道高叫一声："苏三走动啊！"他一抹嘴："苦哇！"就出去了，"忽听得唤苏三……"

这一节写得生香活色，但却戛然而止。要知道他对张君秋更多的评论，那封信里有，而且是真知灼见。当年发表时本想删去此段，转而想人已不在，留下几句真话也好。从这种小事看，曾祺为文，不是没有斟酌、考虑的。他自有他的"分寸"。

我写过一篇记沈从文的文章，开篇就说，沈是一位写文章的人。对作家这样说，岂非废话！真实的意思是，他是凭一支笔闯天下的人。其实别人何尝也不是如此。老实说，我们这一代的作者都是没有什么"学问"的，多半是半路出家的。比起王国维、陈寅恪那一代人，哪里好比；就连王、陈的一传、再传弟子，加上横空出世的钱锺书和傅斯年从"北大"挑出"尖子"放在"史语所"里读死书、作研究的那些人，也都说不上比。曾祺是西南联大文学系的，可谓正途出身，但他在大学里到底受到多少传统训练，实在难说。像朱自清那样正规学术研究的课，曾祺不能接受，逃课，挨批。他读书，用"随便翻翻"的方式读书，加上社会人生阅历，积累了零零碎碎的知识碎屑，要说"学问"，也是这样攒得的。我们这些人积攒知识大抵都走着同样的路，说"学问"都是谈不上的。只凭一管笔，闯入了文坛。

关于曾祺推荐我参加评选散文事，你的考证不确。此信本来不想发表，因所谈皆金钱等琐事，无甚意思。日前取出重读，深感故人情重，不避烦琐，事事设想周全，不禁黯然。今仍依旧例，全录如下。

　　黄裳兄：台湾《中国时报》第十二届时报文学征文奖聘我为散文的评委。有一种奖叫"推荐奖"，他们让推荐两位大陆散文作家各六—八篇，从中选定一篇。推荐奖奖金相当多，三十万新台币。我认识的散文作家不多，想推荐宗璞和你，不知你有没有兴趣。宗璞和我即将航空快递到香港中国时报办事处。你的散文我手头没有（不知被什么人借去了）。如果你同意被推荐，我希望你自己选。要近两年发表或出版的。选出后即寄三联书店潘耀明或董秀玉，请他们电传或快递给台北《中国时报》"人间副刊"季季或应凤凰，嘱潘或董说是汪曾祺推荐的。你自选和我选一样，你自己选得会更准一些。时报截稿日期是八月十五日，如果由你选出后寄给我，我再寄香港就来不及了。我希望你同意。三十万新台币可折美金近万元，颇为诱人。而且颁奖时还可由时报出钱到台湾白相一趟。当然，不一定就能中奖，因为评委有十五人，推荐的包括小说、散文、诗，统统放在一起，大陆和台湾得推荐奖只两人（两岸各一人）。

　　你近来情况如何，想来平安。

　　我还好，写了些闲文，都放在抽屉里。这两天要为姜德明的《书香集》写一篇，题目暂定为谈廉价书。

　　推荐事，同意或不同意，均盼尽快给我个回信。

　　北京今年甚热，立秋后稍好。不过今年立秋是九点钟，是"晚秋"，据说要晒死牛的。

　　即候时安。弟曾祺顿首。八月十日（一九八九年）。

　　如三联有你近两年的书，可由你开出篇目，由他们选出传递。（此为边注）

　　此事如何处理，记不起了。大约因为时间迫促，选寄为难。辜负了曾祺一番盛意。事情过去多年了，留在心底的一片温馨却一直拂拭不去。

　　这一次翻检旧信，又发现曾祺旧笺两通。一通是毛笔小字行书写在一张旧纸上的。时间可能最早，当作于一九四七年前后。

　　沈屯子偕友人入市听打谈者说杨文广围困柳州，城中内乏粮饷，外阻援兵，蹙然诵叹不已。友拉之归，日夜念不置，曰，文广围困至此，何由得解。以此邑邑成疾。家人劝之相羊垌外，以纾其意。又忽见道上有负竹入市者，则又念曰，竹末甚锐，道上人必有受其戕者。归益忧病。家人不得计，请巫。巫曰，稽冥籍，若来世当轮回为女身，所适夫姓麻哈，回夷族也。貌陋甚。其人益忧，病转剧。友来省者慰曰，善自宽，病乃愈也。沈屯子曰，君欲吾宽，须杨文广解围、负竹者抵家、麻哈子作休书见付乃得也。夫世之多忧以自苦者，类此也夫！十月卅日拜上多拜上。

　　黄裳仁兄大人吟席：仁兄去美有消息乎？想当在涮羊肉之后也。今日甚欲来一相看，乃舍妹夫来沪，少不得招待一番，明日或当陪之去听言慧珠，遇面时则将有得聊的。或亦不去听戏，少诚恳也。则见面将聊些甚么呢，未可知也。饮酒不醉之夜，殊寡欢趣，胡扯淡，莫怪罪也。
慢慢顿首。

这是一通怪信，先抄了一篇不知从什么笔记中看来的故事，
有什么寓意，不清楚。想见他在致远中学的铅皮房子里，夜永，
饮酒不醉，抄书，转而为一封信。亟欲晤面，聊天，是最为期望
的事。悬揣快谈的愉乐，不可掩饰。从这里可以想见我们的平居
生活场景。六十年前少年伴侣的一场梦，至今飘浮在一叶旧笺上，
氤氲不去。

到了上世纪九十年代，曾祺和我分居两地，来往浸疏，甚至
彼此有新作出版，也少互赠，以致别寻途径访书。一九九二年初
得他一信。

黄裳兄：得三联书店赵丽雅同志信，说你托她在京
觅购《蒲桥集》。这书我手里还有三五本，不日当挂号
寄上。作家出版社决定把这本书再版一次，三月份可出
书。一本散文集，不到两年，即再版，亦是稀罕事。再
版本加了一个后记，其余改动极少。你如对版本有兴趣，
书出后当再奉寄一册。

徽班进京，热闹了一阵，我看解决不了什么问题。
我一场也没有看。因为没有给我送票，我的住处离市区
又远（在南郊，已属丰台区），故懒得看。在电视里看
了几出，有些戏实在不叫个戏，如《定军山》《阳平关》。

岁尾年初，瞎忙一气。一是给几个青年作家写序，

成了写序专家；二是被人强逼着写一本《释迦牟尼故事》，理由很奇怪，说是"他写过小和尚"！看了几本释迦牟尼的传，和《佛本行经》及《释迦谱》，毫无创作情绪，只是得到一点佛学的极浅的知识耳。自己想做的事（如写写散文小说）不能做，被人牵着鼻子走，真是无可奈何。即候春禧！弟曾祺顿首。一月二十八日。

一封短信，内容却丰富，把他的近况都交代清楚了。他的情绪不错，言下多有"自喜"，也吐露出创作的强烈愿望。对未来的写作方向，列散文于小说之前。对人事放言批评，一如往昔。这许多都是写曾祺传（如真的有人要写）的重要参考资料。

近来偶尔读到一篇评论近当代散文的文章，作者开了一张大名单，几乎包括了所有的散文作者，每人给予简要的评论。这是一件艰巨的任务，需要的是非凡的眼光和一颗平常心。典范之作应属鲁迅为《中国新文学大系》小说辑写的序言。论文也提到汪曾祺，但未作深论，只指出其"士大夫"意味。作者也曾揭出模糊了散文与小说之间界限的现象，但归之于另一作者而非曾祺，这倒是很奇怪的。曾祺小说的散文化倾向，为读者与论家注意已久，但没有深入的研究，此事大难，也只能作些浮泛的探讨，聊备一说。

一九八七年曾祺在漓江出版社出了一本《自选集》，有一篇自序。这个选本值得注意的是，小说散文之外，还选了极少量的诗。其《早春》一题，只有两句：

（新绿是朦胧的，飘浮在树杪，完全不像是叶子……）

远树的绿色的呼吸。

读来使人出惊。不知这些诗是否曾发表过，这是典型的"朦胧诗"，如先为评家所见，无情棍棒怕不是先落在杜运燮头上了。

这给了我以启示，曾祺的创作，不论采用何种形式，其终极精神所寄是"诗"。

无论文体如何变换，结体的组织，语言的运用，光彩闪烁，炫人目睛，为论家视为"士大夫"气的，都是"诗"，是"诗"造成的效果。

有的论客说曾祺晚年才尽，真是胡扯。他在来信中说过，写了些短文，都随手放在抽屉里。这就说明，他一直是"文思泉涌"的。作家都有这样的经验，偶有所触，或闲居，或枕上，多半放弃、遗忘了。曾祺则不，随笔记下，遂成短章，日后有闲重写，乃成全篇。曾祺晚年多有三篇成束的短篇小说，大抵就是这些放在抽屉里的东西，有的扩展成篇，有的仍然旧样，不再抻一下使之成为中篇。如人们激赏的《陈小手》，就是保存原貌不另加工的东西。这样，从"笔记"到小说的界限就迷离难辨了。这是曾祺小说的散文化的原因之一。

我还怀疑，在曾祺留下的许多短章中，隐蔽着多少提示、未得完成的作品的幼苗，可惜了，只能借用他一篇充满感情的散文的题目，"未尽才"！

曾祺自己说过："我年轻时曾想打破小说、散文和诗的界限"，又说，"有时只是一点气氛。我以为气氛即人物。"（见《汪曾祺短篇小说选》自序）直至晚年，他也没有放弃这个创意，这就注定他的小说和散文分不开了。

曾祺又说过，他受到废名、契诃夫、阿索林的影响。契诃夫的小说，是"从戏剧化的结构发展为散文化的结构"的成果；废名"用写诗的办法写小说，他的小说实际上是诗"；阿索林小说的戏剧性是"觉察不出来的戏剧性"。看他从三家的评论与所受的影响，则他自己的小说的特质，是明明白白的了。

曾祺又明确地声明过，他的短篇小说"打破了小说和散文的界限，简直近似随笔"，这样做，是"经过苦心经营的"。他说这些话的时候，已经"名满天下"了，稿件杂志编辑不能不接受，换个无名的作者，不被退稿才怪！

总之，曾祺在文学上的"野心"是"打通"，打通诗与小说散文的界限，造成一种崭新的境界，全是诗。有点像钱默存想打通文艺批评古今中西之间的界限一般。可惜中道殒殂，未尽其志。"未尽才"，哀哉！

我与曾祺年少相逢，得一日之欢；晚岁两地违离，形迹浸疏，心事难知，只凭老朋友的旧存印象，漫加论列，疏陋自不能免。一篇小文，断断续续写了好久，终于完稿，得报故人于地下，放下心头一桩旧债，也算是一件快事。二〇〇八年十二月廿二日写毕记。

（《读书》2009年第3期，此文系苏北《一汪情深：回忆汪曾祺先生》一书的序言）

得汪曾祺画有感

李国涛

一

　　汪曾祺先生去世已经两年。前年，他去世后不久，我把壁上挂着的他的一幅画摘下来了。因为此后再求不到他的画。其实汪先生的画并不难求，也可以说有求必应。1987年我因写过评他的小说的文章，通过两次信，就求他的画。他很快就寄来。那一幅，画的是墨菊，随笔点染，构图极简洁淡雅。我裱出，悬之于壁上之后，见者都说："是文人画，讲究笔墨意趣。"这一幅，我真是很喜欢的。呜呼，不可再得矣。

　　今年6月初，忽然接到汪先生的女公子汪朝的邮件。打开，里面只有汪曾祺先生作的一幅画。画上是三朵牡丹，七八片叶。花叶都肥硕，在风中摇曳。上款写着我的名字。我很惊异。这一定是汪朝收拾汪先生的遗物时发现的，就寄给了我。我感谢他。再细看，画上署的时间是"一九八八年初春"。我想起，这一幅同我原先挂起的那一幅，是画于同一时间，即 1988 年初春。
为什么当时画了两幅，又没寄这一幅？从画幅看来，牡丹这一
幅在着色上似乎出了点问题。好像先是以胭脂和墨作枝作花，
然后以朱来勾花瓣，不知是什么步骤上不协调了，或者是颜料
不好，朱未渗入纸，却凝成几条红线，浮在花上。此外我看不
出还有什么毛病。大约就是为此，汪先生把这幅牡丹放弃了，
又为我重作了一幅墨菊。我想，汪先生平常很随和，甚至随便，
但在这些小事上却不愿凑合。毋宁说，事关艺事，他总是十分
认真的。我又想到他的文章，轻淡，随意。但是明眼人知道，
都是成如容易却艰辛啊。凡是喜欢汪氏文风的人，或当认可本
人此言。我们以此来纪念他吧。

相信生活，相信爱

铁　凝

汪曾祺老离开我们 13 年了，但他的文学和人格，他用小说、散文、戏剧、书画为人间创造的温暖、爱意、良知和诚心却始终伴随着我们。

汪曾祺先生总让我想到母语无与伦比的优美和劲道。他对中国文坛的影响，尤其是对中青年一代作家的影响是大而深刻的。一位青年评论家曾这样写道："在风行现代派的 20 世纪 80 年代，汪曾祺以其优美的文字和叙述唤起了年轻一代对母语的感情，唤起了他们对母语的重新热爱，唤起了他们对民族文化的热爱……他用非常中国化的文风征服了不同年龄、不同文化的人，因而又显出特别的'新潮'，让年轻的人重新树立了对汉语的信心。"他像一股清风刮过当时的中国文坛，在浩如烟海的短篇小说里，他那些初读似水、再读似酒的名篇，无可争辩地占据着独特隽永、光彩常在的位置。能够靠纯粹的文学本身而获得无数读者长久怀念的作家真正是幸福的。

汪曾祺先生总让我想到"真性情"。这是一个饱含真性情的老人，一个对日常生活有着不倦兴趣的老人。他从不敷衍生活的"常态"，并从这常态里为我们发掘出悲悯人性、赞美生命的金子。让我们知道，小说是可以这样写！窃以为，一个人不能将真性情投入生活，又如何真挚为文？有句俗语叫作人生如戏，戏如人生。但在汪老这里却并非如此。他的人生也坎坷颇多，他却不容他的人生如"戏"；他当然写戏，却从未把个人生活戏剧化。他的人生就是人生，就像他始终不喜欢一个形容叫作"作家去一个地方体验生活"，他更愿意说去一个地方生活。后者更多了一份不计功利的踏实和诚朴，也就说不定离文学的本质更近。一个通身洋溢着人间烟火气的真性情的作家，方能赢得读者发自内心亲敬交加的感情。这又何尝不是一种境界呢。能达此境界的作家为数不多，汪老当是这少数人之一。

汪曾祺先生总让我想到"相信生活，相信爱"。因为，他就是相信生活也相信爱的，特别当他在苦难和坎坷境遇中。他曾被迫离别家人，下放到坝上草原的一个小县劳动，在那里画马铃薯，种马铃薯，吃马铃薯。但他从未控诉过那里的生活，他也从不放大自己的苦难。他只是自嘲地写过，他如何从对圆头圆脑的马铃薯无从下笔，竟然达到一种想画不像都不行的熟练程度。他还自豪地告诉我们，全中国像他那样，吃过那么多品种的马铃薯的人，怕是不多见呢。这并不是说，汪曾祺被苦难所麻木。相反，他深知人性的复杂和世界的艰深。他的不凡在于，和所有这些相比，他更相信并尊重生命那健康的韧性，他更相信爱的力量对世界的意义。我想说，实际上汪曾祺先生的心对世界是整个开放的，因此在故事的小格局里，他有能力呈现心灵的大气象。他曾在一篇散文中记述过他在那个草原小县的一件事：有一天他采到一朵大蘑菇，他把它带回宿舍精心晾干收藏起来。待到年节回北京与家人短暂团聚时，他将这朵蘑菇背回了家，并亲手为家人烹制了一份极其鲜美的汤，那汤给全家带来了意外的欢乐。

　　去年 5 月，汪曾祺先生忌日的第二天，我去福田公墓为汪曾祺先生献花。那天太阳很好，墓园十分安静。我随着立在路边的指示牌的引导，寻找汪老的墓碑。我终于在一面指示牌上看见了汪老的名字，那上面标明他的位置在"沟北二组"。沟北二组，这是一个让我感到生疏的称谓。我环顾四周，原来一排排墓碑被一行行生机勃勃的桃树环绕。几位农人模样的男子正散站在树下仔细地修剪桃枝。从前这公墓说不定就是村子里的一片桃园吧？而此时的汪老，就仿佛成了这个村庄被编入"沟北二组"的一名普通村民。记得有一篇写汪老的文章里说，汪老是当代中国最具名士气质的文人。以汪老的人生态度，以他的真性情，"名士""村民"或者都不重要，若硬要比较，也许汪老更看重过往生命的平实和普通。我在汪曾祺先生与夫人合葬的简朴的墓碑前献上鲜花，我再次确信，汪老他早就坦然领受了头顶上这个再寻常不过的新身份，这儿离有生命的树和孕育生命的泥土最近。走出墓地时我才发现进门处还有一则"扫墓须知"，其中一条写道，"有献鲜花者，务请将花撕成花瓣撒在墓碑四周以防被窃"。但我没有返回"沟北二组"把鲜花撕成花瓣——心意已经在那儿，谁又能真的偷走呢？

　　今天，在汪曾祺先生的家乡，怀念他、热爱他的人们以这样的规模和如此的隆重来追忆这位中国现代文学的杰出人物，这一方水土的文化财富，使我感受到高邮润泽、悠远的文化积淀；我也愈加觉得，一个民族，一座城市，是不能没有如汪老这样一些让我们亲敬交加的人呼吸其中的。也因此，这纪念活动的意义将会超出文学本身。它不仅让我们在 21 世纪这个竞争的压力大于人与人之间美好情感相互赠予的时代，依然相信生活，相信爱，也唤起我们思索：在经济全球化的大背景之下，我们当怎样珍视和传承独属于我们民族的优雅的精神遗产，当怎样积攒和建设理性而积极的文化自信。

　　　　　　　　　　　（《人民日报》2010 年 3 月 24 日）

汪曾祺的书与画（外一篇）

作家汪曾祺先生的笔似有神力，写什么，什么都精彩。写作余暇，汪先生做什么呢？唱京剧，哼昆曲，韵味十足。兴致好时，也作书画。其书画，简洁明快，遣兴自娱，颇见文人书画气息。他画画，不惯设色，以素净为主。想着画什么，顺手裁张宣纸，就着案头笔墨，随心所欲地涂抹一番。画完，落款，钤印，歪着头，近看远观，然后一笑，起身往客人多的桌边坐下闲聊，再不管刚才大作的去向，洒脱得很。

笔者见过汪先生作书画，他间时谈笑，想画就画，不想画就闲聊，不像某些"大师"拿捏端谱，弄得一旁伺候的诸位心惊胆战，手足无措。汪先生儒雅如如，观者轻松，大家融融洽洽，一如取凉于扇，不若清风自来，气氛自然温馨乃尔。

听汪先生说，他从小喜欢舞文弄墨，对书画天生有亲和力，这是"内因"。"外因"有二：一是受他画家父亲的影响，相信人对物若有感触，可以怡情笔墨于纸，心照通灵；二是自己人生坎坷，经常居无定处，巧了，无论在哪儿，偏偏都跟画画连在一起。年幼在家，跟着父亲画画刻印；上学，几位老师都爱画，自己也跟着画花草鱼虫。当"右派"时去沙沟子劳动，莳葡萄，就画葡萄。在沽源马铃薯研究站，就画马铃薯，画过马铃薯的《图谱》，品种有百十来种之多，堪称"马铃薯图谱之最"。后来种口蘑，又画《口蘑图谱》……反正只要想画，伸手又能抓着笔墨纸砚的话，必定挥洒一番。最困难时，没有书画印章，怎么办？弄点红颜色，自己画印章，聊以补白，尽兴而已。沽源，原清代传递军书公文的驿站，又称军台。清代官员犯了罪，敕令"发往军台效力"，多半从这儿开始流放之旅。汪先生画马铃薯《图谱》时，就用红颜色画过"军台效力""塞外山药"等闲章，调侃遣兴，自得其乐。

书画评论家素有"文人画钤印纷杂"的议论，但文人汪先生的书画，从不乱钤闲章。书房案头常备"人书俱老"和"岭上多白云"等朱文闲章，有时取出一二，在刚画好的画上比试比试，想想又放下不用，自个儿一乐。问何故，答曰："我一向反对'插队'，图章也随我。不合适，决不乱插，还是顺其自然的好。"汪先生是高邮人，他说的"插队"，即排队不按先后顺序的强行插入，北方人叫"加塞儿"。书画闲章本作点缀，如果印语精警又钤印位置恰当，可收崭然点醒之妙。倘若钤盖不到位，横盖竖插，满幅落花，效果适得其反，亦是添乱。汪先生不乱钤印，取决于他崇尚清雅朴素的审美眼光，足见其高明。

汪先生写书法作品，很随意，没这样那样烦琐的讲究，只要

"词儿好"。逢着精彩的联语或诗文，情绪上来便手痒，说"这等美妙诗文，不写，简直就是'浪费'"。汪先生本有散仙风度，书擅行草，虽然走的是传统帖学路子，但师古习法从不肯规循一家。其书内敛外展，清气洋溢，纵笔走中锋，持正瘦劲，也潇洒不拘，毫无黏滞，颇有仙风道骨。问其学书来路，答"一路风景甚佳，目不暇接，何须追究"；见其大字，撇捺舒展如猗猗舞袖，问"可否得力山谷（黄庭坚）行草"，答"也不尽然"；问"何时写作，何时书画"，答"都是自由职业，各不相干，随遇而安，统属自愿"；问"如何创作易得书画佳作"，答"自家顺眼的，都是佳作。若有好酒助兴，情绪饱满，写美妙诗文，通常挥毫即得。若电话打扰，俗客叩门，扫兴败兴，纵古墨佳纸，也一幅不成"。

汪先生说他冠名作家，其实稍有闲暇特喜欢做的事就是写字画画，写画得意时，无异于作得好诗文，一样手之舞之足之蹈之。书画耕耘的惨淡经营，在汪先生那里，都有慰藉身心的别样欢乐。他曾对笔者说："我是文人，你是诗人，咱们搞书画，没有专业当行的压力。从事艺术，追求闲适，不就是一个轻松潇洒吗？功夫要下，技巧要讲，但心态要闲适，无意为佳。碰巧有幸，艺事有成，添个乐子而已。那是天赐。反正一句话，成亦乐，不成亦乐，随便随便。"

笔者最欣赏他画上的题款，那种文雅，那份率真，可亲可爱得感人至深。例如他本欲写杨万里"小荷才露尖尖角，早有蜻蜓立上头"诗意，先突兀挥笔，画了一柄白荷初苞，正想下笔画蜻蜓，因午时腹饥，停笔去厨间烧水，炉火不急，水迟迟不开，便转身回来，画小蜻蜓方振翅离去，题"一九八四年三月十日午，煮面条，等水开作此"。汪先生说"我在等水，小蜻蜓等我，等得不耐烦了，飞走了"。听夫子自道，觉得情景俱活灵活现，信非大作手不得有此雅趣，信非真性情人亦不得有此童心。现在画家写画杨万里此句，几成模式，都画小蜻蜓站立荷苞，呆呆地，千画一律，观者审美疲劳，难免要掉头冷去。看汪先生这幅《蜻蜓小荷》，笔墨极简，趣味涵泳，真让观者大开眼界。

汪先生画兰草，题"吴带当风"；画竹，题"胸无成竹"；画紫藤，题"有绦皆曲，无瓣不垂"；画凌霄花，题"凌霄不附树，独立自凌霄"；画秋荷，题"残荷不为雨声留"；画白牡丹两枝，题"玉茗堂前朝复暮，伤心谁续牡丹亭"；画青菜白蒜，题"南人不解食蒜"：皆画趣盎然，语堪深味。有次在军事博物馆书画院参加京城书画家公益笔会，会后席间书画家闲聊，笔者谈及汪先生的国画小品，又用了"可亲可爱"四字，大画家汤文选先生问"何以'可亲可爱'"，笔者遂略述数例，举座服之，汤先生笑道"确实可亲可爱。只是汪先生低调不宣，画人大都不知……"

大约是壬申（1992）年初，《中国作家》拟发作家书画，选刊了汪先生一幅画，邀请他写几句有关"作家画"的话。汪先生写了一首五言古风："我有一好处，平生不整人。写作颇勤快，人间送小温。或时有佳兴，伸纸画芳春。草花随目见，鱼鸟略似真。唯求俗可耐，宁计故为新。只可自怡悦，不堪持赠君。君若亦欢喜，携归尽一樽。"此诗配画，真挚如同老友对面话语，亲切动人。诗结尾有两句借用了南朝齐梁隐士陶弘景《诏问山中何所有》的名句："山中何所有，岭上多白云。只可自怡悦，不堪持赠君。"汪先生一向对这位才学富赡、不媚权贵并耻与丑俗同流的学者由衷佩服，特别喜爱这首小诗，常用的朱文闲章"岭上多白云"印语即出于此。他说："一个人一辈子留下这四句诗，也就可以不朽了。我的画，不过是一片白云而已。"丙子（1996）年冬，汪先生曾以行草横幅书72岁所作《岁交春》七律，引首即钤着"岭上多白云"小章。笔者请教"何以在古稀感怀的吟墨上选用此印"，先生说"休得小看这五个字，个中大有清气清骨"。

　　1992年中央电视台举办"首届'汉语风'外国人学汉语知识竞赛"期间，逢着憩场，我们年轻一点的评委都喜欢围着袁世海先生和汪先生闲聊。二位不但妙语连珠，而且识见非凡。当时有位非洲学生用毛笔书写了"先易后难"小条幅，拿来给评委看，袁老先生见"易"字中间横笔过长，立即指出"易"字书写有误。那学生回头问汪先生，他笑道："你问谁都一样，'易'字中间横笔不能写长。"这学生很快从书包里翻出一页书法作品的复印件，说"这是中国大书法家写的，瞧这'易'字"。原来他写错的字还颇有来头，大家正不知说什么好，汪先生侃然道："书法家无论大小，不管是谁，写错都是错。你跟着他这样写，也是错。懂吗？因为你写的不是'易'，是'昜'，那是'太阳'的古写字！"

　　指出"易"字写错，眼光；说"不管是谁，写错都是错"，识见；能说出"昜"字是"太阳"的古写字，就远非一般的眼光和识见了。"昜"字只见于甲骨文和金文等古器，今已罕用。连当今书法家都未必尽知的"昜"，汪先生能脱口道出，令笔者肃然起敬。电铃声响，大家陆续进场。袁老先生说："有件事总想不明白。这演员上台演戏唱歌，要念了别字错字，那还了得！怎么经常看见书法家写错字悬挂厅堂，也没人管呢？"旁边一位评委插话："您老没听说'大师笔下无错字'吗？"汪先生笑道："什么'大师笔下无错字'？那是为写错字打马虎眼儿的欺世之谈！老出错，还能算大师吗！"

汪先生喜欢画松鼠葡萄，有一幅画，印象极深。1957年，戴着"右派"帽子的汪先生被遣送张家口改造思想，曾在多处农场苗圃转辗劳动过。26年后，汪先生回忆往事，画了一幅《松鼠葡萄图》，题款："曾在张家口沙岭子葡萄园劳动三年。1982年再往，葡萄老株俱已伐去矣。"昔日劳动时经历多少磨难坎坷，画中不可得见，画中那正欲纵身一跳的小松鼠和晶莹碧透的两串葡萄，无疑记录了沙岭子劳动期间美好的记忆。人生一世不可能记住所有撞击或蚀刻过心扉的瞬间，即便沙岭子不再回去，即便葡萄老株俱已伐去，再也难觅根株残留的痕迹，但忘记那段生涯的苦涩，肯定不可能比忘怀欢乐容易。汪先生不是失忆者，他宁可记住那些可爱的小松鼠和酸甜的青葡萄，其胸界真无芥蒂。在这前一年，他与友人游湖南桃花源，援笔画菊，题过"红桃曾照秦时月，黄菊重开陶令花。大乱十年成一梦，与君安坐吃擂茶"，全诗用今昔对举，"曾照"与"重开"，春桃秋菊，衰盛枯荣，借典；又"十年一梦"与今朝"安坐吃茶"，悲喜相照，多少感慨！"我们有过各种创伤，但我们今天应该快活"（汪曾祺语）。在痛定之后的淡定，那是吾国现代文人的大气。每当面对饱经沧桑，承受过无端是是非非，如汪曾祺先生这样的可敬长者时，望着他们萧疏的白发和坦荡的笑容，笔者都会思考一个问题，是乐观和宽容支撑了希望，还是希望支撑了乐观和宽容？或许吾国文人的清襟清骨，宠辱难忍，更在乎人格的威仪和是非的公正，只要大义大爱惟是，山河长在，就可以随遇而安，就总会有梦。

　　汪先生搬出"一伸腿都能踢着人"的大杂院，是在改革开放之后。当时搬进了蒲黄榆小区，与古文字学家大康（康殷）先生同居一幢楼，用大康的话说："平时咱俩都各自在家趴窝，一东一西，见面不多，都以笔耕为生，都喜好书画，都不会整人，所以这辈子尽挨小人挤兑……"

　　1997 年 5 月 16 日汪先生逝世，文化界都为痛失大才惋惋不已，大康正在病中，当笔者将噩耗告诉他时，他潸然哀叹："又一个老哥儿们走了。沈从文先走，现在他的学生汪曾祺也随着去了，他们都吃过太多不该吃的苦。咱们不是号称五千年的文化大国、礼仪之邦吗？咋这么多人才活得横竖都不顺呢！本想给汪先生刻方印章的，词儿都想好了，'曾经沧海'，没承想……"不久，汪先生的女儿汪朝找笔者为他父亲书写墓碑，笔者立即推荐大康，认为他才是最佳人选。后来汪朝拜访了大康，他抱病为汪先生夫妇书写了墓碑。两年后，大康也驾鹤西去。如今，大康正楷书写的"高邮汪曾祺之墓"那尊碑石，依然在汪先生墓前静静地立着。一墓一碑，犹如老哥儿们俩席地松阴，默默相守，纵往时逝矣，犹可冥心神契，惺惺相惜相钦。

　　汪先生远行已 16 年，清明时节，灯下回思，恰合汪先生联语"往事回思如细雨；旧书重读似春潮"的情景，看着他为笔者画的那幅兰花，恍如昨日，喟然缅怀，援笔记之。

　　　　　　　　　　　　　　　（《光明日报》2013 年 4 月 26 日）

芳草萋萋 "听水斋"

林益耀

缘于当年未曾订阅《东方早报》，本文自是一份迟到的答卷，假若它还有意义的话。

话还得从头说起。约五年前，龚静女士发表《寻访的寻访》一文（《文汇报·笔会》2008.12.31），文中述及先是寻访汪曾祺曾执教的致远中学旧址未果，尔后在资料中查索到它在现延安中路的延中绿地上的大致位置。由于我曾在致远中学就读三年并曾从教于汪曾祺，随之写就短文《汪曾祺和致远中学》（《文汇报·笔会》2009.1.23），并对致远中学旧址和周围环境按我的记忆作了一番说明。前些时间，东北师范大学文学院徐老师据此短文辗转写信给我，旨在了解汪曾祺在致远中学的情况。徐老师研究汪曾祺生平及其著作有年，这正是出于他业务工作的需要。我们作了电话和网上交流，随即他电邮来顾村言先生《海上何处"听水斋"》一文（《东方早报》2010.3.2）。"听水斋"是汪曾祺执教致远中学时在校内住宿的蜗居，不时会听到楼上居户往楼下的泼水声。该文作者曾对照拙文去延安中路的延中绿地寻访，惜未如愿。这一悬案，我迄今才知道。事实上致远中学旧址早被拆除，并无丝毫踪迹可循。于是草成此文再予说明。

有感于先后两位作者如此虔诚地寻访致远中学旧址，而我那篇短文系按旧时的街坊情况来说明的，显有不足。自认有份渊源而应责无旁贷地把这个旧址按所处地段的现状"落到实处"，以了心愿，于是择吉出行踏看。其实我住家离那边并不算太遥远，只是我惯居于市西南隅而多年足迹鲜至罢了。致远中学旧址处于延安中路的延中绿地上西自石门一路东至老成都北路之间的北侧，沿着这条汪曾祺当年行踪所及、也是我求学三年必经之路，我来回走了一趟，虽无复旧貌，但我仍了然于胸。近事难记、往事不忘，正是老年人的特点。自石门一路向东毗连有三条里弄，在旧时属于中上档的新式石库门里弄，住户中不乏名人。它们依次为"汾阳坊""多福里"和"念吾新村"。无论从里弄起名和房屋结构来看，颇显老上海的味道。念吾新村取名不落俗套，汾阳坊更是取名用典，并不是一个地名而已。唐代大将郭子仪（697—781）在平定安史之乱中军功显赫。他为人谦恭，不居功自傲，深得皇帝信任，其子被招为驸马而有"打金枝"的故事。据称郭子仪拥七子八婿大团圆，是为福；官封汾阳郡王，故有郭汾阳之称，后被尊为尚父，是为禄；享年84岁，是为寿。这在封建王朝中属罕见，历来以郭子仪（汾阳）比喻福禄寿三全，里弄冠名汾阳当溯源自庇。原与念吾新村东边相隔是又一条里弄

"福明村"，继之是以狭隘弹硌路相隔的致远中学。两者均已被拆除净尽，而今是贯穿南北的绿地，芳草萋萋，俨然花园模样。我观察到念吾新村的门牌号为延安中路 470 号，而我迄今还记住的福明村为 424 号，再根据犹存的记忆作了目测和步量，最后确定致远中学旧址在绿地的东西位置当与站名为延安中路石门一路的一个西行公交站亭所处位置相近。我于此停立、照相、徘徊和思忆，伊昔红颜少年，而今白发老系，不禁唏嘘。

这块绿地还延伸到老成都北路，其间有已被认作地标的"中共二大会址纪念馆"。现在沿着延安中路的纪念馆这排建筑，原来淹没在街面房屋之后，不为人见。因之会址的门牌号为"南成都路辅德里 625 号"（现为"老成都北路 7 弄 30 号"）。其门楣上保留原样的吉祥文字"腾蛟起凤"，倒十分契合。

顾村言先生文中对延安中路延中绿地南侧描述甚详，也引起我的怀旧。该侧原有建筑几已被拆除殆尽，我漫步其间边行边思以往的某些"标志点"。现始自成都南路（与老成都北路相接）建有占地 3000 平方米的"药草园"，凑巧的是在其转角处原有一家"徐重道国药号"。该店虽不如"童涵春"和"雷允上"资深，但当时其分号之多在沪上首屈一指。与致远中学隔街相望的"九星大戏院"，是著名越剧演员尹桂芳、竺水招芳华剧团的长驻剧场，经常挂客满牌。当年报载在演出《浪荡子》时，戏迷观众受剧情感动，有情不自禁把金戒指、耳环等首饰抛向台上的。还有一家"叶子咖啡馆"，它以火车座私密性好适合情侣喁话而知名，同时也是地下党交换信息的理想联络点，所谓大隐隐于市也。至于被顾村言先生一度误以为致远中学旧址的中德医院（后改为卢湾区产院）

那座典雅小楼，是唯一被保留的建筑，现有装饰一新的中法文对照的门额，我正诧异何以不是德文，环顾左右才知道这是一家饭店作秀的店招。

回家后打开上海市交通地图看，显然可以按图索骥：在由延安中路、石门一路、大沽路和老成都北路围成的不规则四边形中，西边空白区即是上述三条里弄，东边绿色区为上述绿地形成的广场公园，其右侧是中共二大会址纪念馆，左侧即致远中学旧址所在。

再说汪曾祺与致远中学。徐老师还电邮给我汪曾祺《星期天》一文（《上海文学》1983年第9期）。这是汪曾祺仅有的一篇关于致远中学面面观的纪实小说。与题目相应的内容是记述学校每个星期天晚上举办舞会的"盛况"。文中更详述了学校的校舍、校长和教员等诸多方面。我在三十年后才得以捧读，读来倍感亲切，也起缅怀之心。文中对每个教员的形象描述颇为传神，落笔也多幽默，用的都是真姓假名，可一一对号入座。但某些方面包括他任三个班级的国文课老师等与我记忆中的实际情况有出入，未知何以故。小说中唯一用假姓假名提到的借住学校的电影演员赫利都，即是我以前短文中述及的中叔皇。本世纪初，我在一家医院的干部候诊室碰见过他，依然挺拔。聊起旧事，他说他当时是寄人篱下，汪是教书谋生，彼时即以善饮酒、会回味和好动笔头为众所知。

汪曾祺教初二班的国文课而没有教我们初三班的，我若有憾焉。他在我班讲授的是外国历史课，讲课时只管自己滔滔不绝，丝毫不理会教室内学生因不重视辅课而有躁动，似已显示散谈的名士风度。倒是我作为班长做了些维持课堂秩序的工作，因之他对我稍有印象并乐意在我的纪念册上题词。当时校长的题词是作为校训的"任重致远，敬业乐群"；国文老师的是"知足长乐，求学不可知足。谦让为本，当仁毋须谦让"；而汪老师的题词别具一格"须是大其心使开阔，譬如为九层之台须大做脚始得"，似含禅机佛理，难于参透。字体为隶书模样，用墨笔书写。徐老师说，汪曾祺四十年代的墨迹不多见，我就电邮过去供欣赏。

往事已逾一甲子，并非如烟。汪曾祺于1947年执教致远中学，于1997年去世，正好跨半个世纪，由一介书生而文学大家，甘苦自知。致远中学系私立学校，正是从1947年起改为初级中学。新中国成立后迁至华山路江苏路处，几经变迁，曾转成长虹中学，现归属复旦初级中学。

（《东方早报》2013年8月26日）

汪曾祺琐忆

王敦贤

一

1997 年 5 月，诗人孙静轩在四川主持举办了一次盛大笔会，唐达成、汪曾祺、邵燕祥、牛汉、屠岸、陆文夫、骆文、白刃、何四光、韩静霆、雷霆、梅志（胡风夫人）母女等一大批著名作家、诗人应邀赴会。笔会虽不是四川作协主办的，但如此多的著名作家诗人来到四川，省作协承担了部分接待工作。作家诗人们先在城郊的一处度假村住了三天，我当时在四川作协任秘书长，自然也就参与其中。这批作家诗人，此前我大都认识，唯汪曾祺先生是第一次见面。

虽然与汪先生是初次谋面，但我对汪先生的作品却并不陌生。

"文革"后，汪先生发表了《受戒》《大淖记事》《故里三陈》等一批中、短篇小说，在文学界掀起了不小的波澜。我是上世纪60年代开始阅读文学作品的，那时候，报刊、杂志上的文学作品大多紧跟时代，图解政治，愈往后，愈不堪，"革命化""公式化""脸谱化"标语口号，小说、戏剧中的人物，全部被抽去人性，填充了阶级性。读到汪先生的作品后，我和同时代的文学青年都不由得惊呼：原来，小说还可以这样写！

真是美得心悸呵！读着汪先生诗性、温润、柔美的文字，灵魂仿佛受到了抚摸。

第一次与汪先生交谈，我谈到了他《故里三陈》中的《陈小手》，我认为这是中国短篇小说中最精致、精彩的一篇。汪先生告诉我，国外（记不起他说的哪个国家了）的一位汉学家也是这种说法。

"陈小手"拉近了我和汪先生的距离，我们很快便熟稔、随便了起来。

汪先生能书擅画，作协的工作人员尤其是几位女士率先向他索要字画，汪先生也总是有求必应，以至引起了《四川日报》一位记者在该报上撰文讥诮。

我没有住度假村，每天上午从家中赶往那里。汪先生曾要我在城里给他带一些画画的水彩和宣纸，我与汪先生同好烟、茶，也曾给他带去一些。一天，他给别人写完一幅字后，问旁观者的我："敦贤，你要一幅什么？"我极喜汪先生的字画，但却不好意思开口。这下，他主动问起了，我便说，我想讨一幅您送给马老的《紫藤》。

笔会的开幕式在成都市内举行，那天，我们的作协主席马识途先生也早早地赶到会场，见到汪先生，马老远远地拱手，口中

直呼："学兄。"汪先生对马老说："我给你带了幅画来。"他
从上衣口袋里掏出未经装裱、折叠起来的宣纸，展开，一幅两尺
见方、水墨淋漓、生机勃勃的紫藤便呈现在我们眼前。马老当着
汪先生的面对我说："我这位学兄是才子，在学校里经常睡懒觉、
逃课，学校要出墙报时，我们总是向他约稿，他也很快便把一篇
篇美文交给我们。"原来，马老虽然长汪先生六岁，但他们却是
西南联大的同窗。后来，马老告诉我，他到西南联大读书，是受
党组织派遣去的。

　　汪先生爽快地答应了我的请求，铺开宣纸便点染起来。先是
浓墨，后又用了红、粉、淡黄的水彩，半个小时后，一幅生机盎
然的《紫藤》便出现在了我们眼前。我们都以为要收笔了，汪先
生又用浓墨和淡黄在右下角点了几点，三只栩栩如生的蜜蜂就出
现在了画面上，引得旁观者一片喝彩声。画好后，汪先生问我妻
子的姓名，我告知以"张秀龙"，汪先生便在这幅画的右下角题
了"敦贤　秀龙双清　丁丑汪曾祺"并盖了印章。

　　三天后，笔会队伍乘大巴开往宜宾市，还畅游了蜀南竹海。
在翠屏山流杯池，作家诗人们围坐池畔，仿晋代兰亭聚会，盛着
酒的酒杯放入池中（池水是缓慢流动的），酒杯流到谁的面前，
谁就要步前面的韵赋一句诗。记不清是唐达成还是邓友梅开的韵，
接下来谁也不甘示弱，一句一句地往下传递。

　　这支队伍中，汪曾祺、唐达成、骆文、邵燕祥、牛汉、屠岸、
韩静霆等都擅长书法，五粮液、五粮春酒厂安排了书画室，专供
作家诗人们挥洒，参与笔会的工作人员也就伺机讨要。离开成都
那天是上午，妻子刚去出版社上班。我原没打算去的，但孙静轩

老师说，你是作协秘书长，怎能不陪大家去呢？我与静轩老师本来就极为要好，经他一说，我便在家中给妻子留了一张字条，跟着大部队上路了。

<h2 style="text-align:center">二</h2>

到宜宾的第二天，我心中仍有些忐忑。趁着汪先生给别人画画的间隙，便厚颜对汪先生说："我这次出来，未给家里打招呼，为求得太太谅解，您再给我画一幅画吧。"汪先生问："画什么呢？"我说，妻子小名莲，画一幅荷花吧。汪先生毫不推辞，题笔便画了起来，浓墨、淡墨画荷叶，大红、浅红画盛开的半开的荷花与花苞，花蕊以淡黄点染。画成后，正要题款，旁观的作协工作人员中，一位快嘴李莲起哄："这幅画是画给张姐的，但向汪老讨画的人是你，如果以后你们离婚了，这幅画该归谁呢？"汪先生听罢，不假思索，在这幅画的右上方空白处题上了"敦贤嘱汪曾祺为秀龙画　汪曾祺　丁丑五月"即此，也足见汪先生的睿智与敏捷，令人叹服。

离开宜宾的前一天晚上，大约九点过吧，我在汪先生的房间里与他聊天。有人敲门，我料定是来讨字画的，决意挡驾。开门后，是一位陌生的年轻人。我问："找谁？"来人说我是某市长（记不清姓氏了）的秘书，某市长要我来向汪老求一幅字。我想，这市长也太无礼了，求字让秘书来，面也不露。便对这位秘书说："我是汪老的秘书，汪老要休息了，市长要字，你叫他明天来面见汪老吧。"这位年轻人急了，在门口冲着汪先生大声说："汪老，某市长是您的亲戚！"汪先生走到门口问："他是我什么亲戚？"秘书提到了自贡市已故的诗评家杨汝绚，说某市长是杨汝绚的亲戚，杨与汪先生确有亲戚关系，某市长既是杨的亲戚，自然也就与汪先生攀上亲了。汪先生略一沉吟，必是体恤这位秘书回去不好交差，对挡驾的我说："让他进来吧！"室内，笔墨纸张都有，汪先生踱到书桌前，提笔饱蘸浓墨，临下笔时却又停住，脸上露出"坏"笑，歪着头轻声地对我说："敦贤，"然后一字一顿，"勾、结、官、府。"我极力忍住，没有敞口大笑，只对汪先生会心一笑。汪先生很快便给他未谋面的远亲写了一张条幅，秘书千恩万谢收好走了。

　　这位秘书来之前，我正与汪先生聊他"文革"后的湘西之行，我读过他湘西纪行的散文，对他在文中描述的十月份见到桃花有些不相信，他认真地对我说："真的，一株桃树上真还开着花，只不过不那么繁密。"待秘书走后，他对我说："敦贤，我明晚上就要离开这里了，再给你写幅字吧！"于是，汪先生挥毫把这篇散文中的那首旧体诗写给了我。

红桃曾照秦时月
黄菊重开陶令花
大乱十年成一梦
与君安坐吃擂茶

　　这下，轮到我千恩万谢了。
　　次日晚上，一部分作家诗人要乘火车回北京，一部分人留下来隔天上大巴返成都。当晚，东道主举办盛大晚宴。五粮液集团内有日月二宫，日宫内一张巨大的圆桌，能坐三十余人；月宫略小，格局一样。外地作家诗人们都在日宫落座，其余的在月宫。我是被安排在月宫的，但惦记着汪先生，开宴前仍去日宫给主人打招呼。宜宾市当时的市委书记姓高，坐主人位，汪先生坐主人的右首。我对高书记说："书记，汪先生年事已高，身体不好，只能让他喝一杯酒。"汪先生像一个淘气的孩子一样，头一侧，倔强地说："不，三杯！"我退让了一步："最多两杯。"晚宴后，高书记特地对我说："只让汪老喝了两杯。"

我之所以特意记叙了这个细节，是因为汪先生从四川返京后半个多月便仙逝了，不知是妄加猜测，还是心怀恶意，有一种说法是，汪先生是在四川喝酒醉死的。宴席上的玻璃酒杯很小，两杯酒至多半两，汪先生晚宴后无半点不适，晚上上火车时，车厢门口人很多，我说："汪老，我背您上火车吧！"汪先生把我轻轻一推："哪用得着！"说罢，自己挤上了火车。

我2000年春节前搬进新居，新居装修时我特地将汪先生的三幅字画精心裱褙，装进玻璃镜框，并列在客厅的正面墙壁，两边是《紫藤》《荷花》，中间是汪先生的诗书。十多年了，看到这些书画，先生的音容笑貌便浮现在我眼前，有时，在客厅独坐，忆起汪先生在宾馆给某市长写字时，手中握笔，头向左歪，一字一顿地对我说"敦贤，勾、结、官、府"时的神态，不禁莞尔。

（《晚霞》2015年第5期）

沈从文谈汪曾祺

张新颖

汪曾祺去世已经十多年了。汪曾祺去世前，梦见了他的老师沈从文。"沈先生还是那样，瘦瘦的，穿一件灰色的长衫，走路很快，匆匆忙忙的，挟着一摞书，神情温和而执着。"汪曾祺记下了这个梦，只有一两百字。1997 年 5 月的一天，我在《文汇报》中《笔会》版读到《梦见沈从文先生》，作者的名字上加了个黑框。心里为之震动。

汪曾祺对他的老师的感情，真是深厚。他谈沈从文的作品，谈沈从文这个人，写了一篇又一篇，写得那么多，又都那么好。临终一梦，绝非凭空而来。

那么沈从文是怎么看汪曾祺的呢？没有专门的文章，却有零星的文字，散落在他给友人的书信中。很值得辑出来，集中起来看看。

　　1941年2月3日，沈从文给施蛰存写信，谈及昆明的一些人事，其中说道："新作家联大方面出了不少，很有几个好的。有个汪曾祺，将来必有大成就。"语气极其肯定。现存沈从文书信，这是最早提到汪曾祺的；而汪曾祺当时还只是试笔阶段，在西南联大一群学生作家中崭露头角而已。

　　汪曾祺1946年到上海，找不到职业，情绪很坏，甚至想自杀。沈从文从北平写信，把他大骂一顿，说他这样哭哭啼啼的，真是没出息。"你手中有一支笔，怕什么！"此信不存，却在汪曾祺记忆里难以磨灭；他还记得老师同时让三姐（张兆和）从苏州写了一封长信来安慰。

　　此一时期的存信中有沈从文1947年2月给李霖灿、李晨岚的一封，请求朋友帮忙为汪曾祺找工作："济之先生不知还在上海没有。我有个朋友汪曾祺，书读得很好，会画，能写好文章，在联大国文系读过四年书。现在上海教书不遂意。若你们能为想法在博物馆找一工作极好。他能在这方面做整理工作，因对画有兴趣。如看看济之先生处可想法，我再写个信给济之先生。"

　　1949年初，时代巨变之际，内外交困的沈从文陷入严重的精神危机，不仅绝望于大势，连亲近的人也不能理解更让他感到孤立。他曾写下这么一段尖利的话："金隄、曾祺、王逊都完全如女性，不能商量大事，要他设法也不肯。一点不明白我是分分明明检讨一切的结论。我没有前提，只是希望有个不太难堪的结尾。没有人肯明白，都支吾过去。完全在孤立中。孤立而绝望，我本不具有生存的幻望。我应当那么休息了！"1988年汪曾祺写《沈从文转业之谜》，谈起老师当年"精神失常"时的"呓语狂言"，有这样的评论："沈先生在精神濒临崩溃的时候，脑子却又异常清楚，所说的一些话常有很大的预见性。四十年前说的话，今天看起来还是很准确。"

1961年2月，沈从文在阜外医院住院期间，给下放到张家口沙岭子劳动的"右派分子"汪曾祺写了一封长信，鼓励他不要放下笔。信是用钢笔写在练习本撕下来的纸上，12页，六七千字；从医院回家后又用毛笔在竹纸上重写一次寄出。"一句话，你能有机会写，就还是写下去吧，工作如做得扎实，后来人会感谢你的！"语重心长；又说，"至少还有两个读者"，就是他这个老师和三姐，"事实上还有永玉！三人为众，也应当算是有了群众！"

1962年10月，在致程流金的信中有一大段谈汪曾祺，沈从文为他大抱不平："人太老实了，曾在北京市文联主席'语言艺术大师'老舍先生手下工作数年，竟像什么也不会写过了几年。长处从未被大师发现过。事实上文字准确有深度，可比一些打哈哈的人物强得多。现在快四十了，他的同学朱德熙已做了北大老教授，李荣已做了科学院老研究员，曾祺呢，才起始被发现。我总觉得对他应抱歉，因为起始是我赞成他写文章，其次是反右时，可能在我的'落后非落后'说了几句不得体的话。但是这一切已成'过去'了，现在又凡事重新开始。若世界真还公平，他的文章应当说比几个大师都还认真而有深度，有思想也有文才！'大器晚成'，古人早已言之。最可爱还是态度，'宠辱不惊'！"

1965年11月，沈从文信里与程流金谈起大学教写作，又是感慨又是骄傲地说："我可惜年老了，也无学校可去，不然，若教作文，教写短篇小说，也许还会再教出几个汪曾祺的。"那个时候因为京剧《沙家浜》，已经不是连老舍也不知道汪曾祺会写东西的状况了。

1972年6月，沈从文致信张宗和，提到汪曾祺："改写《沙家浜》的汪曾祺，你可能还记得住他。在这里已算得是一把手。可没有人明白，这只比较得用的手，原来是从如何情况下发展出来的！很少人懂得他的笔是由于会叙事而取得进展的。当年罗头徇私，还把他从联大开革！"也是在这一年的6月，陈蕴珍（即巴金夫人萧珊）最后入医院前收到沈从文从北京寄来的信，含着眼泪拿着信纸翻来覆去地看，小声地自言自语："还有人记得我们啊。"沈从文向在艰难岁月中的老友巴金夫妇谈起动荡年代里的家常，谈到彼此都熟悉的一些人的近况，当然不会忘记说说萧珊青年时代的朋友汪曾祺："曾祺在这里成了名人，头发也开始花白了，上次来已初步见出发福的首长样子，我已不易认识。后来看到腰边帆布挎包，才觉悟不是'首长'。"有一丝调侃，却是在亲切的、沧桑感怀的调子里。

（《东方早报》2010年2月21日）

由此进入"汪曾祺的高邮"
——重读《八千岁》

杨　早

时间的意义

　　汪曾祺的故里小说中,《八千岁》不算特别显眼。它不像《受戒》(1980)、《大淖记事》(1981)那样有"破界"的意义,逮至1983年《人民文学》第2期发表《八千岁》,汪曾祺关于高邮的小说已经层现叠出:《岁寒三友》《故乡人》《徙》《王四海的黄昏》《故里杂记》《鉴赏家》《晚饭花》,连他20世纪40年代写高邮的《鸡鸭名家》也已重新面世。接着《八千岁》发表,还有众口称赞的《故里三陈》(尤其是《陈小手》)。《八千岁》在汪曾祺这一"高邮序列"里,似乎只是大运河中一朵浪花。

　　尤其是《八千岁》的题材，只是写一个吝啬的商人被当地驻军敲诈，既非抒写劳动人民的"精神美""人情美"，也不代表"最后一个士大夫"的文人雅趣。在当年，《八千岁》可以说将《受戒》引出的"汪曾祺之问"——"小说可不可以没有意义？"推到了极致。似乎也正是因此，少有评论文章单独讨论《八千岁》，多是将它放在一连串的汪曾祺高邮小说中，说是书写了"小人物的悲欢"。

　　30 年后回看《八千岁》，它的特别之处正在于超越了读者熟悉的劳动者、文人这两个汪曾祺笔下常见的群体，展现了小城高邮更多的社会层面与生活场域。如果我们将汪曾祺看作一个为高邮作传的写者，《八千岁》以其人物之丰富、描写之凝练，堪称进入"汪曾祺的高邮"的一把钥匙。与汪曾祺其他高邮小说相较，《八千岁》的时间比较明晰，八舅太爷进入里下河地区是"抗战军兴"之后，而这一带呈现出畸形的繁荣，是在"'八一三'以后，日本人打到扬州，就停下来，暂时不再北进"，扬州沦陷，是 1937年 12 月 14 日，而高邮被日军占领，是 1939 年 10 月 2 日，而汪曾祺在这年夏天离开高邮经上海、香港往昆明考西南联大。《八千岁》的主要故事，就发生在 1938 年初至 1939 年上半年这一时段。

　　这一时段，念高中二年级的汪曾祺为避战乱，辗转借读于淮安中学、私立扬州中学、盐城临时中学，1938 年还随祖父、父亲到高邮北乡庵赵庄住了半年——这里正是《受戒》故事的发生地，可是从《受戒》中我们完全看不出战乱的背景。时间明晰的意义，在于它决定了文本的方向。《受戒》的末尾注明"写 43 年前的一个梦"，这个梦是没有确切时间，它可以发生在汪曾祺高邮 19 年生涯的任何一个时段。甚至在那之前、之后，也没有太大的关系，只要庵赵庄没有改成人民公社，善因寺没有申请非物质文化遗产，明海与小英子的故事就会一次一次地上演（善因寺方丈石桥的原型叫铁桥，此人在高邮沦陷后投靠日本人，那时汪曾祺已不在高邮，可即使《受戒》的故事放到那时，又有什么不同？）《大淖记事》犹如一幅里下河的风俗画，而这风俗画也是长时段的，锡匠与挑夫，日复一日地重复劳作，小说结尾，巧云也挑起担子，十一子伤好了还是锡匠，刘号长被赶走了，水上保安队依然存在。日子似乎会永恒地这样过下去。但《八千岁》不一样，这篇小说写的是"变"。前半篇的"不变"，映衬着后半篇的"变"。在《八千岁》中，汪曾祺的高邮不再是一个梦，或一幅风俗长卷，视线所及，满纸都是大堤将决前的波荡。

八千岁

《八千岁》的开头算得奇崛：

　　"据说他是靠八千钱起家的，所以大家背后叫他八千岁。八千钱是八千个制钱，即八百枚当时的铜元。当地以一百铜元为一吊，八千钱也就是八吊钱。按当时银钱市价，三吊钱兑换一块银元，八吊钱还不到两块七角钱。两块七角钱怎么就能起了家呢？为什么整整是八千钱，不是七千九，不是八千一？这些，谁也不去追究，然而死死地认定了他就是八千钱起家的，他就是八千岁！"

"八千岁"在高邮话中不知有无别义，我只猜是来
自杨家将戏中的"八贤王"，即八王千岁。八千钱起家，
怎么就引申成了"八千岁"？不知。但这个人总括起来，
一句话就说完了："八千岁那样有钱，又那样俭省，这
使许多人很生气。"

民国的银价是逐渐走高的。按陈存仁《银元时代生活史》，
1910 年，一块银元兑铜元 128 枚，因为 3 吊钱兑一块银元，当是
1920~1930 年的市价。而据陈存仁记载，1914 年的上海米价，每
担 3.6 元，1929 年，高邮米价每担 6 元（大旱大涝灾时曾涨至一
担 24 元），抗战前夕，江南米价只有 5 元一担（丰子恺《伍圆的话》）。
在八千岁发迹的这一时期，八吊钱连一担米都买不到，而八千岁
能以此贩米起家（不熟不做，他应该别无他业），靠的什么？一
靠俭省，二靠"不变"。所谓"不变"，首先是米价，"早晚市
价，相差无几"，十多年来，也不过从 3.6 元涨到了五六元。"卖
稻的客人知道八千岁在这上头很精，并不跟他多磨嘴"，自然，
卖米的利润也是固定的，而且做的是街坊生意，"买米的都是熟
人，买什么米，一次买多少，他都清楚"。其次是他的生产方式。
"这二年，大部分米店都已经不用碾子，改用机器轧米了，八千
岁却还用这种古典的方法生产"，机器轧米的革新还不曾影响到
八千岁的生财之道，因为"本县也还有些人家不爱吃机器轧的米，
说是不香，有人家专门上八千岁家来买米的，他的生意不坏"。
托庇这相对安稳的时世，八千岁才能一点一点靠着"不变"积攒

起他的财富。

　　他的俭省，说穿了也是"不变"。永远的青菜豆腐饭，永远的草炉烧饼，汪曾祺不断用"非常简单""非常单调"来形容他的生活。八千岁最有标志的衣着"二马裾"，用老蓝布做，"自从有了阴丹士林，这种老蓝布已经不再生产，乡下还有时能够见到，城里几乎没有人穿了"，阴丹士林创于民初，可见老蓝布已是前清的产物，款式也与"长衫兴长"的时样背离，只能盖住膝盖。而这"长衫兴长"怕也快过时了，据《高邮县志》，"二三十年代出现了学生服、西服、中山服、衬衫、卫生衫、汗衫，服装向短装发展，男子较少穿长衫"。那么，八千岁的穿着，真是双重的不合时宜，土气到家了，难怪"全城无二"。他的儿子小千岁，才十六七岁，不但也穿一身老蓝布二马裾，而且被父亲收拾得同样的嗜好全无。八千岁到底允许他养了几只鸽子，不光是宋侉子的说情，重点还在于"米店养鸽子，几乎成为通例"。八千岁虽然俭省，但也遵守行规成例，如卖稻客人来，要加荤菜，要吃茶点，他都循例招待，只是自己绝不染指。

　　老中国看重勤俭持家，这没错，但同时也时时嘲笑那些吝啬鬼。从《笑林广记》到《儒林外史》，出格的吝啬总是人们轻蔑乃至讽骂的对象。然而八千岁的俭省至于让很多人"生气"，不光是他的行径独特，更因为这份俭省被应用到了社会生活里，那就成了"不通人情"。"竖匾两侧，贴着两个字条，是八千岁的手笔。年深日久，字条的毛边纸已经发黄，墨色分外浓黑。一边写的是'僧道无缘'，一边是'概不做保'。"年深日久，足见八千岁一开始营商，就坚守这两条信则。僧道无缘，是舍不得出钱；概不做保，是不愿惹麻烦。这很符合八千岁的性格，但也将他推到了"路人侧目，同行议论"的地步。

斋僧布道，打发乞丐，不仅关乎民间信仰，更重要的是传统社会的慈善互助形式。老中国是自治化程度较高的熟人社会，比如地保李三，发现了孤寡去世或"路倒"，就会"拿了一个捐簿，到几家殷实店铺去化钱，然后买一口薄皮棺材装殓起来"，同时他也帮店家驱赶串街的叫花子（《故里杂记》）。"做保"也是熟人社会的特色，是前现代的信用评估体系，所以需要"殷实铺保"，财产多寡与信用程度成正比。虽然"僧道无缘""概不做保"的店铺不止八千岁一家，但人人都知道八千岁有钱，肯花800大洋买两匹大黑骡子，但偏偏不肯施舍，不愿做保，这是很犯众怒的作风。八千岁的为人处世，一是"万事不求人"，二是"肥水不流外人田"，这样的风格，虽然不招人待见，但和平年月，熟人社会，多半也不会有人找他的麻烦。小说里没有写到他的妻室，猜想多半被这种苦日子压死了，将来八千岁给小千岁娶亲，仍然会有人图他家的殷实把女儿嫁过去，再给他家生下小小千岁。

但这样的稳当日子，被战争一手挑破了。

八舅太爷

八舅太爷这样的人最适应乱世，聪明、胆大、不安分，而且无赖不讲理，"八舅太爷"这个绰号就是这么来的，因为高邮人"把不讲理的人叫作'舅舅'，讲一种胡搅蛮缠的歪理，叫作'讲舅舅理'"。如果没有战乱，八舅太爷多半在上海当他的白相人，

"放浪形骸，无所不至"。即使混进了军队，也未必能公开地鱼肉乡里。然而抗战军兴，和江苏省政府委员兼江南行署主任冷欣、第三战区司令长官顾祝同都能拉上关系的八舅太爷，就成了里下河几县轮流转、说一不二的"霸王"，骂一声"汉奸"，就可以拉一个人出去军法从事，"城里和乡下的狗一见他的车队来了，赶紧夹着尾巴躲开"。

汪曾祺对这段时间高邮社会的描述极为准确而精彩：

> "'八一三'以后，日本人打到扬州，就停下来，暂时不再北进。日本人不来，'国军'自然不会反攻，这局面竟维持了相当长的时间。起初人心惶惶，一夕数惊，到后来大家有点麻木了；竟好像不知道有日本兵就在一二百里之外这回事，大家该做什么还是做什么。种田的种田，做生意的做生意。长江为界，南北货源虽不那么畅通，很多人还可以通过封锁线走私贩运，虽然担点风险，获利却倍于以前。一时间，几个县竟呈现出一种畸形的繁荣，茶馆、酒馆、赌场、妓院，无不生意兴隆。"

非常时期，军事第一，八舅太爷俨然成了本地的"最高军政长官，县长、区长"。最妙的是，"当地人觉得有一支军队驻着，可以壮壮胆，军队不走，就说明日本人不会来，也似乎心甘情愿地孝敬他"。高邮社会的规则已经变换，锡匠们"顶香请愿"，虽然不见于《六法全书》，但县长不愿把他们逼急，会邀请县里的绅商商议，通过协商了解十一子与刘号子的恩仇，而在战时，军队领袖的统治合法性至高无上，八千岁这样的富商自然无法与抗。

八舅太爷在汪曾祺小说里还出场过一回，那是 1992 年创作的《鲍团长》。鲍团长是保安团的团长，在国民革命军里当过营长。八舅太爷闹得实在不像话，商会会长王蕴之请鲍团长出面，以军伍前辈的身份规劝八舅太爷。哪知名片递进去，回话说："旅长说：不见！"鲍团长自觉愧对乡亲父老，这成为他去职的原因之一。

政权、绅权、行伍伦理，八舅太爷一概不顾，偏偏他还自称"戎马书生""富贵英雄美丈夫"，占了宋侉子的踢雪乌雅，画一张画当谢礼。这样一个"风雅"的兵痞流氓，倒也是小说中民国人物形象的创格。

小城中的商人、小手工业者，受到的迫害往往来自军队与流氓。《岁寒三友》中，王瘦吾毁于流氓式商人王伯韬之手（流氓商人的穿着很特别：不论什么时候，长衫里面的小褂的袖子总翻出很长的一截。料子也是老实商人所不用的。夏天是格子纺，冬天是法兰绒。脚底下是黑丝袜，方口的黑纹皮面的硬底便鞋），陶虎臣的炮仗店，一败于当地驻军严禁冬防期间燃放鞭炮，二败于蒋介石的"新生活运动"（其实是某种意义上的全民军事化运动），最后连女儿也卖给了一个驻军连长，备受欺凌。军队与流氓，都是民国社会中的"变数"。传统社会依靠官绅共治，以此达成社会的稳定，而军队与流氓是或明或暗的破坏力量。一旦像八舅太爷那样，将军队与流氓结合起来，又恰逢乱世，便几乎可以摧毁一切人们熟知的伦理规则。

边缘人

在汪曾祺的高邮世界里，社会下层有他们的委屈、辛酸与悲苦。但他们可以依仗自己的努力寻求希望与出路，巧云与十一子的相恋，《异秉》里的陈相公有梦里与母亲对话的慰藉，"岁寒三友"都靠技艺与变革迎来过好运，八千岁更是全凭俭省起家。他们各有特色，但合在一起，构成了其乐融融、有板有眼的人间。然而新的破坏力量自外而来，不仅是流氓、军队这些有形的力量，还有时代的变动那种"惘惘的威胁"（张爱玲）。

八千岁古井不波的生活里，偶尔也会有所触动。看小千岁玩鸽子，他也觉得有趣。看见"长得像一颗水蜜桃"的虞小兰，他也会想："长得是真好看，难怪宋侉子在她身上花了那么多钱。不过为一个姑娘花那么多钱，这值得吗？"结论且不说，八千岁肯定觉得想想这个问题，都能把自己吓一跳！所以"他赶快迈动他的大脚，一气跑回米店"。

八舅太爷一来，八千岁生活里的很多规则都守不住了。他往仙女庙贩粮，却不肯事前花钱运动。这种做法以前行，现在不行，立即被扣上了"资敌"的罪名。宋侉子是他这辈子唯一信得过的朋友，肯帮忙。宋侉子叫他拿100块钱送给虞芝兰，讲好800大洋赎人，又"说了好多好话"，才请到两个同行出面做保，将八千岁保了出来。

八千岁给自己和小千岁换上了蓝阴丹士林的长袍，刮去了"概不做保"与"僧道无缘"两道字条。跟着就是那句点睛之笔：

　　是晚茶的时候，儿子又给他拿了两个草炉烧饼来，八千岁把烧饼往账桌上一拍，大声说：

　　"给我去叫一碗三鲜面！"

　　结尾的况味，与老舍《断魂枪》结末沙子龙抚摸着冰凉的枪杆，说的那句"不传，不传"有异曲同工之意。一个时代的逝去，不是升斗小民所能看清，但他们能够清晰感觉那种动荡。

　　这种动荡，在有些语境里，或许还是一种进步或革新的象征。但在汪曾祺的高邮世界里，那些手艺高超的匠人，那些安分守己的坐商，甚或只凭力气吃饭的贫民，都被这种动荡剥夺了按照自己意愿或常例生活的权利。

　　八千岁为什么只跟宋侉子要好？从生活习性、饮食爱好各方面看，两人都格格不入。或许他们的共同点，在于对米粮古典生产方式的恋慕。宋侉子喜欢贩马贩骡的浪子生涯，八千岁舍不得他的碾子与大骡子。显然，这种生产方式马上就将被机器轧米取代，而且较大的米如春裕米厂已在高邮出现，职工达数十人，碾米车间300余平方米，有16匹柴油内燃机与大小碾米机，日产大米5000至15000斤。可以想象，八千岁和宋侉子怎么敌得过这样的潮流？

　　跟宋侉子关系不浅的虞小兰母女，看似风光无限，其实也是时代波荡的牺牲品。虞芝兰本是前清盐务道关老爷的小妾，关老爷死后被大妇逐出，只能重张艳帜，年老色衰后又以女儿瓜代。原本的大户人家子女，被迫只能以色相事人。她们同样是新生活中的边缘人。虞小兰出来走走，"路上行人看见，就不禁放慢了脚步，或者停下来装作看天上的晚霞，好好地看她几眼。他们在心里想：这样的人，这样的命，深深为她惋惜"。美是大家都喜欢的，但这份美难以将养，只能为有权人或有钱人攫夺。

《八千岁》从一个吝啬的富商，写到一个骡马贩子，再写到一个美貌妓女，看上去并无任何叙事的逻辑，实际上，汪曾祺写的是这座小城里的一些边缘人。时代对他们的改变，就是将他们逼回生活的常态。没有这些改变，他们虽然被路人侧目，同行议论，却生活在自足的世界中。当宋侉子无马可贩，虞小兰辗转于驻军首领之间，八千岁脱下了二马裾，晚茶吃上了三鲜面，一个时代就此逝去。

当年读《八千岁》，看到最后一句，似乎作者的描写同情里夹着嘲讽。现在重读，字里行间传递的东西要复杂得多，其中一层一层的滋味，纵是起汪先生于地下，也未必说得清楚。而文学的无可替代，不正在这点儿"说不清楚"上面吗？

（《文艺报》2013 年 6 月 26 日）

我所认识的汪曾祺

张守仁

在我四十多年的编辑生涯中，面对有几位大家的稿子，只有欣赏的份儿，他们的文本严谨得不能动一个字，比如邓拓、孙犁、汪曾祺。

自从拜读了汪老的《受戒》《大淖记事》后，我多次央请他给《十月》写稿。我发现，就是萝卜白菜，他也写得异常精彩。我曾编发过他的一篇散文《萝卜》。他从从容容，娓娓道来，谈及高邮家乡的杨花萝卜、萝卜丝饼如何好吃，说北京人用小萝卜片氽羊肉汤，味道如何鲜美。他说一位台湾女作家访问他，他亲自下厨，给她端出一道干贝炖萝卜，吃得她赞不绝口。说天津人吃萝卜要喝热茶，这是当地风俗。写到四川沙汀的小说《淘金记》里描述邢么吵吵每天用牙巴骨熬白萝卜，吃得一家人脸上油光发亮。还提到爱伦堡小说里写几个艺术家吃萝卜蘸奶油，喝伏特加，别有风味。还写到他在美国爱荷华中心附近韩国人开的菜铺里买到几个"心里美"萝卜,拿回寓所一吃,味道和北京一切开嘎嘣脆的"心里美"差远了。他随随便便地写下去,我饶有兴味地读下去。一直读到"日本人爱吃萝卜,好像是煮熟蘸酱吃的",文章戛然而止。我深感遗憾,嫌它太短了。读完了,欣赏完了,也就编完了。那不是工作,是美餐一顿的享受。

其实,在旅游途中或到外地讲学或开笔会,跟汪老共住一室,深夜无拘无束神聊,更来劲。

记得 1991 年 4 月,作家朋友们在冯牧率领下,组团去云南采风。我们在下关市游了洱海,参观了蝴蝶泉等,回到宾馆脱衣就寝。汪老靠在床栏上神秘又得意地对我说,他写过几篇论述烹饪的文章,是《中国烹饪》杂志的特约撰稿人。他说他爱吃苏北家乡的醉螃蟹、上海的黄田螺、北京天桥的豆汁、天津的烩海羊(烩海参、螃蟹、羊肉)、昆明的过桥米线和汽锅鸡。他像神农尝百草似的,什么东西都想尝一尝。他认为名厨必须有丰富的想象力,不能墨守成规,要不断创新,做出新菜、新味来。照着菜谱做菜,绝没有出息。比如油条,你把它剪成一段一段,中间嵌入拌有榨菜、葱花的肉末,再放到油锅里煎,捞出来就特别好吃。这种菜不妨叫作"夹馅回锅油条",对此他要申请专利权。

有一次我和汪老到南方水乡讲学,傍晚散步,我看见湖边青郁浓密的芦苇荡,就对汪老说:我不是京剧迷,但对您执笔写的《沙家浜·智斗》中阿庆嫂那段唱词——垒起七星灶,铜壶煮三江。摆开八仙桌,招待十六方。来的都是客,全凭嘴一张。相逢开口笑,过后不思量。人一走,茶就凉……特别欣赏,铭记不忘。汪老手里夹着一支烟，凑到嘴边吸了一口，笑道："你对这段唱词别看得太认真。我在那里故意搞了一组数字游戏。'铜壶煮三江'，是受到苏东坡诗词的启发，其中'人一走，茶就凉'，也是数字概念，它表示零。"

他这样一讲，更使我吃了一惊。我说："没有诗词修养、旧学功夫，是写不出这段唱词的。您的古文底子是怎样打下的呢？"

汪老看了一眼宽阔的湖面，回忆着遥远的童年，说：我祖父汪嘉勋是清朝末年的拔贡，特别宠爱我。从小就督促我握笔描红、背古文。到了小学五年级他亲自给我讲《论语》，叫我多练毛笔字。祖父说："你要耐心，把基础打好了，够你受用一辈子呢。"我小学高年级、初中写的作文，老是被老师批"甲上"，作为范文在班上朗读。我13岁那年写了一篇八股文，祖父见了叹息道："如果在清朝，你完全可以中一个秀才。"老爷子见我有了长进，就赠我他收藏的几本名贵碑帖和一方紫色端砚。

我想：汪老文好、字好、诗好，兼擅丹青，被人称为当代最后一位文人作家，这是因为天资聪颖的他从小就受到了书香门第的熏陶。

汪老在《七十抒怀》中写道："悠悠七十犹耽酒，唯觉登山步履迟。书画萧萧余宿墨，文章淡淡忆儿时……"在我和汪老多年接触中，发觉他嗜酒嗜烟。我对他日常生活爱好的概括是："每饭不离酒，香烟常在手。"

汪老爱喝酒。他十几岁就和父亲对坐饮酒。父亲抽烟时拿出两支，一支给儿子，一支给自己，真可谓"多年父子成兄弟"。

那次到云南旅游采风，不论中餐、晚餐，一路上汪老都要喝酒提神。他似乎白酒、米酒、啤酒、洋酒都喝，并不挑剔。他只要抿一口，就能鉴别酒的产地和质量。一瓶威士忌端上来，他尝一尝，就能品出是法国的还是美国的产品。到了玉溪卷烟厂，攀登红塔山时，汪老崴了脚，从此脚上敷了草药，缠裹了绷带，拄杖跛行。于是我搀扶他，和他同桌就餐。席间，他喝了一口白酒，旋又把酒倒在缠着纱布的脚上，"足饮"起来。我感到纳闷，问他："您为什么不仅嘴喝，还让脚喝呢？"他笑道："这样可以杀菌。"

汪老喝酒史上，有一桩逸事：上世纪40年代，有一次在昆明联大，他喝得烂醉，像个醉汉似的，昏坐在路边。沈从文那天晚上从一地方演讲回来，看见前边有个人影，以为是个从沦陷区来的难民，生了病，不能动弹。走近一看，原来是他的学生汪曾祺喝醉了。他连忙叫了两个学生搀扶着他的得意高足回到住处，给他灌了好多酽茶，他才清醒过来。

汪老还是位烟精。一支烟，他用手摸一摸，即可知道制作工艺水平如何。捏一捏，蹾一蹾，看一看，闻一闻，就可评定烟的质量。他给《十月》写过一篇《烟赋》，说纪晓岚嗜烟，是一边吸着烟，一边校读《四库全书》的。汪老爱吸"红塔山"，为之赋五言打油诗一首："玉溪好风日，兹土偏宜烟。宁减十年寿，不忘红塔山。"

游星云湖、抚仙湖那天晚上，汪老喝了酒，面色红紫，容光焕发，呈微醺状。额上的皱纹也就展开了，谈话就多起来了。高洪波、李林栋、李迪、高伟等作家聚集在我房间里听汪老聊文学创作。汪老说，早年他写的作品，在半年之内大都能背出来。《沙家浜》剧本在打字过程中，有一场戏的稿子丢失了，打字员急得团团转，汪老居然从该场戏第一个字一直背到最后一个字。之所以能背，他说是由于文章有内在的韵律。他说：要随时随地注意用文学语言描写所见到的生活现象。我下放到张家口劳动住羊舍时，外面有一带树墙，夜班火车驶过时，车窗里的灯光一一照射在树墙上。怎么描述这种现象呢？在《羊舍一夕》中是这样写的："车窗蜜黄的灯光一一照射在树墙上，一方块，一方块，川流不息地追赶着……你总觉得会刮下满地枝叶来似的……"

汪老应哈佛大学、耶鲁大学的邀请作演讲，题目就是《中国文学的语言问题》。由此可见他对语言的重视。汪老认为写小说就是写语言。小说的魅力首先在于语言。在他的小说中，你会看到这样的句子："失眠的霓虹灯在上海的夜空燃烧着。""马儿严肃地咀嚼着草料。"他觉得语言像水，是不能切割的。还认为不能把语言和思想内容剥离开。语言不能像橘子皮那样，从果肉内容上剥下来。

知道我喜欢写散文，汪老说：写散文应克制，不要像小姑娘的感情那么泛滥。老头写情书，总归不自然。有的散文家的作品像一团火，熊熊燃烧，但看完空空洞洞，留不下什么印象。没有坎坷，没有痛苦，便写不出来好文章。散文不能落入俗套，要平易自然。我希望把散文写得平淡一点，像家常便话、写家信那样，切忌拿腔拿调。当然也可以工笔、繁密，像何其芳的《画梦录》，别有风采，但那是另一种秾丽的花，我写不出来。

住在一起的日子多了，我和汪老相处得很随便。南方天热，每天都要在宾馆里洗澡、换衣。汪老洗衣速度极快，三四件衣服，搓巴搓巴就洗完了。我问："您怎么比我还洗得快呢？"他回答："见水为净，去掉点汗渍味即可。"我偷偷检查过他洗的衣服，翻看衣领和袖口，发现洁净度比我高。汪老在 1957 年因对人事部门提了点建议被打成右派，下到张家口农科所劳动，在艰苦的塞外练出了独立生活的能力。三年困难时期，当地的马铃薯价值突然提高，故农科所十分重视马铃薯的品种、质量、退化等问题。汪老会画画，农科所就交给他画一部《中国马铃薯图谱》的任务。他到城里买了颜料纸笔，回来到薯田里掐了把花枝，插在玻璃瓶里，对着实物画。马铃薯花一落，薯块成熟，就挖出来，放到桌上临摹。画完，埋进火里烤。烤熟了，就吃。这时他想起梵·高的名画《吃土豆的人们》，不禁哑然失笑。这部《中国马铃薯图谱》，像他的恩师沈从文的《中国古代服饰研究》一样，是被迫改行后创作的一部奇书——遗憾的是它的原稿在农科所"文革"中毁掉了。

汪老的诗、书、画，秀逸婉约，故索求者甚多。我发觉他分对象，区别男女，相应地或赠字，或送画，或赋诗。他送给宗璞的画是一幅墨叶红花的牡丹。但也有例外，男作家邓友梅名字中因有一个"梅"字，他画了一幅铁杆梅花相赠。树干树枝是墨染，梅花是白色。有一次乘车参观崇文区百工坊，坐在我身边的友梅告诉我："汪曾祺曾送给我一幅画，画中夹着一个字条，上写：'你结婚大喜我没送礼，送别的难免俗，乱涂一画权作为贺礼。画虽不好，用料却奇特。你猜猜梅花是用什么颜料点的？猜对了，我请吃冰糖肘子……'我跟韩舞燕猜了两个月也没猜出来。"我问友梅："那到底用的是什么颜料？"友梅说："汪老后来告诉我——牙膏！"

汪老除了大学时代对西方近现代哲学、现代派文学有过某种短暂的心仪之外，他一生主要受到了儒、释、道三家的影响。他自己在一首四言诗里就说过："有何思想？实近儒家。"孟子所谓"民为贵，社稷次之，君为轻"的民本思想，从他的许多小说中可以感受得到。他对佛学颇有研究，作品从最初的《复仇》到他后来的名篇《受戒》，经常写到寺庙、小庵、禅房、斋戒、经文。汪老年轻时爱读《庄子》，受到过老庄的熏染，一生自自然然，随遇而安，把事情看得很淡。

　　像汪曾祺这种才子型的文人作家，如此可爱的老头儿，只能孕育于特定的时代背景、特殊的家庭环境以及西南联大那样特别自由的教育方式。此等人物，往而不再，永逝矣。这是中国文坛的遗憾，但这是属于历史的、无法弥补的遗憾。

（《北京青年报》2013 年 2 月 6 日）

汪曾祺先生的道德文章

王纪人

20世纪80年代末和90年代初，我曾先后主编过《中国现代散文欣赏辞典》和《中国现代短篇小说欣赏辞典》。在编散文卷时，沈从文先生刚刚驾鹤西去，我选了他的《桃源与沅洲》和《常德的船》。汪曾祺先生自然也是必选对象，我选了他的《桃花源记》。至于谁来写沈先生散文的赏析文章，我不假思索地就想到了汪先生。一则因为沈与汪在西南联大有过师生之谊，二则是他们在性情和文风方面颇有相近之处。

由于我的约稿信错寄到中国京剧院，而汪先生"实在北京京剧院"，"信经转递，乃至迟复"，原来是我的错，他却道"甚歉"。对我选了他的散文《桃花源记》表示"深感荣幸"，对我的约稿答应"可以试试"。一个月后他就寄来了两篇赏析文章，并附一信，说"我发现这样的文章很难写，就散文谈散文，实在没有多少话好说，只好离题稍远"。所谓离题稍远，是说沈先生是一位"真诚的爱国主义者"，是"真正淡泊名利的作家"，驳斥了当年有人说沈从文的创作"与抗战无关"的论调，说"这真是一件怪事"！他指出，"沈先生的《湘西》写于抗日战争初期。他在《题记》中明明白白地提出：'民族兴衰，事在人为。'他正是从民族兴衰角度出发，希望湘西人以及全国人有所作为而写这本书的。"鉴于在沈从文仙逝后，他的名誉尚未彻底恢复，汪先生的"离题"显然是有感而发，其实是十分必要和切题的，表现了一个耿介之士对另一个耿介之士的惺惺相惜。

说沈从文淡泊，汪先生也深得其精髓："这种淡泊不仅是一种人的品德，而且是一种人的境界。"文学评论贵在知人论世，赏析文章亦然。汪曾祺先生虽然一生以创作为业，要他写评论文章可能有点勉为其"难"，但凭他的学养和深得知人论世的古训，无论是对《常德的船》还是《桃源和沅洲》，他的解析都很到位，能发人所未发，而且处处体察作者隐含的情绪和克制的陈述方式，同时也融合了自己的创作经验。如他在赏析《桃源与沅洲》时说："这些话说起来很平静，'若无其事'，甚至有点'玩世不恭'，但是作家的内心是激动的。越是激动，越要平静，越是平静，才能使人感觉到作者激动之深。年轻的作者，往往竭力要使读者受到感染，激情浮于表面，结果反而使读者不受感动，觉得作者在那里歇斯底里。这是青年作家易犯的通病。"

汪先生对散文创作也别有见地，他说散文写作没有一定的模式，否则散文也就不成其为散文了。但他还是大体分为两种。一种是中心突出，结构严谨，起承转合，首尾呼应。那是作者有意为文，写作时是理智的，他们要表达的是某种"意思"，即所谓"载道"，受唐宋八大家的影响。另一种是松散的散文，作者无意为文，只是随便谈天，说到哪里算哪里，沈从文的散文就属后一种。显然，汪先生的散文也深得其中三昧。

《中国现代散文欣赏辞典》是选文与赏析兼备的散文选，名为"辞典"，其实是名不副实的，纯粹是因为当时规定这家出版社只能出辞书，才不得已而为之。尽管如此，书还是得到了读者的青睐，1990 年第一版起至 1993 年已连印了 6 次，达 55000 册，至于以后的版次和印数我就不得而知了，因为既无稿费也无样书，连第六次印刷的书也是我自购的。

因为畅销，出版社在该书第一版刚刚推出不久，又约我主编《中国现代短篇小说欣赏辞典》，其工作量自然更加巨大。当时凭一股热情，并得到撰稿人的支持，也就接受了。沈从文和汪曾祺又都是小说大家，自然必选。沈选的是《萧萧》，汪选的是《受戒》，都是脍炙人口、别具一格的名著。《萧萧》的欣赏文章自然还是约汪先生写，他很爽快地答应了，不久就寄来了《读萧萧》。因为文章超过了规定的字数，他附纸说，"如不合用，请退回"。我自然没有退货的打算，便回了一封信。他回信说："我原担心你一嫌长，二嫌淡，怕你要我压缩重写。你那样看这篇文章，真是知音。前次信上我就说过，这篇文章是很不好写的。我倒真是花了一点功夫。""散文欣赏辞典能连印 4 次，真难以想象。我估计小说欣赏辞典也会卖得不错。"另外，他还热情建议，封面的画用小说家的字画，或请健在的小说家现画。后来出版社虽然没有遵命，还是约画家画了《萧萧》的图，也算是一种回应了。

　　汪先生是声名卓著的文坛大家，他的大家风范是热情、诚恳、谦和，以及为文的洒脱和见解的出类拔萃，而不是耍"大牌"。这仅从汪先生给我的几封信和赏析文章中，就可见出他道德文章的高贵，这在人情稀薄、文风浮躁的目前，尤其显得稀有和珍贵了。

　　　　　　　　　　（《解放日报》2011 年 4 月 4 日）

去汪老家串门

王安忆

　　去高邮，地图上少有的几行景点内，有汪曾祺故居，但只有巷名，不知在哪条街上。问收拾客房的女孩知不知道，回答知道，是在某路上，并且说到那里只需问汪曾祺故居就成。于是出得门，先拦截一辆出租车，回说那街巷曲折，出租车难以周转，转而拦三轮车。高邮的三轮车均电动装置，驾车者妇女老人皆有，是主要交通工具。第一位三轮车夫神情茫然，第二架正路过，折回头说他带我们去。上得车，乘风前往，车夫说乘他的车是乘对了，因他是汪曾祺家邻居，还与汪家的孩子同学，甚而至于同班。心下不免有些疑惑，但看他的年纪，确可做汪曾祺的侄辈，也确是熟门熟路。左拐右绕，从无数相连的巷道中穿行，终于停在一扇门前，门边有"汪曾祺故居"字样。门窗闭着，正以为不开馆，左右邻舍却有人出来，告诉说家里有人。那车夫抬手在窗上一劲地拍，并叫喊：有人来了！一时，门开了，邻舍们便说：可不是在家！

门内拥簇着沙发、茶几、书柜、矮橱，一对夫妇，年在七十上下，让座与斟茶，原来是汪老的妹妹和妹婿。汪家当年的宅院，历经动荡变迁，如今只余下这前后套的两间，背着一小块天井，天井里颇为奇迹地贴墙筑一道窄梯，梯顶上搭一间阁楼，悬着，住汪老的一位兄弟。汪家人戏称是"皮凤三楦房子"——汪曾祺的小说名。所以，这里不仅是汪曾祺故居，也是今居，生活着汪老的亲人。壁上有四幅汪老作的花卉，是自家人的自娱自乐。那妹婿，人称金老师，一名中医，形状与风格都像汪老小说《落魄》里在大后方昆明开扬州馆子的扬州人，虽然开饭馆，却没有道中人的习气，像个"票友"。当然，金老师是好命人，未曾离乡，未曾弃业，现今退休，优游于汪曾祺故居的操持。凡来访者，都需留下姓名，记于一本专用的册子，然后将名姓通报高邮市宣传部。这时，就又拿起电话，说是宣传部关照过的。

电话是打给一位陈老师，不多时，陈老师来了。陈老师名其昌，写过《汪曾祺和文游台》文章，人和文有一种朴直的贤雅，不愧是汪老的乡人。显然是这里的常客，进屋即坐，吃茶聊天，聊的不外是汪老家的短长。忽想起那三轮车夫，打听是否真是街坊邻居，说正是，又问索要了多少车资，实言报出数字，满座皆斥道：要多了！神情中的不满恰似对巷内顽劣小儿。

晚饭是宣传部长款待，部长姓张，名秋红，相貌十分端丽，而且态度娴静。她问道：昨日傍晚是否渡船去镇国寺？我说是呀！她笑道，昨日那时间她也在镇国寺，随游者说仿佛看见王安忆，不想今天在一起吃饭，真的有缘，错过了又来。这才叫串亲戚家呢，处处得主人的乡谊。

高邮尚未开发旅游，风物人情保持着淳朴。高邮湖一派古意，水面浩渺，夕阳下波光如丝。湖边泊了船只，脚夫们哼着号子，运的是新鲜芡实，浸了水，十分吃重。连接湖和运河的大桥上有恋人们流连，还有大人携了孩子，伏栏看桥下的浪涌。城内，训诂学始祖王氏父子的旧宅里开了书场，讲的是扬州评话《乾隆下江南》。明孟城驿的马厩空了，街巷里廓依稀可辨盛时气象。龙虬庄史前遗址静寂着，园边的稻田是不是几千年前的稻种繁衍？此时又熟透一季，绒扎扎的一片。田间有小庙，仅一步进退，香烛俱备，侧墙上写一对联：看看世界到处合资；望望人心都想发财。又像是祈福，又像是讥诮，倒有汪老看世界的眼风。文游台楼阁上有汪老的留墨：稼禾尽观。不是沧海尽观，亦不是天下尽观，而是"稼禾"。汪老眼睛里的景色终也脱不去人和人的生计，"稼禾"为万千生计之根本。

2008 年 12 月 8 日上海

（《文汇报》2009 年 2 月 2 日）

汪曾祺的白莲花

张昆华

今年 5 月 16 日是汪曾祺逝世 16 周年纪念日，按节令进行曲的节拍，立夏前几天，昆明终于在久旱之后听到暮春的雨点、雨丝、雨柱、雨浪弹奏的交响音乐。于是，我把欣喜的目光从汪曾祺 29 年前写的《昆明的雨》中，移到了翠湖，移到了大街小巷的高楼或矮屋。怀念过去与观赏现实，仿佛那一棵棵绿树、一蓬蓬红花、一朵朵菌子、一粒粒杨梅，都从汪曾祺散文的字里行间幻变而出，显得久别重逢般的可亲可爱。也就自然而然地由汪曾祺"我想念昆明的雨"的情景里转而想念起汪曾祺来。

因为今年 5 月 16 日是汪曾祺逝世 16 周年纪念日。昆明人完全可以把汪曾祺作为乡亲缅怀。这位来自异乡的乡亲生前曾经在《昆明的雨》《翠湖心影》《泡茶馆》《观音寺》《觅我游踪五十年》等散文名篇中为昆明留住了鲜明的自然环境与独特的人文风情。

他还在文中赋诗表达心中的眷恋与思念："羁旅天南久未还，故乡无此好湖山。长堤柳色浓如许，觅我游踪五十年。"

汪曾祺 1920 年农历正月十五日即元宵节傍晚上灯时分，出生于江苏省高邮古城的一座书香门第老宅里。在高邮上完小学、初中，当他就读高中三年级的江阴县城沦陷在日军铁蹄之下，他便含泪挥手告别故乡，先后辗转上海、香港、越南海防、云南河口等地，于 1939 年 9 月到达当时被称为大后方的昆明，考入西南联大中文系。在昆明读书 4 年，又在市郊观音寺中学教书 3 年，直到 1946 年 9 月离昆赴沪。他在《觅我游踪五十年》中写道："我在昆明待了 7 年。除了高邮、北京，在这里时间最长，按居留次序说，昆明是我的第二故乡。"

汪曾祺在"第二故乡"昆明上西南联大时，就居住在翠湖周边。他亲切而形象地把翠湖描绘为"昆明的眼睛"，并说"没有翠湖，昆明就不成其为昆明了"。他最初寄住在青莲街同济大学附中的宿舍。不久便搬到若园巷二号。他在散文中记述道："房东是一个上了年纪的寡妇，她没有儿女，只和一个又像养女又像使女的女孩子同住楼下的正屋，其余两进房屋都租给联大学生。"令人当时难以预料而后来又是事实的是：4 位房客大学生，同住一屋的汪曾祺成为文学大师，王道乾去法国入了党，成为专译马克思主义理论的翻译家；同住另屋的何炳棣、吴讷孙，后来移民美国，前者成为历史学家，后者成为美学家、美术史家。可见西南联大人才济济。吴讷孙还写了一部反映西南联大生活的长篇小说《未央歌》，在台湾多次再版。1987 年汪曾祺出访美国时，老同学意外相见，吴讷孙还送了一本《未央歌》给汪曾祺。两人兴趣盎然地谈起了女房东家院子里的那棵缅桂花树，在春雨中散发出阵阵清香。汪曾祺还说，有一年春节，吴讷孙写了一副春联贴在大门上，上联"人斗南唐金叶子"，下联"街飞北宋闹蛾儿"，说罢，在回忆青春岁月中爆发出老年人少有的哈哈大笑……

　　此后，汪曾祺由于穷困，不得不从若园巷二号搬到民强巷五号，只不过是因为租金稍便宜一些而已。汪曾祺搬住新房东王老先生家的东屋里，没有床，便睡住在一个高高的一尺多宽的条几上："……被窝里面已不知去向，只剩下一条棉絮。我无论春夏，都是拥絮而眠。"他在回忆当年的散文中这样写道："我在民强巷时的生活，真是落拓到极点。一贫如洗。我们交给房东的房租只是象征性的一点，而且常常拖欠。昆明有些人家也真怪，愿意把闲房租给穷大学生住，不计较房租。这似乎是出于对知识怜惜心理。"汪曾祺记得，有一天饿得躺在条几上，是同学朱德熙夹着一本字典来叫他起床，到街上贱卖了字典，才有钱吃了一顿早饭。物质生活如此残缺，但精神生活却不贫乏。在汪曾祺记忆中，房东家的大门上刻着一副对联："圣代即今多雨露；故乡无此好湖山。"他每日出入大门，眼看心记，明白这是房东借用前人旧记抒发自己今日情怀。他虽不同意当时即"圣代"，也不明确上联来自何处，但却知晓下联出于苏东坡诗句。所以，几十年后，汪曾祺重返昆明，便轻车熟路地以当年房东借苏东坡诗句的手法，也借此句来写进自己的诗中，用"故乡无此好湖山"表达"昆明的湖山是很可留恋的"。

　　汪曾祺步入老年后，怀念昆明的情感日愈缠绵。他在一系列的散文中，写了缅桂花树、尤加利（即桉树）、仙人掌、木香花、叶子花、白茶花；写了酸角、拐枣、杨梅、宝珠梨、丁丁糖、花生米；写了青头菌、牛肝菌、鸡枞菌、鸡油菌；写了翠湖的多孔石桥、圆圆的小岛以及堤岸上的柳树："柳条拂肩，溶溶柳色，似乎透入体内。"所以，他在借用苏东坡"故乡无此好湖山"之后加写了自己的诗句："长堤柳色浓如许。"但使我感到迷惑不解的是，汪曾祺在翠湖边居住过 4 年多，还常去湖畔的省图书馆看书，常在茶馆里喝茶，十分熟悉那里的树木花草，但他为什么就没有写荷花呢？而生他养他的故乡高邮则是荷花铺天盖地的世界，如果他在昆明翠湖见到荷花，肯定就会触景生情、倍感亲近而大书特书的。后来，汪曾祺在 1984 年 5 月 9 日写的散文《翠湖心影》中回答了这个疑问："翠湖不种荷花，但是有许多浮莲。肥厚碧绿的猪耳状的叶子，开着一望无际的粉紫色的蝶形的花，很热闹。"这就是昆明人叫的水葫芦。

　　我相信汪曾祺"翠湖不种荷花"的记忆。但是就在汪曾祺 1946 年 8 月离开昆明后的几十度春夏岁月中，不知是从哪年哪月起，翠湖种植了莲藕，开放了一朵又一朵彩云般的莲花，取代了大片大片的水葫芦花。漫长的光阴一直延绵到 1987 年 4 月，汪曾祺离别"第二故乡"41 年后才得以重返昆明。他是参加中国作协组织的作家代表团前来渴望已久的云南进行访问采风活动的。此时的汪曾祺虽然已是 67 岁的老人，但谈起他 19 岁初识的昆明，那刻满皱纹的脸上却绽放了年轻的容光。他从西南联大说到青莲街、逼死坡、甬道街、若园巷二号、民强巷五号以及翠湖里的石拱桥……由于我读过他 3 年前写的《翠湖心影》，便告诉他："翠湖依旧，杨柳常绿。只是在你离昆后的某个盛夏，翠湖梦醒般地开满了半池荷花……"

不难想象，从出生到长大，故乡高邮的荷花一直伴随着汪曾祺的青春年华。此后他长年生活在被他爱称为"昆明的眼睛"里，翠湖肯定又成为他"第二故乡"风景中最难忘的风景。如今，像高邮那样，翠湖也有荷花开放，这不是可以让汪曾祺的故乡情结锦上添花吗？直到汪曾祺他们首游武定狮子山，又赴别地采风返回昆明，正津津乐道于明朝建文皇帝是否真正落发为僧出家狮子山正续禅寺的历史传说时，我们终于挤出了一小点空隙时间，在夕阳悠悠沉下西山之际，匆匆赶赴翠湖。我们忙不了去寻访汪曾祺十分思念的当年居住过的同济大学附中旧地以及若园巷二号、民强巷五号民房是否依然在世，便径直来到翠湖东门一侧的荷塘边。手扶栏杆细目远眺，只见湖面上新生的一片片荷叶，在晚风中洋洋得意地挥手摇晃，犹如一朵朵舞蹈的水波；又见一只只紫色的燕子穿破暮霭飞翔，让尾巴洒下一声声啼鸣……可是，心急也难获近利，我们上下左右地寻觅，都没有发现一枝莲花。确实令人茫然，深感惆怅。汪曾祺摇摇头，叹口气说道："昆明春天来得早，而莲花最早也要到夏天才开放呀……"我们只好沿着湖岸漫步。来到一棵古老的桉树下，汪曾祺伸手拍拍树腰，说他当年曾倚靠在这儿阅读沈从文老师写的小说《边城》；来到一棵百年合欢树下，汪曾祺抬头看了看枝叶间的粉红色花朵，说他当年曾约会西南联大外语系女生施松卿，两人肩并肩地坐在树下一起诵读徐志摩和林徽因写的爱情诗……暮色渐渐苍凉，华灯悄悄明亮。虽然没有看到翠湖的荷花，但我却在汪曾祺的眼里看到了闪亮的泪珠，那泪珠就像是他心中的荷花……

怀着依依不舍的乡情，汪曾祺飞离难以分别的昆明返回北京。相隔4年之后，1991年4月，也是早春时节，汪曾祺参加中国作协副主席冯牧率领的作家代表团去玉溪出席"红塔山笔会"。来也匆匆，去也匆匆，昆明只不过是路过的驿站而已，但汪曾祺却在其间亲笔署签"十五日夜走滇境"的采风团文集书名并写下了散文《觅我游踪五十年》，重现了这位71岁的耄耋老人记忆中的昆明往事。

只要期盼，便有希望。6年之后，也就是1997年1月，昆明温暖的冬天，汪曾祺参加中国作协副主席高洪波率领的作家代表团再一次去玉溪出席"红塔山笔会"。会后返京前在昆明稍事停留。1月13日下午，我去作家代表团住宿的佳华大酒店拜访汪曾祺。新年喜庆的气氛还未消散。我与汪曾祺在酒店大堂的圣诞节小屋和圣诞节灯树前合影留念。笑谈中，我特意提起他去年即1996年夏天赠我的国画《门外野风开白莲》。我说，那绿叶相拥的白莲花，真是越看越美，堪称文人画中的精品。他微笑着连连摆手，并解释创意：之所以画白莲花送我，是为了弥补10年前我们去翠湖看荷花而荷花尚未开放的遗憾……

然而令人深感悲痛的是，汪曾祺1997年1月第5次来昆明，不幸成为他生命中对"第二故乡"的最后访问。汪曾祺从昆明飞回他"第三故乡"北京4个月后的5月16日，因突发急病而与世长辞。前些日在春风春雨中，怀念与感恩之情引领我去翠湖寻访汪曾祺的踪影。那棵被汪曾祺倚靠着阅读沈从文老师写的《边城》的古老的桉树，依然用青枝绿叶散发着淡淡的芬芳；那棵倾听过汪曾祺与恋人施松卿共同诵读徐志摩和林徽因的爱情诗的百年合欢树，依然用年年盛开的粉红色花朵洋溢着迎春的气息；那刚刚积蓄了雨水的翠湖依然荡漾着碧绿的荷叶，发出飒飒的声响，仿佛在告诉我：再过些时日，那一朵朵荷花肯定会昂首开放，就像汪曾祺在《门外野风开白莲》中所画的那样，为翠湖，为昆明增添美丽的风采！

（《云南日报》2013 年 6 月 16 日）

杂家汪曾祺

孙　郁

　　谈到汪曾祺的文章之好，那是人人承认的。但好的原因是什么，就不那么好说。我去过他的家里，书不多，绘画的东西倒不少。和他谈天，不怎么讲文学，倒是对民俗、戏曲、县志一类的东西感兴趣。这在他的文章里能体现到。他同代的人写文章，都太端着架子，小说像小说，散文像散文，好像被职业化了。汪曾祺没有这些。他在一定程度上，是个杂家，精于文字之趣，熟于杂学之道。

　　晚清后的文人，多通杂学。周氏兄弟、郑振铎、阿英等人都有这些本领。（上世纪）50 年代后，大凡文章很妙的人，也有类似的特点，唐弢、黄裳就是这样的。

　　汪曾祺的杂学，不是学者的那一套，他缺乏训练，对一些东西的了解也不系统，可以说是蜻蜓点水，浮光掠影般的，但因为是审美的意识含在其间，每每能发现今人可用的妙处，就把古典的杂学激活了。我想，和周作人那样的人不同，他在阅读野史札记时，想的是如何把其间的美意嫁接到今人的文字里，所以文章在引用古人的典故时，有化为自己身体一部分的感觉。不像周作人，自己是自己，别人是别人，彼此有着距离。汪曾祺尽力和他喜欢的杂学融在一起，其文章通体明亮，阅之颇有味道。

他的阅读量不算太大，和黄裳那样的人比，好像简单得很。可是他读得精，也用心，民谣、俗语、笔记闲趣，都暗含在文字里，真是好玩极了。他喜欢的无非是《梦溪笔谈》《容斋随笔》《聊斋志异》一类的东西，对岁时、风土、传说都有感情。较之于过去学人江绍原、吴文藻等，他不太了解域外的民俗理论，对新的社会学史料也读之甚少。这使他的作品不及苦雨斋群落的作家那么驳杂，见解也非惊世骇俗的。但他借鉴了那些学问，从中找到自己需要的东西。尤其是中土的文明，对他颇有意义。在创作里，离开这些，对他等于水里没有了茶叶，缺少味道了。

现代的杂学，都是读书人闲暇时的乐趣。鲁迅辑校古籍、收藏文物、关照考古等，对其写作都有帮助。那是一种把玩的乐趣，在乡间文化里大有真意的存在。周作人阅读野史，为的是找非正宗文化的脉息，希望看到人性之美吧。连俞平伯、废名，都离不了乡邦文献的支撑，在士大夫不得志的文本里，能看到无数美丽的东西，倒可填补唯道德化作品的空白。中国有些作家没有杂学，文字就过于简单。比如巴金，是流畅的欧化句式，是青春的写作，优点是没有暮气，但缺的是古朴的、悠远的乡情与泥土味。茅盾是有杂学准备的，可是他把写作与治学分开来，未能深入开掘文字的潜能。

汪曾祺是没有作家腔调的人，他比较自觉地从纷纭错杂的文本里找东西，互印在文字里，真的开笔不俗，80年代后能读到博识闲淡的文字，是那个时代的福气。

有人说他的作品有风俗的美，那是对的。他自己在《风俗画》一文就说：

　　我很爱看风俗画的。17世纪荷兰学派的画，日本的浮世绘，我都爱看。中国的风俗画传统很久远了。汉代的很多像石刻、画像砖都画（刻）了迎宾、饮宴、耍杂技——倒立、农丸、弄飞刀……有名的说书俑，滑稽中带点愚昧，憨态可掬，看了使人不忘。晋唐的画以宗教画、宫廷画为大宗。但这当中也不是没有风俗画，敦煌壁画中的杰作《张义潮出巡图》就是。墓葬中笔致粗率天真的壁画，也多涉及当时的风俗。宋代风俗画似乎特别流行，《清明上河图》是一个突出的例子……我从马远的《踏歌图》知道"踏歌"是怎么回事，从而增加了对"桃花潭水深千尺，不及汪伦送我行"的理解。这种"踏歌"的遗风，似乎现在朝鲜还有。我也很爱李嵩、苏汉臣的《货郎图》，它让我知道南宋的货郎担上有那么多卖给小孩子们的玩意，真是琳琅满目，都蛮有意思。元明的风俗画我所知甚少。清朝罗两峰的《鬼趣图》可以算是风俗画。杨柳青、桃花坞的年画大部分都是风俗画，连不画人物只画动物的也都是，如《老虎嫁女》……陈师曾等人都画过北京市井的生活。风俗画的雕塑大师是泥人张。他的《钟馗嫁夫》《大出丧》，是近代风俗画的不朽名作。

从他的审美习惯看，应当是属于陈师曾那类的文人情调，和丰子恺的禅风略有差异。汪氏的入世与出世，都和佛家的境界不同，也就谈不上神秘的调子。他的文风是明儒气的，杂学自然也和那些旧文人相似。他说：

> 我也爱看讲风俗的书。从《楚荆岁时记》直到清朝人的《一岁货声》之类的书都爱翻看……不过我最有兴趣的是讲风俗民情的部分，其次是物产，尤其是吃食……宋元人笔记中有许多是记风俗的，《梦溪笔谈》《容斋随笔》里有不少条记的民俗，都写得很有趣。明末的张岱特长于记述风物节令，如记西湖七月半、泰山进香，以及为祈雨而赛水浒人物，都极生动。虽然难免有鲁迅先生所说的夸张之处，但是绘形绘声，详细而不琐碎，实在很叫人向往……我放在手边经常看的一本书是古典文学出版社出版的《东京梦华录》（外四种——《都城纪胜》《西湖老人繁胜录》《梦粱录》《武林旧事》）这样把记两宋风俗的书汇为一册，于翻检上极便，是值得感谢的。

我读这一段话，就想起周氏兄弟的爱好，他和这两人相似的一面还是有的，尤其是与周作人的口味极为接近。彼此共鸣的地方很多，只是他不是从学问的角度看它们，而是以趣味入手，自己得到的也是趣味的享受，后来无意间把此也融进了自己的文字中。（上世纪）80 年代，汪曾祺红火的时候，许多人去模仿他，都不太像，原因是不知道那文字后还有着不少的暗功夫。这是日积月累的结果，汪氏自己也未必注意。我们梳理近代以来读书人的个性，这个民俗里的杂趣与艺术间的关系太大，是不能不注意的。

从汪氏的爱好里，我也想起中国画家的个性。许多有洋学问的人，后来也关注其民间的艺术，从中吸取经验，林风眠、吴冠中都这样。连张仃的画，最好的是毕加索与门神的结合，谣俗里的意象可让人久久回味的。

杂学的东西，是精神的代偿，我们可以由此知道艺术的深未必是单一的咏叹，而往往有杂取种种的提炼。这个现象很值得回味。没有杂识与多维的视野，思想的表达也该是简单无疑。

像他这样从民国走来的人，读书经验未必与学院里的东西有关，而是从文化的原态里体悟什么。这样的书就读活了，而非死读书那类迂腐的东西。比如他到一个地方，很喜欢了解乡间沿革里的东西，对语言方式、音调都有兴趣。人们怎样生存，凡俗的乐趣在哪里，都想知道些。他说自己喜欢《东京梦华录》一类的作品，就因为从中能读出更丰富的人情美与风俗美。

风俗美是对士大夫文化无趣的历史的嘲弄。我们中国的旧文化最要命的东西，是皇权的意识与儒家的说教，把本来丰富的人生弄得没有意思了。行文张扬，大话与空话过多，似乎要布道或显示什么。张仃在"文革"中厌恶红色的符号，遂去搞焦墨山水画，在黑白中找思想感觉。汪先生其实也是这样的吧。他的作品有童谣的因素，也带点市井里的东西，色调都不是流行的那一套。

在民风里实在有些有趣的存在，比如赵树理的小说，迷人的地方是写了乡里的人情，汪曾祺就十分佩服。沈从文的动人还不是写了神异的湘西？

汪曾祺的阅读习惯与审美习惯，其实就是在边缘的地方找流行里没有的东西。他自己知道，士大夫文化没有生命力的原因，是与人间烟火过远的缘故。

过去读书人涉猎杂学，多与笔记体文字有关。

笔记是小品的一种，可以任意东西，五湖四海，不一定深，浅尝辄止。士大夫写八股文，多无趣味，但在一些笔记里，能看到点真性情的影子。笔记有秘本、抄本等不同样式，汪曾祺看的多是通行的本子，没有秘籍，也鲜奇货。有些人看到笔记体的书籍，注意的是版本里的东西。黄裳、唐弢都是这样，他们的杂学也都不错，文字亦佳，有目录学家的气象的，但孙犁这样的作家，就与他们不同，倒和汪曾祺很像，只注意内容，不顾及版本。因为喜欢随便翻翻，不做专门研究，眼光自然不同。孙犁在《谈笔记小说》中也讲到了汪曾祺喜欢的那些作品，看法有些特点：

> 笔记以记载史实、一代文献典故为主，如宋之《东斋纪事》《国老谈苑》《渑水燕谈录》，所记史料翔实，为人称道。如《梦溪笔谈》《容斋随笔》，则以科学研究成绩，及作者之见解修养为人重视。
>
> 笔记，常常也有所谓秘本、抄本的新发现，然不一定都有多大价值。有价值之书，按一般规律，应该早有刊刻，已经广为流传，虽遭禁止，亦不能遏其通行。迟

迟无刻本，只有抄本，自有其行之不远的原因。我向来
对什么秘籍、孤本、抄本，兴趣不大。过去涵芬楼陆续
印行之秘籍，实无多少佳作。

　　或许都是因为出身于小说家，对杂学的兴趣也都止于内容的
接受，采其手法，接其神气，化为己用而已。好的作家，对野史
与笔记间的东西有情趣，或许是那里的不正规的文气与心理让人
喜欢。笔记里的谈鬼怪之作与民间传说，多灿烂的想象，思路与
一般人迥异。汉语书写易走进套路，唯野性的思维可让人飞将起来。
且那里知识庞杂，多不正经之音，或让人一笑，或有惊异感叹。

　　对于汪曾祺而言，早期是西洋现代小说开启了其思想，晚年
则为野史笔记引路前行，遂有了一种脱俗之象。考察晚清以来文
章好的人，在这一点上，多少是一样的。汪曾祺复活了一种文体，
对 80 年代的文学，真的功莫大焉。

　　　　　　　　　　　　　　　（《群言》2009 年第 10 期）

高山流水，远近之间（外一篇）

李 辉

一

1947 年，上海。从夏天到秋天再到冬天，每逢周六周日，热闹的马路上，多了三个年轻人结伴而行。

三个人都还不到三十岁——

黄裳，1919 年出生，28 岁；

汪曾祺，1920 年出生，27 岁；

黄永玉，1924 年出生，23 岁。

他们要么走进咖啡馆，要么走进电影院，要么干脆就在马路上闲逛，从这头走到那头，再从那头走回这头。漫无目的地看街上风景，兴致勃勃地评说天下，臧否人物。三个人普普通通，不显眼，不夸张，大都市的一个点缀，大概谁也不会想到要好好地多看上几眼——除非有人能预测到三个人后来在中国文化界的特殊影响。

当他们如此这般在上海滩上结伴而行时，颇有"三剑客"的味道。不过，在文坛或美术圈，他们刚刚出道，虽然开始有人知道他们的名字，报刊或出版社发表或出版他们的作品，但成就显著，名声大震，则是以后的事情。

1948年三人各奔东西，无拘无束的交往只有一年左右时间，但是，1947年的结伴而行，却是他们人生经历中无法割舍的一部分记忆。在后来的日子里，他们的往来没有中断，继续结伴而行，交相呼应。他们以各自的成就在文化界确立了特殊地位——黄裳是散文家、文史专家、藏书家；汪曾祺是小说家、散文家、戏剧家；黄永玉是画家、作家。从这一意义上说，称他们为"三剑客"，看来相当妥帖。他们手上，都有一把锋利宝剑。不一样的剑，不一样的剑法，挥舞出一样的风流。

三个年轻人最终都成了老头。1997年，汪曾祺因病去世，还不到80岁。"三剑客"，如今剩下黄裳、黄永玉两位京沪遥望。

自上世纪80年代开始，黄永玉以他的生动叙述和潇洒之笔，相继描写了一个又一个比他年长的前辈或朋友，这些文章几年前结集为《比我老的老头》出版，颇受读者喜爱，畅销也长销。人们向往他笔下的场景，为历史场景中的人物命运而乐、而伤感、而惋惜、而赞叹。他的笔，让那些比他老的老头重新获得人们更多关注，既活跃在历史之中，又丰富着人们今天的感觉。

几年前，黄永玉新写《黄裳浅识》一文，第一次叙述了他们"三剑客"的上海故事：

> 那时我在上海闵行县立中学教书，汪曾祺在上海城里头致远中学教书，每到星期六我便搭公共汽车进城到致远中学找曾祺，再一起到中兴轮船公司找黄裳。看样子他是个高级职员，很有点派头，一见柜台外站着的我们两人，关了抽屉，招呼也不用打的昂然而出。和我们就走了。曾祺几次背后和我讲，上海滩要混到这份功力，绝不是你我三年两年练得出来。我看也是。
>
> 星期六整个下午直到晚上九十点钟，星期天的一整天，那一年多时间，黄裳的日子就是这样让我们两个糟蹋掉了。还有那活生生的钱！
>
> 我跟曾祺哪里有钱？吃饭、喝咖啡、看电影，坐出租车、电车、公共汽车，我们两个从来没有争着付钱的念头。不是不想，不是视若无睹，只是一种包含着多谢的务实态度而已。几十年回忆起来，几乎如老酒一般，那段日子真是越陈越香。（《黄裳浅识》）

浪漫而令人回味的友谊，也是黄永玉少见的直接写到汪曾祺。写完黄裳，期盼他也写写汪曾祺。问他，他不假思索，即摇头。"他在我的心里的分量太重，无法下笔。"答得认真，也含蓄而委婉。看来，在"比我老的老头"人物系列中，一个当年的好朋友，一个本应可以被他写得精彩至极的老头，恐怕会付阙了。

为什么他不专门写一写汪曾祺呢？两人之间后来到底发生了

什么？让人困惑且遗憾。

二

往事与故人总是无法割舍。文章虽未写，汪曾祺却一直是黄永玉的话题。

"我的画只有他最懂。"谈到汪曾祺，黄永玉常爱这么说。

多年来，他不止一次提到这样一件事："当年汪曾祺在上海，给表叔去过一封信，信中说，如果现在有人在黄永玉身上投资，以后肯定不会后悔。"说完，他再补充一句，"这封信表叔后来交给我了，要是能找到就好了。"

难道 60 多年前的汪曾祺，真能预见到黄永玉后来的发展？讲述者是否把历史与现实杂糅一起，为记忆中的最初友谊加一笔神奇斑斓的色彩？说者言之凿凿，听者将信将疑。我一度心想，姑妄言之，姑妄听之，且将之视为有待证实的传奇吧。

未料想，2008 年，这一重要信件真的找到了！海阔天空似的传说最终还原为确切的现实。

六页稿纸，为两天写的前后两封信。信未注明年份，写信日期分别为"七月十五日"和"七月十六日"，据信所述，系在与黄永玉初次见面后的第二天。黄永玉抵达上海是在 1946 年年底，离开上海是在 1948 年 3 月，由此推断，汪曾祺信写于 1947 年 7 月。

汪曾祺与黄永玉的见面，应是受其恩师沈从文的委托，这就难怪在两人见面的第二天，汪曾祺就写长信详谈见面细节与印象，颇有向在北平的沈从文"汇报"的意味——此时的沈从文，尚未见过已经长大并成为木刻家的表侄。

黄永玉儿时曾在凤凰见过沈从文一面，即沈从文 1934 年回故乡探望重病中的母亲，并以给张兆和写信方式创作《湘行散记》之际。黄永玉当时只有 10 岁，匆匆一见，问一声"你坐过火车吗"，听完回答转身跑开而已。12 年过去，抗战胜利之后，沈从文意外得知年轻漂泊者黄永玉已成长为一个木刻家。1947 年 2 月，在所写关于黄永玉父母故事的长文《一个传奇的本事》中，沈从文写到战后在北平初次看到黄永玉木刻的经过与印象：

抗战到第八年，和平胜利骤然来临，睽违十年的亲友，都逐渐恢复了通信关系。我也和家中人由云南昆明一个乡村中，依旧归还到旧日的北平，收拾破烂，重理旧业。忽然有个十多年不通音问的朋友，寄了本新出的诗集。诗集中用黑绿二色套印了些木刻插图，充满了一种天真稚气与热情大胆的混合，给我崭新的印象。不仅见出作者头脑里的智慧和热情，还可发现这两者结合时如何形成一种诗的抒情。对于诗若缺少深致理解，是不易作出这种明确反映的。一经打听，才知道作者所受教育程度还不及初中二，而年龄也还不过二十来岁，完全是在八年战火中长大的。更有料想不到的巧事，即这个青年艺术家，原来便正是那一死一生黯然无闻的两个美术教员的长子。十三四岁即离开了所有亲人，到陌生而广大世界上流荡，无可避免的穷困，疾病，挫折，逃亡，在种种卑微工作上短时期的稳定，继以长时间的失业，

如蓬如萍的转徙飘荡，到景德镇烧过瓷器，又在另一处
当过做棺材的学徒……却从不易想象学习过程中，奇迹
般终于成了个技术优秀特有个性的木刻工作者。为了这
个新的发现，使我对于国家民族，以及属于个人极庄严
的苦难命运，感到深深痛苦。我真用得着法国人小说中
常说的一句话："这就是人生。"当我温习到有关于这
两个美术教员一生种种，和我身预其事的种种，所引起
的回忆，不免感觉到对于"命运偶然"的惊奇。（《一
个传奇的本事》）

1947 年之前，黄永玉只为彭燕郊、贺宜、端木蕻良等人的作
品配过插图。沈从文说"有个十多年不通音问的朋友，寄了本新
出的诗集"，这个朋友是谁？黄永玉分析，可能是诗人李白凤。
李白凤是 30 年代初沈从文在青岛大学任教时的学生，黄永玉在
1946 年与之结识。但李白凤寄去的是哪本诗集，则不得而知。不
管如何，这一契机，促成了沈从文、黄永玉叔侄之间的联系。1947
年初，黄永玉又亲自将四十余幅木刻作品寄至北平，希望得到表
叔的指点。《一个传奇的本事》即在这一背景下写作的，这是目
前所见沈从文对黄永玉其人其画的最早涉及。

沈从文与黄永玉在此期间的通信，迄今未有发现，黄永玉在
回忆文章中偶有提及。他这样写道：

从文表叔到北京不久，我到了上海。他为当时才 22
岁的我的生活担心，怕我不知道料理自己，饿死了；或

是跟上海的电影女明星鬼混"掏空了身子"（致他学生的信中提到）。他给我来信时总附有给某老作家、某名人的信，请他们帮我一些忙。他不太明白当时我的处境。我正热火朝天地跟一些木刻家前辈搞木刻运动，兴高采烈至极，饭不饭根本算不上个大问题。倒是房租逼人，哪里还有空去找电影女明星？（《这些忧郁的碎屑》）

两人之间的密切联系从此延续下去，长达40多年，直到沈从文1988年去世。

黄永玉最初发表作品时还是用本名"黄永裕"，是沈从文建议改为"黄永玉"，"永裕"不过是小康富裕，适合于一个"布店老板"而已，"永玉"则永远光泽明透，寄寓了沈从文对一个艺术家未来的厚望。从此，"黄永玉"这个名字得以确定，沿用至今。

沈从文当年不仅本人欣赏与喜爱黄永玉的木刻，还向他的文化界朋友和学生如萧乾、汪曾祺等积极推荐，希望他们予以帮助和支持。黄永玉刚刚走进上海，其木刻艺术崭露头角，沈从文的这一举荐，无疑丰富了黄永玉的文化人脉，对其扩大知名度以及事业的发展，起到了重要的推动作用。

1949年10月14日，沈从文为30多年前的旧文《一个传奇的本事》，特意补写了下面的文字：

这个小文，是抗战八年后，我回到北京不多久，为初次介绍黄永玉木刻而写成的。内中提及他作品的文字并不多，大部分谈的却是作品以外事情——永玉本人也不明白的本地历史和家中情况。从表面看来，只像"借题发挥"一种杂乱无章的零星回忆，事实上却等于把我那小小地方近两个世纪以来形成的历史发展和悲剧结局，加以概括性的记录。

……

至于30多年前对永玉的预言，从近30年工作和生活发展看来，一切当然近于过虑。永玉为人既聪敏能干，性情又开廓明朗，对事事物物反应十分敏捷，在社会剧烈变动中，虽照例难免挫折重重，但在重重挫折中，却对于自己的工作，始终充满信心，顽强坚持，克服来自内外各种不易设想的困难，从工作上取得不断的突破和进展。生命正当成熟期，生命力之旺盛，明确反映到每一幅作品中，给人以十分鲜明印象。吸收力既强，消化力又好，若善用其所长而又能对于精力加以适当制约，不消耗于无多意义的世俗酬酢中，必将更进一步，为国家作出更多方面贡献，实在意料中。进而对世界艺术丰富以新内容，也将是迟早间事。

晚年沈从文，以这一方式再次表达出对黄永玉的理解、厚爱与期待。

三

回到汪曾祺信本身。

六页信纸已泛黄，字很小，密密麻麻、洋洋洒洒写了差不多5000字。涉及黄永玉的内容集中在 7 月 15 日的信中。

汪曾祺首先向沈从文通报与黄永玉的见面经过以及对其木刻作品的印象：

> 昨天黄永玉（我们初次见面）来，发了许多牢骚。我劝他还是自己寂寞一点做点事，不要太跟他们接近。
>
> 黄永玉是个小天才，看样子即比他的那些小朋友们高出很多。（跟他同来的是两个"小"作家，一个叫王谌贤，一个韦芜。他们都极狂，能说会笑，旁若无人。来了，我照例是听他们自己高谈阔论，菲薄这个，骂那个。）他长得漂亮，一副聪明样子。因为他聪明，这是大家都可见的，多有木刻家不免自惭形秽，于是都不给他帮忙，且尽力压挠其发展。他参与全国木刻展览，出品多至十余幅，皆有可看处，至引人注意。于是，来了，有人批评说这是个不好的方向，太艺术了。（我相信他们真会用"太艺术了"作为一种罪名的。）他那幅很大的《苗家傩神舞》为苏联单独购去，又引起大家嫉妒。他还说了许多木刻家们的可笑事情，谈话时可说来笑笑，写出

来却无甚意思了。——您怎么会把他那张《饥饿的银河》标为李白凤的诗集插画？李白凤根本就没有那么一本诗。不过看到了那张图，李很高兴，说："我一定写一首，一定写一首。"我不知道诗还可以"赋得"的。不过这也并不坏。我跟黄永玉说："你就让他写得了，可以作为木刻的'插诗'。要是不合用，就算了。"那张《饥饿的银河》作风与他其他作品不类，是个值得发展的路子。他近来刻了许多童谣（因为陈琴鹤的建议。我想陈不是个懂艺术的人），构图都极单纯，对称，重特点，幼稚，这个方面大概难于求惊人，他已自动停止了。他想找一个民间不太流行传说刻一套大的，有连环性而又可单独成篇章。一时还找不到。我认为如英国法国木刻可作他参考，太在中国旧有东西中掏汲恐怕很费力气，这个时候要搜集门神、欢乐钱马、佛像神俑、纸花、古陶铜器也不容易。您遇见这些东西机会比较多，请随时为他留心。萧乾编有英国木刻集，是否可以让他送一本给黄永玉？他可以为他刻几张东西作为交换的。我想他应当常跟几个真懂的前辈多谈谈，他年纪轻（方二十三），充满任何可以想象的辉煌希望。真有眼光的应当对他投资，我想绝不蚀本。若不相信，我可以身家作保！我从来没有对同辈人有一种想跟他有长时期关系的愿望，他是第一个。您这个做表叔的，即使真写不出文章了，扶植这么一个外甥也就算很大的功业了。给他多介绍几个值得认识的人认识认识吧。（1947 年 7 月 15 日致沈从文）

汪曾祺的艺术敏感与艺术理解力令人叹服。正是基于他对黄永玉艺术个性的分析与解剖，他才郑重地说出了应该往年轻的黄永玉身上"投资"的话。不限于"投资"建议，他还在信中另一处将黄永玉称作"天才"。他这样强调说："黄永玉不是那种少年得志便癫狂起来的人，帮忙世人认识他的天才吧。"

高山流水，知音难寻，对于当年的黄永玉来说，有汪曾祺这样的知音，实值得终生怀念。

另外，在此信中，汪曾祺还谈到了黄永玉的婚姻与工作情况：

> 有一点是我没有想到的，他也没有告诉您。我说"你可以恋爱恋爱了"（不是玩笑，正经，自然也不严肃得可怕，当一桩事），他回答："已经结婚了！"新妇是广东人。在恋爱的时候，他未来岳父曾把他关起来（岳父是广东小军阀），没有罪名，说他是日本人。（您大概再也没想到这么一个罪名，管您是多聪明的脑子！）等结了婚，自然又对他很好，很喜欢，于是给他找事，让他当税局主任！他只有离开他"老婆"（他用一种很奇怪语气说这两个字，不嘲弄，也不出俗，真挚，而充满爱情，虽然有点不大经心，一个艺术家常有点不经意）。到福建集美学校教了一年书，去年冬天本想到杭州接张西压的手编《东南日报》艺术版，张跟报馆闹翻了，没有着落，于是到上海来，"穷"了半年。今天他到上海县的县立中学去了，他下学期在那里教书。一月50万，不可想象！不过有个安定住处，离尘嚣较远（也离那些什么"家"

们远些），可以安心工作。他说他在上海远不比以前可以专心刻制。他想回凤凰，不声不响地刻几年。我直觉的不赞成他回去。一个人回到乡土，不知为什么就会霉下来，窄小，可笑，固执而自满，而且死一样的悲观起来。回去短时期是可以的，不能太久。

（黄永玉说明：1. 没有把我关起来，也不是当税局主任。2. 我是到福建的南安国光中学教书，不是集美学校。3. 张西压应是章西厓。）

这是目前所见关于黄永玉生平故事的最早文字记录。其中特别重要的一点是透漏了一个细节，即当年黄永玉曾萌生回故乡潜心创作的念头。汪曾祺所阐发的文艺家的创作与故乡的复杂关系，颇值得玩味。他说得好，"一个人回到乡土，不知为什么就会霉下来，窄小，可笑，固执而自满，而且死一样的悲观起来。回去短时期是可以的，不能太久"。过去乃至后来，许多人的艺术成长与发展都证明了这一观点，包括沈从文、黄永玉以及汪曾祺本人。

不清楚，汪曾祺的劝阻在多大程度上改变了黄永玉返回故乡的想法。后来的情况是，黄永玉在上海逗留一年多之后，1948年3月与张正宇结伴而行，前往台湾。几个月后，因台湾出现政治险情，他又很快逃往香港。在香港，他居住了4年，直到1953年2月移居北京。

香港4年，是黄永玉艺术发展的一个重要转折。他进入了收获季节，其艺术创作也达到了第一个高峰——在这里，创作形式由木刻、漫画向速写、油画等多品种拓展；在这里，他举办了一

生中最初的三次画展；在这里，他得到最早而又最集中的名家嘉
评与推广；在这里，他又招致来自左翼文化阵营的指责与批评……

一切都在香港 4 年发生。一个在抗战期间开始学习木刻的年
轻漂泊者，至此终于脱颖而出，精彩亮相。这是黄永玉的最初成功，
并为他未来 60 年的发展，奠定了坚实的基础。

从这一角度说，汪曾祺这一知音的出现，对于黄永玉有着特
殊的历史意味。

四

不过，尽管汪曾祺一开始就对黄永玉的木刻艺术评价甚高，
但他并不在最初撰文予以嘉评的作家之列。据目前我所搜集到的
材料，1948 至 1951 年之间，先后发表文章评论黄永玉木刻创作的
文艺家计有萧乾、臧克家、端木蕻良、黄新波等。汪曾祺发表文章，
则是在 1951 年，距他 1947 年致信沈从文已过 4 年。

在 1947 年信中，汪曾祺谈到过有"试写论黄永玉木刻的文章"
的想法，但有所迟疑。有意思的是，他倒是就约请哪些名家来写，
来了一番点将，性情所至，恣意汪洋，简直就像是在傲视众人，
臧否文坛，如今读来，依然妙趣横生：

我曾说还要试写论黄永玉木刻的文章，但一时恐无
从着手。而且我从未试过，没有把握。大师兄王逊似乎
也以给他引经据典的，居高临下的，用一种奖掖后进的
语气写一篇。（我希望他不太在语气上使人过不去。——

一般人对王逊印象都如此，自然并不见得对所有人都如此，我知道的。）林徽因是否尚有兴趣执笔？她见得多，许多意见可给他帮助。费孝通呢？他至少可就文化史人类学观念写一点他一部分作品的读后感。老舍是决不会写的，他若写，必有可观。可惜，一多先生死了，不然他会用一种激越的侠情，用很重的字眼给他写一篇动人的叙记的，虽然最后大概要教导他"前进"。梁宗岱老了，不可能再"力量力量"的叫了。那么还有谁呢？李健吾世故，郑振铎、叶圣陶大概只会说出"线条遒劲，表现富战斗性"之类的空话了，那倒不如还是郭沫若来一首七言八句。那怎么办呢？自然没有人写也没有关系。等他印一本厚厚的集子，个人开个展览，届时再说吧。——他说那些协会作家对他如何如何，我劝他不必在意，说他们合起来编一个什么年刊之类，如果不要你，你就一个人印一本，跟他们一样厚！看看有眼睛的人看哪一本。

（1947 年 7 月 15 日致沈从文）

1951 年 1 月 6 日，黄永玉将在香港思豪酒店举办为期一周的第二次个展。汪曾祺得知消息，于 1950 年 12 月 4 日在北京写下一文寄到香港，这是他第一次正式公开评论黄永玉。该文 1951 年 1 月 7 日发表于香港《大公报》副刊，题为《寄到永玉的展览会上》。

文章开篇，汪曾祺以他们的上海生活为背景，生动地为读者描述出一个充满活力、记忆惊人的黄永玉：

　　我和永玉不相见，已经不少日子了。究竟多少日子，我记不上来。永玉可能是记得的。永玉的记性真好！听说今年春夏间他在北京的时候，还在沈家说了许多我们从前在上海时的琐事，还向小龙小虎背诵过我在上海所写而没有在那里发表过的文章里的一些句子："麻大叔不姓麻，脸麻……"我想来想去，这样的句子我好像是写过的，是一篇什么文章可一点想不起来了！因为永玉的特殊的精力充沛的神情和声调，他给这些句子灌注了本来没有的强烈的可笑的成分，小龙小虎后来还不时的忽然提起来，两个人大笑不止。在他们的大笑里，是也可以看出永玉的力量来的。

　　上海的事情我是不能像永玉那样的生动新鲜地记得了，得要静静的细细的想，才能叫一些细节活动起来。

　　这些年来，读黄永玉的文章，听他海阔天空的聊天，常常叹服于他对往事细节和名著细节的记忆与生动讲述。在我所接触过的人中，还没有另外一个人能有他的这种能力。汪曾祺的文章证明，早在60年前，年轻的黄永玉就以这种特点而活跃于人群之中，给人们留下深刻印象。在汪曾祺看来，这一特殊能力，正是黄永玉的一个优势，将有助于其未来的艺术发展。在文章另一处，他这样说："永玉是有丰富的生活的，他自己从小到大的经历都是我们无法梦见的故事，他的特殊的好'记性'，他的对事物的多情的、过目不忘的感受，是他的不竭的创作的源泉。"黄永玉后来的绘画与文学创作，恰恰生动而丰富地诠释了汪曾祺的这一看法。

　　汪曾祺在评论黄永玉的艺术时，首先说上海时期的作品，如《边城》，如《跳傩》，如《鹅城》，如《生命的疲乏》等，都给他留下深刻印象。但此时撰文的重点，却不是木刻，而是集中于两幅肖像速写新作，即 1950 年 6 月，黄永玉前往北京看望沈从文时，为沈家公子龙朱、虎雏二人所画的肖像。并且，在写这篇文章的前一天，12 月 3 日，他还特地去沈家又看了画。由这两幅画，他看到了新的发展，"特别是小虎的像上也是可以看出这种极大的、质的进步来的"。他具体分析说：

　　　　虽然只是一个小小的五寸见方的、即兴画成的头像，可以看出来，第一，比以前更准确了。线直得更稳，更坚宰，更沉着了。如果说永玉从前有一些作品某些地方下笔的时候有着迟疑和冲动，有可商量的余地和年青的悍然不顾一切的得意，从这幅画里我看出在这两三年中不知多少次的折腾之后，永玉赢得了把握。永玉是一个"更职业"的画家了，他永远摆脱了过去面对一个创作的时候有时未可尽免的焦灼之情了。一句极普通的话来说，说是"老练"了。其次，在作风上，也必然的要更凝练，内省，更深更厚了些。另外，永玉在这幅画里也仍然保持一贯的抒情的调子；民间的和民族的，适当的装饰意味；和他所特有的爽亮、乐观、洁净的天真，一种童话似的快乐，一种不可损伤的笑声，所有的这一切在他的精力充沛的笔墨中融成一气，流泻而出，造成了不可及的生动的、

新鲜的、强烈的效果。永玉的画永远是永玉的画，他的画永远不是纯"职业的"画。（《寄到永玉的展览会上》）

汪曾祺还对黄永玉未来的艺术发展做了预测：

> 永玉的画和木刻的方向似乎是将要向相对的、装饰和抒怀的成分减弱，或者更恰当地说是把它们变得更深厚，囿在原有的优点中更浓重地发展了现实的和古典的因素，逐渐地接近于史诗的风格，更雄大，更深刻起来了。永玉的生活，永玉的爱憎分明的正义的良心都必然使他的画带着原有的和特有的优点作进一步的提高。他的作品的思想性会越来越强的。

我很欣赏这句话："永玉的画永远是永玉的画，他的画永远不是纯'职业的'画。"说得多好！仿佛已为未来黄永玉的绘画艺术特征，早早地做了最准确的概括。这再度证明，黄永玉的知音非汪曾祺莫属。

五

当远在北京为好友的个展写来文章表示庆贺时，汪曾祺正处在走进新时代的兴奋之中。他与沈从文一样，建议黄永玉从香港到北京来。他在《寄到永玉的展览会上》结束时，以下面一句话向黄永玉发出召唤："希望永玉能带着他的画和才能，回到祖国来，更多的和更好的为这个时代，为人民服务。"

　　一年多之后，黄永玉真的如他期待的一样离开香港来到北京，满怀热情地投入新时代。自此，当年上海"三剑客"中的两位——汪曾祺、黄永玉，生活在同一个城市。他们友谊的延续与加深，似乎有了空间与时间的可能。

　　然而，后来的变化却非如此。

　　数十年间，投身新建设、大鸣大放、反右、"文革"、改革开放……复杂而变化莫测的历史演变，成了所有人际关系发展变化的大背景。在中国，无一人能超然于外。特别像汪曾祺、黄永玉这样一些作家艺术家，在那个时代注定与政治密切相关，其命运浮沉，焉能摆脱必然与偶然的交叉影响？在种种主动或被动、有意或无意的情形下，热闹与沉寂，耀眼与黯淡，此一时，彼一时，谁又能预料和把握？

　　自50年代初开始，汪曾祺先后在文工团和《说说唱唱》杂志工作。他停止了小说写作，转向戏曲创作。他的文学修养与造诣，以及投入与专注，使戏曲创作界多了一位高手。而正是这一特殊才能，使他在被打成"右派分子"下放塞外农业研究所之后，又能在60年代重回戏剧界。虽有"右派分子"的"前科"，却仍能被启用，进入到"样板戏"的主创人员行列。"文革"期间，他甚至一度风光，享有国庆节登上天安门观礼台、名字在《人民日报》名单上出现的殊荣……

　　黄永玉1953年来到北京后，进入中央美术学院在版画系任教。他兴奋不已，投身新时代，希望借各种方式来拓展艺术空间。他一次又一次扎进森林写生采风，到荣宝斋向老艺人学习木版水印，以水印套色木刻《阿诗玛》等作品为代表，其艺术创作进入新的境界。60年代初，与美术界前辈相比他显得那么年轻，却有了与他们一样的资格，成立以自己名字命名的教学工作室。在1957年，他没有像汪曾祺那样遭遇"反右运动"的冲击，却没有逃过"文革"的磨难。从1966年"文革"爆发初期的批斗与挨打，到1974年突如而至的"猫头鹰黑画"风波……

两位老朋友的几十年，就是这样在相同的历史背景下，以时而相似、时而不同的方式向前走着。

最初一些年，他们的往来继续着。一同看望沈从文，一同切磋文艺。时过境迁，随着各自事业的投入，当年在上海两个人无拘无束海阔天空的日子，已不可能重现。随着偏爱、志向、生存环境的改变，彼此之间关系由近至远，甚至有所隔膜，势在必然，这似乎也在情理之中。不过，两人在"文革"结束后居然基本上中断往来，的确让人颇感意外而为之遗憾。

另一位"剑客"黄裳，自50年代后一直生活在上海。黄永玉与他的交往，从来没有中断过。前几年，听说我在搜集黄永玉书信，黄裳陆续找出一批交我整理。这些信，成为记录他们的友谊与文化烟云的珍贵史料。在这些书信里，黄永玉时常向黄裳通报汪曾祺的消息。兹摘录几段如下：

曾祺常见面，编他的《说说唱唱》，很得喝彩。（1954年6月12日）

曾祺有点相忘于江湖的意思，另一方面，工作得实在好，地道的干部姿态，因为时间少，工作忙，也想写东西，甚至写过半篇关于读齐老画的文章，没有想象力，没有"曾祺"，他自己不满意，我看了也不满意，也就完了。我常去看他，纯粹地挂念他去看他，谈谈，喝喝茶抽抽烟（我抽烟了），这种时间颇短的。（1954年6月26日）

曾祺兄写了一个范进中举京戏，我对京戏是外行，但觉得写得很高雅妥帖，您是行家，可能要求严一些，未必像我的意思一样，很想听听你的意见。据说这剧本评选时得头奖，又得了奖金若干云云。（1957年3月9日）

林风眠先生的文章没时间写，对这位老人的作品评介可不是玩儿，随便写，就显得很不尊重了。估计十天至十五天我还要刻一批小东西，是急活，是大师汪曾祺文集的插画（即为汪曾祺儿童小说《羊舍一夕》做插图和设计封面，出版时书名改为《羊舍的夜晚》。——李辉注）。出版社来了一位女同志，女编辑，黄胄的爱人，为这事受到批评，说她抓不紧，于是昨天来了两趟，非干不可。这样一来，文章不写了，很对不起，请为此事少生点气。其实我太懒散，早两个多月就应该写起来就好了，现在后悔也来不及了，真所谓悔之晚矣！（1962年11月14日）

曾祺未见近一月，忙！忙！（1964年8月23日）

赵头牌（即在《沙家浜》剧中扮演阿庆嫂的赵燕侠。——李辉注）与曾祺已赴重庆体验红岩生活，退软卧而睡硬席，身背行军背包，大有只恨爹娘少生两条腿之感，何来上海演出之传说，也可能是B团活动。《沙家浜》我看过，传说好成这个样子，至今还觉得又惊又喜，因曾祺吾友也，至少妙处何在，望之弥高，候行家如吾兄看戏积劳成疾之人定夺，表示意见，才能相信。（1965年4月1日）

汪兄这十六七年我见得不多，但实在是想念他。真是"你想念他，他不想念你，也是枉然"。他的确是富于文采的，但一个人要有点想想朋友的念头也归于修身范畴，是我这些年的心得，也颇不易。（[约70年代后期]7月18日）

从这些书信片段，不难读出随着各自取向和局势的变化，黄、汪交往虽然继续着，但早在"文革"之前，关系已渐趋疏远，并在"文革"期间增加了新的不解与困惑。

汪曾祺与黄永玉的最后一次见面，是在1996年冬天。自1989年春天旅居香港后，这是黄永玉时隔7年后的首次返京，几位热心人为欢迎他的归来，在东三环长虹桥附近的德式餐厅"豪夫门啤酒"，先后举办了两次大型聚会。其中一次，由黄永玉开列名单，请来许多新老朋友，其中包括汪曾祺。

那一天，我正好与汪先生同桌。80年代初期，我在《北京晚报》编辑副刊时与他结识，请他为《居京琐记》专栏撰稿。后来，我偶尔去他的蒲黄榆家中，听他讲沈从文，讲萧乾，讲西南联大的往事，曾专门整理过一篇《听汪曾祺谈沈从文》，作为关于沈从文系列文章的补充。1990年，江苏一家出版社策划出版一套世界名人画传，找我帮忙约请一批作者撰稿。我找到汪先生，请他写释迦牟尼传，他勉为其难后还是应允了，写出几万字的佛祖故事。1993 年，我主编《金蔷薇随笔文丛》时，又请他加盟。他编选了一本散文集，题目《榆树村杂记》，取居住的蒲黄榆之意。我对他没有研究，但按照丛书的体例，在这本书勒口上写了一段对其散文作品的印象点评："酒至微醺状态，他会变得尤为可爱，散淡与幽默天然合成。他的文章从不雕琢，如清风一样轻盈飘逸，读起来更让人陶醉。他不仅仅表现出一个小说家的才能，用炉火纯青的白描，描绘人与景；他也是一个学问家，散淡的文字背后，扑面而来的是浓郁的文化气息。"

那一次在豪夫门，汪曾祺的脸色看上去比不久前显得更黑，想是酒多伤肝的缘故。每次聚会，他最喜饮白酒，酒过三巡，神聊兴致便愈加浓厚。豪夫门则只有啤酒，故那天他喝得不多，兴致似也不太高。参加聚会的多是美术界人士，汪曾祺偶尔站起来与人寒暄几句，大多时间则是安静地坐在那里。那一天的主角自然是黄永玉，他忙着与所有人握手、拥抱。走到汪曾祺面前，两人也只是寒暄几句，那种场合，他们来不及叙旧，更无从深谈。

我很后悔，为何没有带相机，为他们的久别重逢、隔膜化解，留下瞬间的影像记录？

不到一年，1997 年 5 月，汪曾祺因病去世。3 个月后，同年 8 月，黄永玉在北京通州的万荷堂修建完工，他从香港重又回到北京定居。

"要是汪曾祺还活着该多好！可以把他接到万荷堂多住几天，他一定很开心！"黄永玉这样感叹。

六

2008 年岁末，在北京东郊的庭院万荷堂，黄永玉先生从容地漫谈汪曾祺：

　　我认识他时，他在致远中学当老师，是李健吾介绍去的。表叔来信让我去看他，就这样认识了。每到周末，我进城就住到他的宿舍。与他住在一起的是个在《大美晚报》工作的人，总是上夜班，这样我就可以睡他的床。那是一张铁条床，铁条已经弯了，人窝在那里。记得他在写给表叔的信中说过，永玉睡在床上就像一个婴儿。

　　有时我们和黄裳三个人一起逛街，有时就我们俩，一起在马路上边走边聊。他喜欢听我讲故事，有时走着走着，一打岔，我忘记前面讲到哪里了。他说："那我们走回去重新讲。"多有意思。

　　在上海，他的口袋里有多少钱，我能估计得差不多，我口袋里有多少钱，他也能估计出来。他的小说，《邂逅集》里的作品没有结集出版前，我每篇都看过，有的段落还背得出来。

　　他当时学着画一点儿康定斯基的抽象画，挂在墙上。

　　我的画只有他一个人能讲。我刻了一幅木刻，《海边故事》，一个小孩趴在地上，腿在后面翘着。他就说，后面这条线应该怎样怎样翘上去再弯下来，我按照他的意见刻了五张。有一次，他来封信，说在秋天的黄昏，山上有一堆茅草，一只老虎钻了进去，阳光照在上面，有茅草和老虎花纹的线条，你能刻这样一幅木刻吗？

50年代初他和表叔都建议我从香港到北京来。我1953年来北京，我们常有来往。那时他在《说说唱唱》当编辑。1957年后他被打成右派。有一天，我打电话到他的单位找他，接电话的人问我谁，干什么，我说我是他的朋友黄永玉，请他今天晚上来我家里吃饭。半年后，他见到我，说你真大胆。原来那天他正在挨批判。

"反右"后，他被下放到张家口的农业研究所。在那里有好几年，差不多半个月一个月他就来封信，需要什么就要我帮忙买好寄去。他在那里还画画，画马铃薯，要我寄纸和颜料。

他在那里还继续写小说。写了一篇《羊舍一夕》，出书时，要我帮忙设计封面和配插图。我刻了一组木刻，有一幅《王全喂马》，刻得很认真，很好。一排茅屋，月光往下照，马灯往上照，古元说我刻得像魔鬼一样。

他没有对不起人的地方。"文革"开始后他们剧团整他，造反派们来我们美院，到关押我的牛棚来调查他的情况，把我带到外面审我。问我和汪曾祺什么关系？我说我们是朋友。"还是朋友！"他们就用手里拿着的康乐球杆捅我的腰。

后来，他参加样板戏的创作，"文革"中上了天安门观礼台。孩子们想去看《沙家浜》，找他。孩子们本来兴冲冲去的，总在外面说"我们汪伯伯是写《沙家浜》的"。我觉得，当你熟悉的人这么渴求的时候，是可以关心一下这些孩子的。

"文革"结束后，他来找过我两次。我对他很隔膜，两个人谈话也言不由衷。他还送来一卷用粗麻纸写的诗，应该还在家里。

1996年我回到北京，有一个大聚会，把老朋友都请来了。我也请了汪曾祺。他来了，我问他："听说你又在画画了？"他说："我画什么画？"这是我们讲的最后一句话。

50年代，为了帮助我理解齐白石，他还专门为我写了一篇小文章《一窝蜂》，只给我看的，没有发表过，稿子应该还在。他没有见过齐白石，但用小说样子来写。清晨，老人听到窗户外面哐当响了一声，是有人掀开盖煤炉的盖子。老人起来，走到院子里，又拿来不同颜料调。红的，黄的。走到画案前，开始画藤萝，藤萝旁再画蜜蜂，一只蜂，两只蜂，简直是一窝蜂。

大概就是这样写的。

他死了，这样的懂画的朋友也没有了。

和他太熟了，熟到连他死了我都没有悲哀。他去世时我在佛罗伦萨。一天，我在家里楼上，黑妮回来告诉我："爸爸，汪伯伯去世了。"我一听，"嘁嘁"了两声，说："汪曾祺居然也死了。"这有点像京剧《萧何月下追韩信》

中，萧何听说韩信走了，先"嗬嗬"笑两声，又有些吃惊、失落地说了一句："他居然走了。"我真的没有心理准备他走得这么早，总觉得还有机会见面。他走时还不到80岁呀！要是他还活着，我的万荷堂不会是今天的样子，我的画也不会是后来的样子。

他在我心里的分量太重，很难下笔。（2008 年 12 月 17 日，与李辉的谈话。）

那天晚上，万荷堂的客厅难得安静。黄永玉一边抽着烟斗，一边从容道来。语调中，有留恋，有伤感，有失落……

高山流水，远远近近，在感叹中成了记忆中的永远。

谨笔录黄永玉谈话如上，作为本文的结束。

完稿于 2009 年 3 月 15 日，北京

（《收获》2009 年第 3 期）

纪念汪曾祺

何立伟

我家书房里只挂了一幅斗方，是汪曾祺先生的芍药图，墨色不浓，花色亦淡，题识是"七月七日夜曾祺　赠立伟"，画于1985年，我第一次去汪先生在蒲黄榆的家。那一回，也是我第一次去北京。

汪先生的画，如同汪先生的人，清淡，不浓烈，但内蕴极深，格调上有高士气，于爽性之中暗藏了一种倔。也是那一年，我出版了第一本小说集《小城无故事》，是汪先生作的序。他觉得我的小说有诗意，重感觉，且有哀愁，有些像废名。我到他家，聊天时他亦跟我谈起废名。但那时我还没有读过废名的书。我后来在三峡的船上读废名，只觉得文风极独特，清峻奇拙如夔门吹来的风，用笔极简，又字字句句有讲究，氤氲了一脉天真同一脉淡淡的惘然。他的小说同文章如古字画，只合慢慢把玩。但他那种小说中散文化的诗意构成及他的那种文字之美，恰是我那一时节的文学追梦。汪先生在序里还夸赞我的作品像唐人绝句，聊天时他亦聊起唐人绝句的好，让我觉得高兴，亦觉得不安。汪先生对年轻作家寄予厚望，让人感到他的善良同慈爱。他谈起阿城，谈起贾平凹，谈起那一时涌现出来的许多新生代作家，觉得年轻人起点高，来势猛，前途不可限量。其实他谈起的好些人，包括我，都受过他的美学趣味的影响，但他不倚老卖老，但开风气不为师，在年轻人跟前表现出辽阔的谦逊同襟怀。

聊得兴起时，汪先生铺纸展墨，为我画了这幅斗方。三下两下，逸笔草草，而画风瘦劲高古。我家里来过几拨画家，我给他们看汪先生的芍药，他们说，这不是一般的手笔，大气得很！

但汪先生的好我以为不在他的画，而在他的文字。他的文字才真是有韵味，比他的老师沈从文公更白，更现代，更畅达，但同样的，有着从几千年传统和从自己个性里生发出来的神韵。汪先生的文字魅力，于当时，于现在，我以为尚无出其右者。他的白话之白，是非常讲究的白，行云流水的白，有着真正的文字的贵气，常人可追他的白，却追不及他的贵气。

他的文字的贵气渊源有自，因他是传统文化的薪火传人，在文脉上是没有断过气的。故汪先生写小说，写散文小品，文字虽白得不能再白，却字里行间释放得有一泓古人性情文章里才有的文气、雅气、书香才子气，仿佛是"间关莺语花底滑，幽咽泉流冰下难"，好东西藏在底里。凡汪先生的小说文章，我见之必读，读之必爱不释手。我喜欢他文章里有而别人文章里无的那样一种调子，那样一种气场，及那样一种温度。

汪先生的《受戒》《异秉》，出现在以模仿海明威、福克纳诸西方大师为时髦的80年代初期，其实应当算作当年的文学事件。它让人意识到小说的做法，除了西洋的可以好，中国的同样可以好，且可以好得特别。当其时，有许多青年作家受汪先生小说的启发，从本土文化传统资源里寻找新的路径，以期达到当时人们意识到的文学高度。汪先生当时的文风，可以说是开了一代新风。那新风其实不新，但久违熟悉的笛音出现在一片铜管嘈声中时，它便是新。小说还可以这样来写，这是当时许多文学青年读了汪先生小说时的第一反应。

但汪先生的小说自成风格，学是学不来的。你没有他的阅历，没有他的学养，没有他盎然诗意的性情，你如何来学？汪先生给当时盲从西方现代派的文学青年点燃了另一盏灯，照亮了另一条路。这便是汪先生在上世纪80年代出现时的意义。

汪先生的文学，是真正的高品，然即使是当时，亦很边缘，欣赏者有，盖不多也。我有时揣想，汪先生若果活到如今，他的作品会有几个人来读呢？真正的好东西是流行不起来的。黄钟喑哑，瓦缶雷鸣，现实便是如此无情，亦是如此可笑。然星光即使遥远，也总是有人抬起望眼。汪先生不热闹，但也绝不寂寞。生前身后皆如此，因他是活在了时间中。

汪先生1986年来湘，我到宾馆去看他。可能是贪了杯，他红光满面，说话极多，然憨态如儿童。他真的是个老小孩。谈起湖南的吃食，谈起湘西的山水，继而又谈起各地的吃食同山水。他的记忆力非常好，又识见极不凡。听汪先生聊天是一种大享受。

过了几年，北京城里开青年作代会，我带了叶兆言等一干人去看汪先生。他还是住在蒲黄榆，很小的居室。拿现在的话来讲，去看汪先生的皆是他的"粉丝"。汪先生那时刚好出了本散文集，兆言拍拍我，轻声怂恿道：跟汪先生讨书呵。那一回汪先生极高兴，谈笑风生，还聊起了兆言的父亲同祖父。后来汪先生文章里还写了：何立伟领一帮青年作家来，如何如何。

上世纪90年代初又见过两回汪先生，都是在北京。头发花了许多，老了，但精神仍是好，笑，而且喝酒。有回就是在席宴上见到的，众人皆散了席，他还同两个人边喝酒边聊天。我走过去跟他招呼，他拉住我，说坐坐坐，来一杯？我不擅饮，我记得我没有喝，但是坐了下来，就是陪一陪汪先生。

我不知道我没有机会再陪他坐了。

1997年我在北京住了半年，有天我在的士上，广播里说，汪先生去世了。我当时心里一紧，泪水从眼睛里涌出来。我想起汪先生写过一篇纪念他的老师沈从文公的文章《星斗其文，赤子其人》。他说他参加沈先生的遗体告别式，看着沈先生，面色如新，他说这么一个人，就这么样地走了，他哭了。这也正是我听到噩耗传来时的情状。

我极冲动，想去汪先生家，但我终于没有去。这么一个人，就这么样地走了，我会在心底纪念他。仪式不重要，记住这个人，才是重要。

有些人你是不会忘记的，也不应当忘记。

（《深圳商报》2007年5月30日）

汪曾祺的画

张　震

1989年《工人日报》文艺部在北京搞了一个全国工人作家学习班，编辑韩春旭给了我一个名额，汪曾祺是当时的老师之一。文艺部让他讲小小说，他好像不太高兴，上课时总喜欢讲小小说有什么好讲，不就是相声的"三番一抖"，再添个小故事嘛。

他情绪不高，加上教室大人多，讲课的效果很不好，他见"环境"不对，自己也没了兴致，三天的课一天就草草收兵。剩下两天，他跟我们讲画画，讲文学与绘画的关系。当时他画画正在兴头上，对中国画也最有心得，他讲得非常投入，但很多同学却面面相觑，小声嘀咕：我们是文学培训还是美术培训？甚至有一个比较"木"的同学窃窃问我：他是画什么的？

在我们这批学员中我喜欢美术，我就愿他滔滔不绝，恨不得他马不停蹄。当时，我就像渴极了的人，突然看到了椰子，恨不得立马敲开椰壳，猛吸。这样，我可以少啃很多书。课间他总喜欢和我们开逗：画白梅我用什么颜料？画叶子我用什么颜料？我们相互望望，摇摇头。他很得意地说：画白梅用牙膏，画叶子用包饺子挤下的青菜汁。我们双目圆睁，以为他在和我们闹着玩。多年后，当我有幸看到原作，才完全相信，天底下竟有这样的老头。

隔一天，他带来一幅"琴条"，一支不知什么名的花朱砂花朵三瓣，墨叶两三片，一根墨线画到底，右题一行长条长款：秋色无私到草花。有个河北籍的女同学，嘴快，看了一眼就大嘴巴了：空那么多，太浪费，画一大束就好了。汪曾祺哈哈大笑，仿佛那个女生的话一点都没扫他的兴。有个男同学问：能不能给我？老头抬头看看，问：处对象了吗？谈了。那好，就拿走吧，送给女朋友，这叫折得花枝待美人。

放学时候老头仍爱和我们聊画，他说：画人难画手，画树难画柳。他说：楷书如文人，草书如名将。他说：画家和作家都要无作家气，求平正清雅。他说：画花鸟不能乱配，芭蕉不能配鸡。我们问为什么，他看看周围没有女生，便说：那是"鸡巴图"。

离开北京之后，我再没见过汪曾祺，后来读他的散文，越读越喜欢，越读越佩服。好多年来我一直在琢磨，他其实也没写什么复杂的东西，为什么会那么有味？也许这就是前贤所说的功力和境界吧，也许一个作家只有心怀仁爱和大义，只有彻底回归原道和宁静，笔下才会出现我相、人相、众生相、寿者相。

汪曾祺一直说画画是他余事，是找乐，其实他晚年相当一部分的精力都放在笔墨上，并认真题诗题跋赠给友人。汪曾祺字从魏碑出，线条还是挺好的，中国画就是这样，字不好没法画画。

他画过土豆、活鱼、植物、花鸟、人物、神仙，几乎想画什么就画什么样，无所不涉，没有禁区。他的画大多空灵、飘逸，但内容却清雅、高洁，他的画里有儒家的处世态度，有道家的审美情趣。记得董桥曾说：艰深怪诞其实不是艺术，而是命运。汪曾祺将艺术融进了人生，把命运变成了艺术，他是开悟大道的人，笔下早就没有了患得患失，没有了粉饰纠结，他的东西是真水无香。我喜欢他的画，他的画是高僧只说平常话，是人生的灵感，快乐的日记！

舌尖上的汪曾祺

苏　北

小　引

　　汪曾祺先生去世后，他的作品被不断地出版、编纂，他的趣闻逸事为人们所津津乐道，他的逸文被研究者不断发现。可以说，经过这十多年来研究者、出版者和读者不断传播、研究和阅读，汪曾祺显然已成为现当代最重要的经典性作家之一，他活在了读者的心中，活在了人们的口中（舌尖上）；另一层意思，汪曾祺一生"好"吃，他喜欢吃喜欢写吃喜欢自己"捣古"吃，被人们誉为文坛"美食家"。《舌尖上的中国》热播后，网上有人留言：要是汪曾祺在世就好了，请他为此片的总顾问，那将再恰当不过；也有人直接称他为"吃货"——"吃货"
现在已不是一个贬义词，许多人自称自己为"吃货"——
只不过汪曾祺这一代为资深的"老吃货"罢了。

一

先引汪曾祺的一段文字：

　　抽烟的多，少，悠缓，猛烈，可以作为我的灵魂状
态的记录。在一个艺术品之前，我常是大口大口地抽，
深深地吸进去，浓烟弥满全肺，然后吹灭烛火似的撮着
嘴唇吹出来。夹着烟的手指这时也满带表情。抽烟的样
子最足以显示体内潜微的变化，最是自己容易发觉的。

这篇文字写于上世纪 40 年代，题目叫《艺术家》。这颇似汪
先生的自画像。它其实是汪曾祺的人生状态，他一生确也可以用
"艺术家"来概括，他把生活当艺术，钟情和痴迷于一切美的事
物。他自己说自己是"一个中国式的抒情的人道主义者"。前几
年，黄裳有一篇写汪曾祺的长文《也说曾祺》，此文开篇就说"曾
祺的创作，不论采用何种形式，其终极精神所寄是'诗'"。这
实在是很有见地，以前似还没有人这么干脆直白地说过。

记得 15 年前，汪先生去世时，他的家人为每位来送行的人
发了一份汪先生的手稿复印件，那篇文章的题目就叫《活着真好
呀！》，他的家人是理解他的。他实在是热爱生活、热爱美的。

他是作家中少有的特别热爱世俗生活的人，他热爱一切劳动以及劳动所创造的美，包括饮食、风俗和一切生活中的艺术。

黄裳说的没错，"他的一切，都是诗"。或者也可以说，他追求的一切，也是美。这结论，肯定也是没错的。汪先生曾在接受家乡电视台采访的一段视频中说："我就是要写，我一定要把它写得很美，很健康，很有诗意。"（《关于〈受戒〉》）这就是汪曾祺，在生活中他也是这个样子。对待生活他也是这样。朋友曾给我说过一个汪先生的趣事，说老头儿最后一次去云南，在昆明的那天，《大家》杂志的同事去看他，临别，他抓住作家海南的手久久不愿丢开。海南那么柔弱。柔弱就是一种美。老头儿这是对美的依恋呀！对人如此，对吃也是如此。所以他的关于吃，喜欢吃，喜欢写吃。其实也是美，是艺术之道。

作家墨白与汪曾祺接触并不多，可他曾写过一个汪曾祺的形象我以为颇为神似。

1989 年秋，汪曾祺和林斤澜一行到合肥参加《清明》笔会。会前，安排作家游览合肥包河公园。临行前，汪先生手里拎着一个淡青色的布兜子。墨白问：汪老，准备买东西？汪先生说：预备。然后把布兜子装进半旧的夹克衫里，带子露在外边，一走一摆，有几丝灰发散落在他的额前，他就用他那长了老人斑的手拢一拢。

这个形象也大致是汪曾祺在蒲黄榆和虎坊桥晚年两个居所周边的菜场的形象。墨白写得很准确，这个老头儿就是这个样子。

汪曾祺自己也说过：一次到菜场买牛肉，见一个中年妇女排在他的前面。轮到她了，她问卖牛肉的：牛肉怎么做？老头很奇怪：不会做，怎么还买？于是毛遂自荐，给人家讲解了一通牛肉的做法，从清炖、红烧、咖喱牛肉，直讲到广东的蚝油炒牛肉、四川的水煮牛肉和干煸牛肉丝（见《吃食与文学》）。

汪先生对吃是饶有兴趣的。他生前编过的仅有的一本书《知味集》，就是关于吃。他亲自写了征稿小启，寄给朋友。给这本文集写稿的有王蒙、王世襄、车辐、邓友梅、苏叔阳、吴祖光、林斤澜、铁凝、舒婷和新凤霞等48位作家。这本《知味集》由中外文化出版公司于1990年出版，也只印了3000册。可老头子的征稿小启，可真是下了功夫去写的：

> 浙中清馋，无过张岱，白下老饕，端让随园。中国是一个很讲究吃的国家，文人很多都爱吃，会吃，吃得很精；不但会吃，而且善于谈吃。……现在把谈吃的文章集中成一本，相当有趣。凡不厌精细的作家，盍兴乎来，八大菜系、四方小吃、生猛海鲜、新摘园蔬，暨酸豆汁、臭千张，皆可一谈。或小市烹鲜，欣逢多年之故友；佛院烧笋，偶得半日之清闲。婉转亲切，意不在吃，而与吃有关者，何妨一记？作家中不乏烹调高手，卷袖入厨，嗟咄立办；颜色饶有画意，滋味别出酸咸；黄州猪肉、宋嫂鱼羹，不能望其项背。凡有独得之秘者，倘能公诸于世，传之久远则所望也。道路阻隔，无由面请，谨奉牍以闻，此启。

在征稿小启之后，又写了足足有两千字的一个后记，历数中国菜的渊源和历史，足可见他对吃的兴趣。

二

夏丏尊曾写过一篇《谈吃》的短文。夏先生在文中说，中国人是全世界最善吃的民族，除"两只脚的爹娘不吃，四只脚的眠床不吃"，其余凡能吃的，五花八门，都想尽办法弄了吃。吃的范围之广，真使他国人为之吃惊。

《红楼梦》里关于吃的描写很多。第六十一回小丫头莲花儿到厨房对柳家的说司棋想吃一个炖鸡蛋，"炖的嫩嫩"，遭到一顿抢白，又说了一车轱辘的话："我劝你们，细米白饭，每日肥鸡大鸭子，将就些儿也罢了。吃腻了膈，天天又闹起故事来了。鸡蛋、豆腐，又是什么面筋、酱萝卜炸儿，敢自倒换胃口。"由此可看出在曹雪芹时代，也已经挑着花样吃了。有说是中国人在宋朝时吃的是很简单的。看《水浒传》，那上面的人动不动就大碗喝酒大块吃肉，并不精细。第三十一回《张都监血溅鸳鸯楼，武行者夜走蜈蚣岭》写到武松杀了蒋门神出走之后，来到一个村落小酒肆，要吃的也就是"鸡与肉"，之前武松受了张都监的陷害，施恩父子也是只"煮了熟鹅"挂在"武松的行枷上"。汪曾祺关于宋朝人的吃喝是有考证的。他在给好友朱德熙的信中说："中国人的大吃大喝，红扒白炖，我觉得是始于明朝，看宋朝人的食品，即皇上御宴，尽管音乐歌舞，排场很大，而供食则颇简单，也不过类似炒肝爆肚那样的小玩意。而明以前的人似乎还不忌生冷。食忌生冷，可能与明人的纵欲有关。"他自己还专门写了一篇《宋朝人的吃喝》的考证文章，从顾闳中的《韩熙载夜宴图》、苏东坡的"黄州好猪肉"，到《东京梦华录》《梦粱录》所列的看馔进行细细考证。汪曾祺认为，"宋朝人的吃喝比较简单而清淡"，还说宋朝的看馔多是"快餐"，是现成的。中国古代人流行吃羹。"三日入厨下，洗手作羹汤。"《水浒传》中林冲的徒弟说自己"安排得好菜蔬，端整得好汁水"，"汁水"，也就是羹。同时他还考证宋朝人就酒多用"鲜果"——梨、柿、炒栗子、蔗、柑等。

　　其实，汪曾祺谈吃年头颇早，他不仅仅是在晚年写出了一些谈的文章。翻开汪曾祺全集，卷八中有汪致朱德熙的书信18通，从上世纪70年代一直到80年代末，所谈除民歌、昆虫、戏剧和语言学外，多为谈吃的文字。在70年代的一封信中，他教朱德熙做一种"金必度汤"，原料无非是菜花、胡萝卜、马铃薯、鲜蘑和香肠等，可做工考究，菜花、胡萝卜、马铃薯、鲜蘑和香肠全部要切成小丁，汤中居然还要倒上一瓶牛奶，起锅之后还要撒上胡椒末，汪称之为西菜，我看可谓是"细菜"。

　　有一个时期，汪每天做饭，他自己说"近三个月来，我每天做一顿饭，手艺遂见长进"。他的那个著名的菜：塞馅回锅油条，可以说是汪曾祺自己发明的唯一的一道菜。1977年他在给朱德熙的信中说，"我最近发明了一种吃食"，并详细列出此菜的做法：买油条两三根，劈开，切成一寸多长一段，于窟窿内塞入拌了剁碎榨菜及葱丝肉末，入油锅炸焦，极有味。汪自己形容为"嚼之声动十里人"。十年后的1987年汪曾祺写《家常酒菜》中，在写了拌菠菜、拌萝卜丝、拌干丝、扦瓜皮、炒苞谷、松花蛋拌豆腐、芝麻酱拌腰片、拌里脊丝之后，正式将此菜列入，并说"这道菜是本人首创，为任何菜谱所不载。很多菜都是馋人瞎捉摸出来的"。

他的散文《宋朝人的吃喝》《葵》《薤》，在形成文章之前，都在给朱德熙的信中提起过。他在 1973 年写给朱德熙的一封信中还说："我很想退休之后，搞一本《中国烹饪史》，因为这实在很有意思，而我又还颇有点实践，但这只是一时浮想耳。"这些都告诉我们，汪曾祺关于吃喝的学问由来已久，不敢说伴随他一生，但也有相当可观的年头耳。

这里不妨宕开一笔。汪曾祺与朱德熙的友谊，可谓是一段称奇的佳话。他们是西南联大的同学，用我们家乡的话说，"好得简直多一个头"。朱德熙的夫人何孔敬在《长相思》中说，她和朱德熙在昆明结婚，婚纱还是汪曾祺负责去租的：结婚的前一天，汪曾祺拎一个滚圆粉红的大盒子来，说，这是礼服，拿去试穿一下，合适不合适？何孔敬喜欢白的，朱德熙为难："水红色是你母亲的意思。"汪曾祺在一旁说："不喜欢可以拿去换嘛！"第二天他们小两口回门，一大早，汪曾祺又来了，跟着他们一道回门，下午三个人还看了一场电影。汪曾祺失恋，睡在房里两天两夜不起床，房东老伯怕他想不开，朱德熙来了，把一本物理书卖了，拉汪曾祺到小酒馆喝顿酒，没事了。朱德熙多次说过："那个女人没眼力。"

汪曾祺晚年曾写过一篇《昆明的雨》，提到一件事：有一天在积雨少住的早晨，他和朱德熙从联大新校舍到莲花池去，看了满池的清水和着比丘尼的陈圆圆的石像，雨又下了起来。他们就到莲花池边的一条小街的小酒店，要了一碟猪头肉、半斤市酒，坐下来，一直喝到午后。汪曾祺还记得酒店里有几只鸡，把脑袋反插在翅膀下面，一只脚着地，一动不动。酒店院子里有一架大木香花，数不清的半开的白花和饱涨的花骨朵，都被雨水淋得湿透了。40年后他还写了一首诗："莲花池外少行人，野店苔痕一寸深。浊酒一杯天过午，木香花湿雨沉沉。"在昆明，汪曾祺九点之后还不见人，朱德熙便知道他还未起床，便来找他。有一次，十点过了，还不见汪的人影，朱德熙便挟一本字典，来到46号宿舍。一看，果然，汪曾祺还高卧不起。朱德熙便说："起来，吃早饭去！"于是两人便出门，将朱夹来的字典当掉，两人各吃了一碗一角三分钱的米线。

到了晚年，有一次汪曾祺到昆明，回北京一下飞机就直奔朱德熙家，给朱德熙带来一包昆明的干巴菌，何孔敬捧着一大包干巴菌，说"多不好意思"。汪却说："我和德熙没有什么不好意思的。"1991年，朱德熙在美国斯坦福大学亚语系讲学，经确诊为肺癌晚期，仅半年就去世了，汪曾祺非常伤心。有一天夜晚，汪曾祺在书房作画，忽然厉声痛哭，把家人吓了一跳，赶紧过去劝他，就见汪满脸是泪，说："我这辈子就这一个朋友啊！"桌上有一幅刚刚画好的画，被眼泪打得湿透，已看不出画的什么，只见画的右上角题了四个字："遥寄德熙。"此乃真痛也。

这一节确实是扯远了点。可这一种友谊，实为难得。用朱德熙夫人何孔敬在《长相思》前言中的话说，他们是"金石至交"。

三

著名散文理论家、苏州大学教授范培松曾给我说过一个笑话，此笑话是作家陆文夫在世时说的。陆文夫多次说，"汪老头很抠"。

陆文夫说，他们到北京开会，常要汪请客。汪总是说，没有买到活鱼，无法请。后来陆文夫他们摸准了汪曾祺的遁词，就说"不要活鱼"。可汪仍不肯请。看来汪老头不肯请，可能还"另有原因"。不过话说回来，还是俗语说得好，"好日子多重，厨子命穷"。汪肯定也有自己的难处。

　　"买不到活鱼"现在说来已是雅谑。不过汪曾祺确实是将生活艺术化的少数作家之一。他的小女儿汪朝说过一件事。汪朝说，过去她的工厂的同事来，汪给人家开了门，朝里屋一声喊："汪朝，找你的！"之后就再也不露面了。她的同事说你爸爸架子真大。汪朝警告老爷子，下次要同人家打招呼。下次她的同事又来了，汪老头不但打了招呼，还在厨房忙活了半天，结果端出一盘蜂蜜小萝卜来。萝卜削了皮，切成滚刀块，上面插了牙签。结果同事一个没吃。汪朝抱怨说，还不如削几个苹果，小萝卜也太不值钱了。老头还挺奇怪，不服气地说："苹果有什么意思，这个多雅。"——"这个多雅。"这就是汪曾祺对待生活的方式。

　　美籍华人作家聂华苓到北京访问，汪曾祺在家给安排了家宴。汪自己在《自得其乐》里说，聂华苓和保罗·安格尔夫妇到北京，在宴请了几次后，不知谁忽发奇想，让我在家里做几个菜招待他们。我做了几道菜，其中一道煮干丝，聂华苓吃得非常惬意，最后连一点汤都端起来喝掉了。煮干丝是淮扬菜，不是什么稀罕，但汪是用的干贝吊的汤。汪说"煮干丝不厌浓厚"。愈是高汤则愈妙。台湾女作家陈怡真到北京来，指名要汪先生给她做一回饭。汪给她做了几个菜，一个是干贝烧小萝卜。那几天正是北京小萝卜长得最足最嫩的时候。汪说，这个菜连自己吃了都很诧异，味道鲜甜如此！他还给炒了一盘云南的干巴菌。陈怡真吃了，还剩下一点点，用一个塑料袋包起，带到宾馆去吃。

看看！这个汪老头真"并不是很抠"。其实是真要有机缘的。

汪老头在自己家吃得妙，吃得"雅"。在朋友家，他也是如此。可以说，是很"随意"。特别是在他自己认为的"可爱"的人家。但这种"随便"，让人很舒服。现在说起来，还特有风采，真成了"逸事"。

1987年，汪曾祺应安格尔和聂华苓之邀，到美国爱荷华参加"国际写作计划"。他经常到聂华苓家里吃饭。聂华苓家的酒和冰块放在什么地方，他都知道。有时去的早，聂在厨房里忙活，安格尔在书房。汪就自己倒一杯威士忌喝起来，汪后来在《遥寄爱荷华》中说："我一边喝着加了冰的威士忌，一边翻阅一大摞华文报纸，蛮惬意。"有一个著名的"桥段"，还是在朱德熙家里的。有一年，汪去看朱，朱不在，只有朱的儿子在家里捣鼓无线电。汪坐在客厅里等了半天，不见人回，忽然见客厅的酒柜里还有一瓶好酒，于是便叫朱的半大的儿子，上街给他买两串铁麻雀。而汪则坐下来，打开酒，边喝边等。直到将酒喝了半瓶，也不见朱回来，于是丢下半瓶酒和一串铁麻雀，对专心捣鼓无线电的朱的儿子大声说："这半瓶酒和一串麻雀是给你爸的。——我走了哇！"抹抹嘴，走了。

这真有"访戴不见，兴尽而回"的意味，又颇能见出汪曾祺的真性情。

在美国，汪曾祺依然是不忘吃喝。看来吃喝实乃人生一等大事。他刚到美国不久，去逛超市。"发现商店里什么都有。蔬菜极新鲜。只是葱蒜皆缺辣味。肉类收拾得很干净，不贵。猪肉不香，鸡蛋炒着吃也不香。鸡据说怎么做也不好吃。我不信。我想做一次香酥鸡请留学生们尝尝。"又说，"南朝鲜人的铺子里什么佐料都有，'生抽王'、镇江醋、花椒、大料都有。甚至还有四川豆瓣酱和酱豆腐（都是台湾出的）。豆腐比国内的好，白、细、嫩而不碎。豆腐也是外国的好，真是怪事！"

住到五月花公寓的宿舍，也是先检查炊具，不够。又弄来一口小锅和一口较深的平底锅，这样他便"可以对付"了。

在美国，他做了好几次饭请留学生和其他国家的作家吃。他掌勺做了鱼香肉丝，做了炒荷兰豆、豆腐汤。平时在公寓生活，是他"做菜"，古华洗碗（他与古华住对门）。

在中秋节写回来的一封信中，他说："我请了几个作家吃饭。"菜无非是茶叶蛋、拌扁豆、豆腐干、土豆片、花生米。他还弄了一瓶泸州大曲、一瓶威士忌，全喝光了。在另一封信中，他说请了台湾作家吃饭，做了卤鸡蛋、拌芹菜、白菜丸子汤、水煮牛肉，"吃得他们赞不绝口"。汪自己得意地说，"曹又方（台湾作家）抱了我一下，聂华苓说，'老中青三代女人都喜欢你'"。看看，老头儿得意的，看来管住了女人的嘴，也就得到了女人的心。

他对美国的菜也是评三说四，他说，我给留学生炒了个鱼香肉丝。美国的猪肉、鸡都便宜，但不香，蔬菜肥而味寡。大白菜煮不烂。鱼较贵。

看看！简直就是一个跨国的厨子！这时的汪曾祺，也开始从中国吃到美国，吃向世界了。他的影响力，也从大陆走向台湾，走向了华语世界的作家中。他的作品，在美国华文报纸登出，他的书版权转授到台湾。他在台湾已经很有影响力了。

四

一本《五味——汪曾祺谈吃散文32篇》，尽显天下美味。茨菇、蒌蒿、荠菜、枸杞、马齿苋、苦瓜、葵、薤、萝卜、瓜、莴苣、蒜苗、花生、韭菜花、菠菜、苞谷、豌豆、蚕豆、眼子菜、抱娘蒿、江荠等等，都在汪先生笔下开花；鲫鱼、刀鱼、回鱼、黄河鲤鱼、鳜鱼、石斑、虎头鲨、昂刺鱼、凤尾鱼、蟮鱼、螺蛳、蚬子、砗儿、河豚等也在先生的文字中游弋。为了写这篇长文，我又将《五味》找出重读，于是每晚便蜷于沙发，一篇一篇翻去，一字一字诵出声来，真真是美味无穷。

一本薄薄的小书，所谈皆为吃喝：炒米、焦屑、咸菜茨菇汤、端午的鸭蛋、拌菠菜、拌萝卜丝……可写得文采缤纷，饶有兴致。《昆明菜》一篇，说到昆明的炒鸡蛋："炒鸡蛋天下皆有。昆明的炒鸡蛋特泡。一掭翻面，两掭出锅，动锅不动铲。趁热上桌，鲜亮喷香，逗人食欲。"真的把人的食欲给"吊"了起来。此文精彩处还多，我出声读一遍，你跟着我读：

华山南路与武顾路交界处从前有一家馆子叫"映时春"，做油淋鸡极佳。大块鸡生炸，十二寸的大盘，高高地堆了一盘。蘸花椒盐吃。二十几岁的小伙子，七八个人，人得三五块，顷刻瓷盘见底矣。如此吃鸡，平生一快。

过瘾啵？再引一段：

> 昆明旧有卖燎鸡杂的，挎腰圆食盒，串街唤卖。鸡肫鸡肝皆用篾条穿成一串，如北京的糖葫芦。鸡肠子盘紧如素鸡，买时旋切片。耐嚼，极有味，而价甚廉，为佐茶下酒妙品。

是不是很好？可是汪老头后来还是忧心忡忡：估计昆明这样的小吃已经没有了。曾与老昆明谈起，全似孟元老《东京梦华录》中所记了也。不胜感叹。

《口味·耳音·兴趣》写到人的口味："有人不吃辣椒。我们到重庆体验生活。有几个女演员去吃汤圆，进门就嚷嚷'不要辣椒'！卖汤圆的冷冷地说'汤圆没有放辣椒的'！"写吃，其实是写人，口气中把人物都托出来了。

除昆明的吃食，对故乡的吃食汪先生写得是更多。故乡是和童年联系在一起的，也是与食物联系在一起。汪先生是十分热爱故乡的。他的作品，大部分写的是故乡。除写故乡的人和事外，多为故乡的风物和吃食。他在《故乡的食物》中极尽能事写故乡的那些吃食：故乡的"穿心红萝卜"，故乡的荠菜、马兰头，故乡的芫荽（香菜），故乡的虾子豆腐羹，故乡的炒米，故乡的咸菜茨菇汤……

他在散文中多次提到《板桥家书》："天寒冰冻时暮，穷亲戚朋友到门，先泡一大碗炒米送手中，佐以酱姜一小碟，最是暖老温贫之具。"他在《炒米和焦屑》一文写道："入冬了，大概是过了冬至吧，有人背了一面大筛子，手执长柄的铁铲，大街小巷地走，这就是炒炒米的。有时带一个助手，多半是个半大孩子，是帮他烧火的。请到家里来，管一顿饭，给几个钱，炒一天。或二斗，或半石，像我们家人口多，一次得炒一石糯米。一炒炒米，就让人觉得，快要过年了。"

晚年的汪曾祺，对故乡是念念不忘的。是呵，朱自清也曾说过："儿时的记忆是最有味的。"青灯有味是儿时啊。

有一年初夏，我回老家天长办事（我的家在高邮湖西岸），回北京时，从家里给汪先生带了二十几只"忘蛋"——就是汪先生在《鸡鸭名家》里写的"巧蛋""拙蛋"：孵小鸡孵不出来的蛋。不知什么道理，有些小鸡长不全，多半是长了一个头，下面还是一个蛋。有的甚至已长全了，只是没有"出"出来。民间说，小孩子吃不得，吃了会念不好书，变笨。所以也叫"忘蛋"，反过来说是"巧蛋"。——他非常高兴，因为他几十年见不到这样的东西了。只是"忘蛋"要会做才行。忘蛋剥开洗净，已变成小鸡出毛的，要退绒毛，放咸肉片和大蒜叶红烧。

汪先生少年时在家乡是吃过"忘蛋"的。他自己说："很惭愧，我是吃过的，而且味道很不错。"我给他带的那二十几个"忘蛋"，不知汪先生吃了没有？吃后感觉如何？我忘了问他。倒是我一同给他带的一只风鹅，他念念不忘，说味道很好。风鹅各地都有，但我们家乡的风鹅，味道独特。每年都是我母亲在腊月里"风"。——风鸡不用择毛，只要掏洞内脏，塞上盐和五香八桂，挂在背凉处。——母亲"风"的风鸡咸淡适中，酥、香，入口绵柔，实在是佐粥的好菜。

我在北京工作的时候，去汪先生家，他总是会留饭的。有一年，大约是 1991 年，我同爱人一起到他家，他留我们吃饭，给我们拌了一个凉拌海蜇皮，放了很多蒜花。至今我爱人还说，老头儿拌得真是好吃，又脆，又爽口，清淡不腻，实在好吃！

去年冬天，我回老家看望父母，特地开车沿高邮湖大埝绕了一圈。冬日的高邮湖冷清无比。湖边的芦苇直直地挺立着，连吹动它的风都没有。闪着白光的湖面，有船只泊在湖上。我总觉得船上的生活有些神秘，多少有些浪漫的想象。我看着冬日湖上的白色水光，充耳是鹅鸭的声音，有夫妇在湖边结网。在湖滨的一个朋友家吃饭，除吃到湖里的大白条鱼，朋友的妻子还从一个小玻璃瓶中掏出小半碗腌小蒜。我白嘴尝了一口那久违了的家乡的小菜。仅一口，却一下子勾起了我儿时的记忆。我想，如若汪先生在世，我给先生捎上一瓶，先生定会非常高兴。说不定又会写出一篇《小蒜》。这本谈吃的 32 篇散文之中又会多出一篇来！

五

汪先生在《家常酒菜》中说：

> 家常酒菜，一要有点新意，二要省钱，三要省事。偶有客来，酒渴思饮。主人卷袖下厨，一面切葱蒜，调佐料，一面仍可陪客人聊天，显得从容不迫，若无其事，方有意思。如果主人手忙脚乱，客人坐立不安，这酒还

喝个什么劲!

看过汪先生一张照片,穿着毛线背心,系着有图案长围裙,站在一个案子前,案子上大大小小七八个碗盏里堆着各种原料和配料。汪先生手中端着一个瓷盘,神态自如,安闲若素,脸上带着微笑。这张照片是他和王世襄、范用在一次家庭聚会上拍的。记着范用写过,有一个时期,京中这几位"老饕",隔一段时间,聚一下,每人自带一个菜的原料,去到现场,自己动手,展示手艺。这张照片大约就是那个时期的产物,从照片看,汪先生正如他自己说的"从容不迫,若无其事"。

不过,汪先生能做、会做的,也只是"家常小菜",正如他多谈到的煮干丝、麻婆豆腐和茶叶蛋。他的小女儿汪朝对我说过,别看老头子谈得头头是道,他自己会做的,也就是一些小菜,一些家常菜。那些鲍鱼、龙虾,一个是他吃的机会少,更没机会自己亲自弄,话说回来,他也未必看得上。汪朗也对我说过,老爷子会做的、做得好的,也就是那几道菜。

说到豆腐,汪先生在《旅食与文化》题记中说,一次到医院做检查,发现食道有一小静脉曲张,医生嘱咐不能吃硬东西,连苹果都要搅成糜。这可怎么活呢?可是老头子还挺自信:幸好还有"世界第一"的豆腐,他说:"我还是能鼓捣出一桌豆腐席来的,不怕!"

这并非妄话,汪先生对豆腐确是颇有研究。他有一篇长文,专门写各地豆腐,有北京的老豆腐、湖南的水豆腐,干豆腐、豆腐干、千张(百页)、豆腐皮(油皮、皮子)。吃法有香椿头拌豆腐、虎皮豆腐、家乡豆腐、菌油豆腐、"文思和尚豆腐"、麻婆豆腐、昆明的小炒豆腐、高邮的汪豆腐、北京的豆腐脑、四川的豆花、扬州的大煮干丝、湖南的油炸臭豆腐干、杭州的炸响铃、安徽屯溪的霉豆腐……极尽豆腐之能事，把各地豆腐的做法和吃法介绍了个遍。汪老头以为香椿拌豆腐是拌豆腐里的上上品，"一箸入口，三春不忘"，麻婆豆腐和煮干丝是老头儿的拿手好戏，他说，"煮干丝成了我们家的保留节目"：干丝是淮扬名菜。大方豆腐干，快刀横披为片，刀工好的师傅一块豆腐干能片16片，再立刀切为细丝。这种豆腐干是特制的，极坚致，切丝不断，又绵软，易吸汤汁。煮干丝没有什么诀窍，什么鲜东西都可以往里搁，"我的煮干丝里下了干贝"，上桌前要放细切的姜丝，要嫩姜。——这已是很讲究了。

　　是的，豆腐是家常菜中的家常菜。梁实秋说，豆腐是中国食品中的瑰宝。连知堂老人都说"豆腐这东西实在是很好吃的"。知堂写过一文《豆腐》，他说，有一回家里在寺院做水陆道场，他去了几回，别的都忘了，只记得"有一天看和尚吃午饭，长板桌长板凳，排坐着许多和尚，合掌在念经，各人面前放着一大碗饭，一大碗萝卜炖豆腐，看上去觉得十分好吃"。但要把豆腐做好做绝做讲究，还是需要一些心思的。曾看过一篇写马叙伦的文章，马先生曾发明的一种独家秘方"三白汤"，即白菜、笋和豆腐。他曾在北京中央公园的长美轩写下"三白汤"的方子。他说正宗的"三白汤"要杭州的笋、杭州和天竺豆腐，这个汤的汁水要二十多种配料，材料"可因时物增减，惟雪里蕻为要品"。此菜一时为北京餐馆中的名菜，和"赵先生肉""张先生豆腐"一道成为风雅的肴馔。

　　汪先生写《金冬心》，写扬州大盐商程雪门宴请新任盐务道铁大人铁保珊，特邀金冬日着陪。在文中汪曾祺写了请客的场面，列了很长的一个菜单：宁波瓦楞明蚶、兴化醉蛏鼻、阳澄湖醉蟹、新从江阴运到的河豚鱼；甲鱼只用裙边，鳉花鱼不用整条的，只取鳃下的两块蒜瓣肉，车螯只取两块瑶柱……这也只是汪先生的卖弄，正如黄裳所说的，是"才子文章"，"不过是以技巧胜"。这些菜若要叫汪先生做，他是做不出来的（用他自己的话说："是要'翻白眼'的。"）。也许，他根本不屑去做。

　　所以，汪曾祺的美食，也只是平民美食，是老百姓的"家常"美食。或者说，是文人的美食。汪曾祺自己也说：文人所做的菜，很难说有什么特点，但大都存本味去增饰，不勾浓芡，少用明油，比较清淡。学人做的菜该叫什么菜呢？叫作"学人菜"，不大好听，我想为之拟一名目，曰："名士菜。"

　　汪先生的"菜"，大约即可称为"名士菜"的。这也符合他的性情。这个结论，是可以下的。

六

　　汪曾祺先生去世16年了。16年来他的作品出版的数量惊人（据人统计，有一百四五十种）。他自己做梦也不会想到，他有这么大的影响力，他在读者心中这么重。这真是这个老头子的一个意外收获。

　　汪先生去世前后，我在他送我的一本《汪曾祺散文选集》的扉页和衬页上记下了这么两段话。现我原原本本将这两段话抄在这里，作为此文的结束语。——这些随手记的话里，可能有病句、不连贯。但是，是原始材料，为存其原味，不作修改。直录原文如下：

今天（注：1997年5月10日，距汪先生去世前一周）同女儿到汪先生家。

先生属猴，他问女儿属什么，女儿说，属龙。我说女儿，她是叶公好龙。女儿说，属猴不好，不好听。我说，先生是叶公好猴。

我带了半斤安徽茶叶给先生，同时将一竹筒傣尼族米酒给先生。

中午，汪先生留饭。我说："喝米酒吧。"

先生说："不喝，留着。你喝五粮液，你自己喝。"

我同女儿吃了许多菜。

先生猛喝葡萄酒。

先生说，过几天去太湖、无锡、嘉兴，环太湖三县（市），参加一个笔会。

中午我不肯去吃饭，汪朗说，就算我替老爷子请你。一句话，我当时木了，没觉出有什么。现在回忆起来，这句话真令我心碎。老爷子是爱我们的，他很善良、很慈爱，他的心是很细很细的。

汪朗握着我的手，用力一甩，我感到汪朗对我的友好及同他爸的情分（他是说谢谢你们对老爷子的情分，谢谢你们给了老爷子的不少的帮助）。我们帮助了吗？

总是他在帮助我们呀！

　　今天送完这个人。这个人真的作古了。他不是去出差，也不是我忙不去看他，而是我永远见不到他了。

　　他永远不可能再同我说话，请教他有关问题，听他说一些有趣的事。他也无法再来关心我们，他也无力关心我们了。我们有无成绩他都不会管我们了。他在世时我们不努力，他作了古，我们想到这些了。

　　今天张兆和也去了，多么小巧的一个女人啊！当年沈老先生可是用了全身的解数。王蒙去了。铁凝去了。范用去了。范用不断地流眼泪。那个长长的窄盒子，汪先生这么一个聪明的智者，就被装在这小小的窄盒子里，且还编上了号。我怎么也无感觉，还帮助抬了。那小盒子装的是谁呀。是先生你呀。

　　1997 年 5 月 28 日晚记之（注：这是给汪先生八宝山送别后回家晚上的笔记）。

抄上这些吧，一并纪念这位可爱的老头。

2013 年 4 月 7 日

（《深圳特区报》2013 年 6 月 27 日）

湖东汪曾祺

苏　北

这个老人，是不随和的

今年春节，一个下午我特别无聊，于是就从湖西天长开车去湖东高邮。冬日的天空清冷寂寞，车子驶出县城，很快上了乡村道路，没有一刻钟，就完全行驶到高邮湖区的低洼的水荡之中的土路上了。四周河汉交横，大片的芦苇高过人头，一丛一丛，像一束束箭矢。正如汪曾祺在《受戒》的结尾所说："紫灰色的芦穗，发着银光，软软的，滑溜溜的，像一串丝线。"

这样去高邮对于我已经不是第一次了。去了也只是在街上转一转，大运河边走走，或者，文游台汪曾祺纪念馆的石阶上坐一坐。不会去麻烦一个人。麻烦了别人，你自己也拘束受累。其实你是没有什么别的事情的。

对湖东的汪曾祺也是有一个逐步认识的过程。从刚开始学习他的小说创作法，到后来的迷念他的人格和风采，到写出《忆·读汪曾祺》这样一本书，其实我至今并没真正读懂汪曾祺。

我是走了捷径了的。从抄了他的《晚饭花集》，到上鲁迅文学院结识他，一切仿佛那么自然，又是那么的顺汤顺水。他对我和另外一个青年总是客客气气。他说过："你们两个人身上没有什么俗气。"这是对我们最高的评价了。我也曾经给过他两篇小说，私心中想请他写几句话，也好抬高抬高自己，可是并未能如愿。那个事也就过去了。

提起这件事，是因为我刚听说了一件事。说有个文学青年在某个场合认识了汪先生，不久就到汪宅去拜访。这是一个痴迷得有点癫狂的青年。他为了能每日聆听教诲，索性就住到了汪宅。汪宅的居所并不大，他于是心甘情愿睡地下室，这样一住就是多日，每天大早就举着一把牙刷上楼敲门。有一次他还带来了儿子，老头儿还带着孩子上街去买了一只小乌龟。可是这个青年实在是没有才华，他的东西写得实在是不行。每次他带来稿子，都要叫老头儿给看。老头儿拿着他的稿子，回头见他不在，就小声说："图穷匕首现。"

这个湖东的老人，他是善良而纯真的。他在《自报家门》中说："我父亲是个随便的人，比较有同情心，能平等待人。"这个老人，他也从他的父亲那儿学习了这些品格。他认为这个文学青年，从事一种很艰苦的工作，挺不容易的。可他确实写得不好。每次带来的稿子都脏兮兮的。老头终于还是无法忍受，他用一种很"文学"的方式，下了逐客令——一天大早，青年又举着牙刷上楼敲门，老头打开门，堵在门口。一个门里，一个门外，老头开腔了：一、你以后不要再来了，我很忙；二、你不允许在外面说我是你的恩师，我没有你这个学生；三、你今后也不要再寄稿子来给我看。

讲了三条，场面一定很尴尬。

我听到这个"故事"是惊悚的。也让我出了一身冷汗。15 年过去了，今天回忆起那时到这个老头家的那些快乐时光，更加庆幸自己的无知和年少时的无畏了。

这个老头是不随和的。我们多数时候，是误读了这位老人。以为他做做菜、画画画、喝喝酒，就好说话了。他是不随意附和别人的。他不会敷衍和应付。这从他的文学观就能看出，他在1986 年为《自选集》写的自序中说："我是相信创作是有内部规律的。我们的评论界过去很不重视创作的内部规律，创作被看作是单纯的社会现象，其结果是导致创作缺乏个性。"其实，这个观点，不仅仅是他 60 岁后的认识，他 27 岁，在上海写的《短篇小说的本质》，就庄严地宣布了"要在一样浩如烟海的短篇小说之中，为自己的篇什觅一个位置"。之后他的一生，都在追求"创作的个性"。（所以这个文学青年，是无论如何不可能成为"汪曾祺的学生的"。）不久前扬州的杜海公布了汪曾祺一篇极短的逸文《说"怪"》，此篇也是他读了杜海给他看的习作之后写的读后感。他在文中希望家乡的文学青年，"要充分表现个性，别出心裁"，"能够继承扬州八怪的传统，尽量和别人不一样"。

我在今年这个春节到高邮转了一圈，回来思考思考，我发现了以上的结论。在高邮的文游台，我坐在青石台阶上。身下的青石透凉浸骨，它却对我的思索是有益的。是的，看看汪曾祺留下的文字吧：《受戒》《大淖记事》《异秉》《葡萄月令》，就连《沙家浜》的剧本，无不"充满个性"。

汪先生研究的几个空白

汪曾祺是对故乡最充满深情的一位作家。他笔下的作品，大部分是描写故乡的。可是有一个现象学界一直没有注意过：汪曾祺19岁离乡，直到61岁才第一次回乡。他为什么四十多年不回故乡？是千山万水、旅途阻隔？不会吧，即使在上世纪六七十年代，京沪线还是相对方便的，到了南京，换乘长途车直达高邮，也不是太困难。是没时间？没旅费？都不像。而他却通过笔下的文字，一次次抵达故乡。故乡的风物、人情、吃食以及街衢巷里、三教九流，都在他的笔下得以复活。陆长庚（《鸡鸭名家》），王二（《异秉》），小英子、明子（《受戒》），王瘦吾、陶虎臣、靳彝甫（《岁寒三友》），巧云、十一子（《大淖记事》），王玉英（《晚饭花》），叶三、季匋民（《鉴赏家》），陈小手（《陈小手》），章叔芳（《小姨娘》），崔兰（《小蛇腰》）……我想，这些名字的背后都是有一个真实的高邮人存在的。或许他们已经故去，但他们是真实存在过的，并且是高邮人。汪曾祺是多么热爱他的故乡啊！他为高邮留下了那么多优美的文字。

汪曾祺四十年不回乡的问题我虽然始终没有搞懂，但从创作上来讲，这一种与故乡保持一定的隔膜，对创作是有益的。这使记忆中的故乡，相对较完整地保存，是会产生一种创作上叫作"离间"的效果的。但我想，汪曾祺绝不是为了保持这种"创作效果"而故意不回故乡，一定是另有隐情。他自己不说，别人也无从理解。

但从汪曾祺研究上来说，这一段空白，是有意思的，是值得注意的。

在生活中，汪曾祺并不是一个特别善于表达的人。他的话并不多，有时喝了几杯酒，话稍多一点，但也不是很多。他也不是一个善于交际的人。他虽不如他的笔下的高北溟（他的小学和初中老师）那样"看起来是个冷面寡情的人"（其实不是这样，他只是把他的热情倾注在教学之中），但终归不是活跃的、喜于表达的那一类。

他把他的热情全部倾注到创作中去了。他年轻时就写得那么好。他早期一篇很长的散文《花园》，对于研究汪曾祺，应该是一篇很重要的作品。《花园》充分显示出汪曾祺的创作才能。他对事物的细部描写得那样丰沛、细微和准确。比如："一下雨，什么颜色都郁起来，屋顶，墙，壁上花纸的图案，甚至鸽子：铁青子，瓦灰，点子，霞白。宝石眼的好处这时才显出来。于是我们，等斑鸠叫单声，在我们那个园里叫。等着一棵榆梅稍经一触，落下碎碎的瓣子，等着重新着色后的草。"足以证明汪曾祺早年才华的展露，也印证了汪曾祺自己所说："沈从文很欣赏我，我不但是他的入室弟子，可以说是得意高足。"（《自报家门》）汪先生的这句话并非空穴来风。

不久前，山西的李国涛先生给我寄来了汪曾祺1987年8月写给他的两封信。这是两封非常重要的信。其中一封信中写道："一个人不被人了解，未免寂寞。被人过于了解，则是可怕的事。我宁可对人躲得稍远一些。""让那些学我的人知道我是怎么回事，免得他们只是表面的摹仿，'似我者死'。——我很不愿意别人'学'我。一个人的气质是学不来的。""《职业》是我自己很喜欢的一篇。

但读者多感觉不到这篇小说里的沉痛。"这对解开汪曾祺对自己作品的认识颇有帮助。汪曾祺曾在《晚饭花集》的自序中说过："我对自己的作品都还喜欢，无偏爱。别人若问我喜欢自己的哪篇作品，我也是笑而不答。"而这一次，对李国涛的信中，汪先生却着重说出"《职业》我自己是很喜欢的"，可见他对《职业》的重视和偏爱。

今天的高邮，岁月的影子

1995 年，长江文艺出版社给汪曾祺编了一本小说集《矮纸集》（1996 年出版）。这部作品集应是汪曾祺作品的一个重要文本。它的编法是"以作品所写到的地方为背景"，进行分组，这个主意是汪曾祺自己拿的。编完，汪先生发现"写得最多的还是故乡高邮"。这个集子的后面附有一篇李国涛的跋《读〈矮纸集〉兼及汪曾祺文体描述》，这是汪曾祺研究上很重要的一篇评论，但多被忽略。我希望今后出汪曾祺作品集时能将这篇评论给附上，这对理解汪曾祺是有益的。

这个春节的午后，高邮的街上相对显得寂寞冷清。路上行人并不多。特别是到了黄昏，店铺和人家几乎都关了门。我游荡在运河大坝上，运河的水面还是很广阔的。运河上现在建了一座很现代的桥，过了桥，到河的西岸，就是浩浩渺渺的高邮湖了。我将车直接从桥上开过去，停在湖边的一片空旷处。湖面上冷冷清清，水波涌动着，无边无际，让人心中生出一种空虚的感觉。一个老人弄了一只游艇，在兜揽游客，可是没有一个人。他对我说："兜个风吧？"我摇摇头，他见我没兴趣，便去忙自己的了。

　　我在湖边坐了一会，冰冷的风灌到胸口。我转身离去，当车驶过一处僻静的街巷，一股青烟飘了过来。这个时候还有卖吃食的小摊呢，我寻着青烟走了过去，空荡荡的街边只有这一个卖面饺馄饨的妇人。坐下，要了一碗虾籽面，酱油很浓，我热热地吃下去，身上马上热了起来。

　　这样的行走虽然并不能回到汪曾祺时代的高邮，但多少还是能感受到半个世纪前旧高邮的气息的。小城虽变化很大，可生活在其中的人，还是高邮人。他们的口音、习性、饮食，甚至泼痞骂街，还是会带着岁月的影子。人的有些东西是很难改变的。正如汪曾祺在《钓人的孩子》中所说"每个人带着一生的历史，半月的哀乐，在街上走"。

　　高邮使汪曾祺从小受了美的教育。他在《自报家门》中说，我的写作跟我从小喜欢东看看西看看有关。这些店铺、这些手艺人使我深受感动，使我闻嗅到一种辛劳、笃实、轻甜、微苦的生活气息。他同时说："我的审美意识的形成，跟我从小看父亲作画有关。"这些童年印象，深深地注入汪曾祺的记忆，他一生中的很多篇文章便都是写的这座封闭的、褪色的小城人事。

　　这个 19 岁从湖东高邮走出去的青年，[1] 正如他的老师沈从文所说："凭着手中的一支笔，真的打下了一个天下。"

2012 年 5 月 31 日

（《北京晚报》2012 年 6 月 23 日《人文印记》专栏）

　　1　注：本文作者苏北系高邮湖西岸安徽天长人，他们将湖对岸的高邮人称为湖东高邮人。

汪曾祺在张家口

苏　北

关于汪曾祺在张家口的文章不多，除汪先生自己的几篇《葡萄月令》《随遇而安》《坝上》《寂寞与温暖》《沽源》外，几乎没有汪曾祺在张家口四年生活的研究资料。

前不久看到重庆的陈光愣写的一篇短文《昨天的故事》，虽不长，却让我大为惊奇，简直为我们复原了一段那时的生活，一个活生生的汪曾祺立于眼前。

文中最有趣的一个细节是：1959 年，在农科所一次学习大会上，领导传达中央文件，提到毛主席提出不当国家主席，以便集中精力研究理论问题。传达完毕，汪忽然语出惊人，怀疑地说："毛主席是不是犯了错误？"弄得四座为之失色，不知如何往下接话。幸亏在边远的张家口沙岭子的农科所，人还比较纯朴，没人出来发难。所领导愣了一会，于是岔开话题，说："大家的思路统一到党的指示的思路上来。"敷衍了过去。

真不知道汪老头当时是怎么想的，怎么冒出这么一句奇怪的话来。也可能人在比较高压的政治环境下面，反会说出一些匪夷所思的话来。几天前，我见到汪朗，把上面的这个细节说给他听。汪朗笑说，老头儿政治上比较幼稚。这个细节真好，确实从一个侧面证实了汪的单纯。

写这个故事的陈光愣老人，1958 年在北京农业大学毕业，被划为一般右派分子，分配到沙子岭农科所之后，与汪在一个政治学习小组，后期又与汪同宿舍住，这个回忆是可靠的。这个细节也绝非是空穴来风。看看汪被打成右派的依据便可知道，这句话和他早期鸣放时的话语，是何其相似，1957 年鸣放时，汪在单位的黑板报上写了一段感想：

> 我们在这样的生活里过了几年，已经觉得凡事都是合理的，从来不许自己的思想跳出一定的圈子，因为知道那样就会是危险的。

他还给人事部门提意见，要求开放人事制度，吸收民主党派人士参加，说"人事部门几乎成了怨府"。

1958 年鸣放，他写了小字报《惶惑》，说："我爱我的国家，并且也爱党，否则我就会坐到树下去抽烟，去看天上的云。"又说："我愿意是个疯子，可以不感觉自己的痛苦。"

看看，这些诗意的话，都挺飘逸呢。也只有"全是诗"（黄裳语）的汪曾祺能说得出来。

　　打成右派后，他回家同妻子说：我现在认识到我有很深的反党情绪，虽然不说话，但有时还是要暴露出来。我现在只有两条路可走，一是过社会主义的关，拥护党的领导，另一条就是自杀，没有第三条路。他凄切地向妻子转说单位领导林山和他谈话的内容，忍不住哭了起来。

　　到张家口沙岭子的农科所，汪最初的劳动是掏大粪、起猪圈粪。陈光愣回忆：上面派他跟一个又高又瘦胡子拉碴的老头一起赶大粪车。每天往返于沙岭子和张家口之间，在城里大街小巷招摇过市，骡子拉着大粪车在公路上嘚嘚地走，汪总是坐在车架上，头戴着护耳的深色绒帽，双手操在棉衣袖筒里，一面听着骡蹄的叩击声，一面默默地眯起眼在想，一副老实巴交的农人的样子。

　　最锻炼人的当然是在寒冬刨冻粪了。室外零下几十度，人畜粪冻得硬如石头，得用钢钎、铁锹才能把粪弄进粪车。这样的劳动，汪也卖力干。汪自己在《随遇而安》中说"像起猪圈、刨冻粪这样的重活，真够一呛。我这才知道'劳动是沉重的负担'这句话的意义"。陈光愣在《昨天的故事》中关于汪的描述是这样的：每每干得满头大汗、浑身蒸气笼罩，背心汗渍了也不敢脱去棉袄，进入了中医所谓的"内热外寒"的状态。

　　在劳动之余的政治学习会上，汪畅谈劳动心得体会，说："古人为了治病，臭粪尚可嘴尝。现在改造思想，闻一闻臭粪又何妨？"（这是陈光愣的记述。）汪自己后来则平静地说："只要我下一步不倒下来，死掉，我就得拼命地干。"

　　在劳动锻炼的后期，汪从繁重的体力劳动转到果园上班，活则相对比较轻松了。他的《果园杂记》《关于葡萄》和《葡萄月令》

就是在果园劳动的产物。他是喷波尔多液的能手。他自己说："这是一个细活。要喷得很均匀，不多，也不少。喷多了，药水的水珠糊成一片，挂不住，流了；喷少了，不管用。树叶的正面、反面都要喷到。"说："波尔多液颜色浅蓝如晴空，很好看……喷波尔多液次数多了，我几件白衬衫都变成了浅蓝色。"最后汪说："我觉得这活比较有诗意。"

还是归到诗上去。

在果园劳动之余，汪读了很多书。汪自己说："我自成年后，读书读得最专心的，要算在沽源这一段时候。"陈光愣回忆说："他的床头小桌上，堆满书籍，古籍为多。晚上，汪多数时间是坐在小桌前读书，读的多是《诗经》。汪有时说，如果能有那么一天的话，就去专门研究《诗经》。"汪先生在《随遇而安》中说："带了在沙岭子新华书店买得的《癸巳类稿》《十驾斋养新录》和两册《容斋随笔》。"在《七里茶坊》中说"带了两本四部丛刊本《分门集注杜工部诗》"。汪晚年写随笔，时有提到以上的书，我想多是在张家口读书时留下的印象。人在艰苦环境下读的书，更容易记住。

有意思的是，汪在张家口时，还到一个叫沽源的县画了一段时间马铃薯。汪说"去时大约是深秋，待了一两个月，天冷了，才离开"。在沽源，他每天一早起来，就趁着露水，掐两丛马铃薯的花、两把叶子，插在玻璃杯里，对着它一笔一笔地画，上午画花，下午画叶子。到马铃薯成熟时，就画薯块。画完了，就把薯块放到牛粪火里烤熟了，吃掉。他在《随遇而安》中骄傲地说："像我一样吃过那么多品种的马铃薯的，全国盖无第二人。"而且他能分出土豆的品种名称："男爵"最大，"紫土豆"味道最好，还有一种类似鸡蛋大小的，很甜，可当水果吃。（这个老汪，真是个好吃精！）——最近有人到沽源考察，还有一种叫"黑美人"的，是黑瓤的（土豆多为黄瓤白瓤）！这一款，汪先生并没提到！

关于汪画马铃薯图谱，黄永玉后来在回忆中这样说：他下放到张家口的农业研究所，在那里好几年，差不多半个月一个月他就来一封信，需要什么就要我帮忙买好寄去。他在那里画画，画马铃薯，要我寄纸和颜料。汪自己在《随遇而安》里也说，我曾经给北京的朋友写过一首长诗，叙述我的生活。全诗已忘，只记得两句：

坐对一丛花，

眸子炯如虎。

这个朋友大约是黄永玉了。

那一册《中国马铃薯图谱》丢失了太可惜。汪后来提到过多次，可他毫无惋惜之意。倒是他自得地说："薯块更好画了，想画得不像都不大容易。"

近些年，有人到张家口寻访汪曾祺的足迹。多数人不记得当年的那个黑瘦的中年人了。去到旧地，见沽源的马铃薯研究站已物是人非，倒是有几排旧房子，门前一棵大榆树，屋后一块空地，说曾是储藏马铃薯的大窖。有一个叫赵喜珍的老人只依稀记得：好像是有这么一个人，人瘦瘦的，性格温和。只待了几个月。冬天没有得画了，就走了。

汪先生在张家口待了四年，但这四年对汪意义非凡。他自己说，我和农民一道干活，一起吃住，晚上被窝挨被窝睡在一铺大炕上，我这才比较切近地观察农民，比较知道中国的农村，中国的农民是怎么一回事。是的，汪小时候虽在高邮县城，可家里富裕，他没有真正接触农民、了解农民，在昆明、上海、北京，则更不可能。其实张家口是给汪补上了这一课，虽然是不得已的。

关于张家口，汪后来写了9个短篇小说，13篇散文，有10多万文字，可以出一本《汪曾祺文学地理之张家口》，这也是汪的收获。汪后来写文章和接受采访时说："我三生有幸，当了一回右派，否则我这一生更平淡了。"虽是自嘲，但也是实情。

汪在生活中总是能看到美，不管在何种境遇下。他自己说，我认为生活是美的，生活中是有诗的。我愿意把它写下来，让我的读者，感到美，感到生活中的诗意。关于张家口，也是一样的。他写了《萝卜》（其中一节专门写张家口的心里美萝卜）《坝上》《果园杂记》《葡萄月令》《寂寞与温暖》等名篇，都写得很美。比如在《坝上》，他写到口蘑，写了多种口蘑的品种，并说他曾采到一个口蘑，晾干带回北京，做了一碗汤，一家人喝了，"都说鲜极了！"写到关外的百灵鸟，到北京得经过一段训练，否则有关外口音："咦，鸟还有乡音呀！"——这就是汪曾祺。当然，他的《葡萄月令》，更是文学名篇了。看来，一个热爱生活、热爱美、热爱文学的人，到哪里都能发现生活之中的美，生活之中的诗意。

2014 年 1 月 5 日

（《读书》2014 年第 4 期）

花落十度祭汪老

车 军

5月16日，落英缤纷时节，著名作家汪曾祺老人已走了十年。

虽然一直怀着强烈的思念、敬仰、感恩的心情，我却没能写过一篇周年祭文。这实在是因为一方面怕纵然使出浑身解数，也写不出汪老的万千分之一；另一方面，也是不敢轻易翻动那段被岁月掩埋的日子，翻一下，心都难过得疼痛。这一蹉跎竟是十年。

我原本不认识汪老，当初读他的作品也不是很多，但我所能接触到的，无疑篇篇都是精品，是震撼心灵的精品。从"文革"中走出来的文学青年，谁没有读过他的《大淖记事》、他的《受戒》呢？

1997年3月7日，我在《北京日报》生活版写了一篇小文章《爱是一束花》，说的是小我六岁的妹妹的事。她是个建筑行业的工人，直到退休没换过工作；上小学四年级赶上"文革"；结婚12年没有住房，打了 4000 多天游击。就这么一个倒霉蛋，那年还得了乳腺癌，我真是气愤老天的不公！把她推进手术室后，我踏雪给她去买了束鲜花，衷心祈祷她从此一切顺利。

我做梦都不敢想的是，汪老在读了我的这篇小文后，眼睛湿了，特意邀了邵燕祥、林斤澜两位老作家，各写了一篇好评，发表在 3 月 19 日的《北京日报》副刊上。汪老文章的题目是《花溅泪》。事先接到生活版编辑马益群打来电话，好几天我都像在做梦。3 月 19 日，我早早来到收发室，以极其虔诚的心情等候邮递员的到来。待真见到三位老前辈的文章时，我的泪水不禁夺眶而出——我，一个再普通不过的女工，有什么资格去惊动汪老，让他和他的老友为我写评？那会儿我真想马上找到汪老，由衷地道声谢谢，道声辛苦。

过了几天，编辑告诉我，将有机会与三位老作家座谈。消息传出后，朋友们都十分羡慕我，祝贺我。我呢，兴奋得都有些发飘了，居然我也有梦想成真的一刻。但兴奋之余又有些害怕，曾紧张了好几天。我本生性木讷，不擅言谈，更兼孤陋寡闻，此去真怕露怯，怕词不达意，怕辜负了大家一片盛情。

这时有个好友告诉我，要想了解汪老，不妨仔细读读他悼沈从文先生的《星斗其文　赤子其人》。这篇文章我本读过，因我家订过多年《人民日报·海外版》，正是《星》文的首发报，只恨当时一览而过，记忆不深。奇怪此番读后，脑中勾勒出的却是活泼泼的两个形象，沈老与汪老。汪老逝后，我曾见过他的忘年交、作家何志云的悼文，也说汪老写沈老的那些文字，"是汪老文章中最动情也最感人的篇什"，难怪越读越爱不释手。

　　汪老的人与文在我心里更加清晰起来。

　　终于，3月28日，我与汪老、林老（邵老因事没来）见面了。在暖暖的橘黄色的灯光下，看得出汪老略显疲惫，但一脸慈祥。老人家第一句话就问我："你小妹妹怎么没来？你们一起看护着你妹妹。"我说："她比我还怵窝子，怕见人。"汪老就笑了，又问："你妹妹的病怎么样了？"我说好多了，已经出院了。他说告诉你妹妹，乳腺癌并不可怕，有个著名女作家早先也得了这种病，前些时还复发了，仍在努力写作。你妹妹还年轻，一定会好起来。我使劲点点头，觉得鼻子阵阵发酸。好在北京日报和晚报的编辑们有无数件事缠着两位老人，不然我准又要掉眼泪了。

　　谈话中，汪老送了我两本他的书《受戒》《老学闲抄》和一幅他画的画（林老送我一本他的随笔集《立此存照》；后来邵老寄我一本他的《酸辣文章》），画的是几束盛开的丁香。当时有个编辑说我，你真有福气，不知多少人想求汪老的画呢！又一次，那真切的关怀，那暖暖的情意笼罩了我，我握住汪老温热温热的大手，紧了又紧，千万个谢字尽在里边了。后来给我裱画的后生很通书画，当他为我徐徐展开汪老这幅满怀关爱的长轴时，说了句："画好，字好，意也深！"

　　然而，千想万想也想不到，仅仅在我们见面座谈后的第48天，汪老就因吐血不治，驾鹤西去。

　　接到这个消息，一整天我都呆立在窗前，看柳枝随风狂舞，似尽情宣泄着离愁别恨。有鸟儿惊慌失措地飞来飞去，引颈而鸣，一声声惊人心魄。我满脑子反复出现的，是台湾著名女作家琦君悼念恩师的一首短诗："师恩似海无由报，哭奠天涯路渺茫。杖履追随成一梦，封书难寄泪千行。"

封书难寄泪千行。我体会到了那是一种怎样绝望的心情！

入夜，我写成了给汪老的悼文——《鸟惊心》。

在八宝山，在一片苍翠之中、一架百合与玫瑰堆成的花山后面，我又看见了汪老，他安卧在那里，仍带着满脸的慈祥。这一次，不会再有人安排长长的时间，让我亲聆汪老的教诲；而汪老也正要出远门，不及再叮嘱我几句了。

之后我看到了不少纪念汪老的文章，林老的《纪终年》详细地记述了汪老临终前的行程和病情："终年七十七，'古稀今不稀'，好像走得也突然，刚写完的稿子还没有交稿，要画要字的正不少……有邀请，有约会，有盼望见面的文友……"我开始痛恨自己，汪老生前为我写评，一定也消耗了他已有限的精力！而孙毅的文中也说："全国各地，差不多都有他的朋友。有一年去他家，竟有一对新疆的文学青年寄住在那里，老人毫无厌意。"遂不禁千万次地问，我认识或不认识的伙伴们，咱是不是向这些德高望重的老前辈们索取得太多？

（《北京日报》2007 年 5 月 22 日）

追忆汪曾祺

李　迪

记得小学时，在报上看过一则谜语："航空信（打一地名）。"猜傻了也猜不出，急翻谜底，哇噻，"高邮"是也。以后，长了学问，读秦少游的"两情若是久长时，又岂在朝朝暮暮"，知道这位北宋婉约派诗人乃高邮一大才子。然而，真正让我记住高邮的，还是汪曾祺。

"我在高邮排名第三，在秦少游和高邮鸭蛋之后。"

今春，"烟花三月下扬州"，采访此地第一件事，就是驱车半小时前往高邮寻访汪老故居。作家周桐淦专程从南京赶来与我同行。1991年春，我跟桐淦曾陪伴汪老十五日夜走滇境。此行难忘，汪老常挂嘴边，我们更是。

在这里，我又"见"到了汪老。

手里夹着烟，在烟雾缭绕中，睁大如虎的眼，沉思中透着笑。

只是，没有声音。

这张《纽约时报》记者拍摄的照片，是汪老最喜欢的。如今放得大大的，挂在故居迎面的墙上，笑对来客。

高邮小城，因秦始皇当年在此择高地建邮亭而得名。汪老1920年3月5日出生于此。19岁前他都生活在这鱼米之乡，其笔下的文游台、大淖、荸荠庵凝聚无尽故乡情，巧云、小英子、明海和尚蕴含深切邻里爱。那年滇行路上，我对汪老说，高邮有名，除了秦少游，就是您！汪老笑成大菊花，说我只能排老三，前头还有高邮鸭蛋呢。打一个双黄，再打一个还双黄！你们看，我脑袋像不像鸭蛋？都是小时候吃鸭蛋吃的，朝朝暮暮吃！一干同行者笑歪。

那年滇行采风，由冯牧带队，除汪老、桐淦外，还有李瑛、高洪波、凌力等。泛舟星云湖，乘车入云端。一路上，汪老妙语连珠，让我等无拘无束，很快跟他混熟，被他的幽默擒住，成了铁杆汪丝。饮料太甜，他说："我担心喝下去以后会不会变成果脯？"泼水节被浇成落汤鸡，他说："我被祝福得淋漓尽致！"登山崴了脚被迫拄杖跛行，他说："一失足成千古恨！"说到戒烟，他更是大嘴咧成瓢："宁减十年寿，不忘红塔山！"

汪老在《我的家》中写道："我们那个家原来是不算小的，我的家大门开在科甲巷，而在西边的竺家巷有一个后门。我的家即在这两条巷子之间。"

如今，逝者如斯，旧貌难寻，开在科甲巷的大门早已不在。沿古老的人民路七拐八弯，找到了竺家巷9号。这是一座再普通不过的平房，嵌在外墙的小牌儿上写着："汪曾祺故居。"斑驳的木门两侧贴着汪老喜欢的名句，"万物静观皆自得，四时佳兴与人同"。

这小牌儿，这名句，让这普通的平房不再普通。

汪曾祺回乡进老屋时，都对继母跪拜。

汪老的弟弟汪曾庆、妹妹汪丽纹和妹夫金家渝，热情地把我们迎进屋里。屋子很小，分里外两间，外为客厅，里为卧室，合起来也就四十多平方米。高不过五尺，几乎碰头。客厅迎面立着长条柜，上面摆着两个青花瓷瓶。汪老放大的照片，就在挂在瓷瓶之上。条柜下一方小茶几，朴素的布沙发。再没其他家具。有，也没地方摆。金家渝告诉我们，汪老生于地主家庭，故居原有房屋上百，还有花园，都坐落在这条街上。新中国成立初被没收，光是家具字画就装走十大车。而被没收的祖传老屋，先做过县粮库，后被布厂占用。幸好汪老还有弟妹，几经讨要，要回眼前这低矮的平房。外分内连，兄妹各居两间。这里原先是汪家堆杂物的，或许汪老幼年时还在这里躲过猫猫、抓过蛐蛐。

汪老有两个同父异母的弟弟，一个死于"文革"，一个就是汪曾庆。曾庆独身一人住在妹妹的隔壁，斗室墙壁上，挂着母亲也就是汪老的继母任氏娘的照片。汪老在《我的母亲》里这样描写："任氏娘对我们很客气，称呼我是大少爷。我19岁离开家乡到昆明读大学，1986年回乡，这时娘才改口叫我曾祺。"曾庆对我说，哥哥新中国成立后三次回乡，进老屋时都对任氏娘跪拜。

汪老现有的故居虽然矮小，守屋的三位老人却坦然自得，谈笑风生。他们因地制宜，把小天地修整得井井有条，一尘不染。出得卧室，还有一个六七平方米的小院，绿植依依，情趣盎然。

靠墙有一窄梯，引我们目光向上，这才看到平房顶上竟然接了一间精巧的阁楼。汪曾庆说，闲来可上一坐，听听风声，喝点儿小酒。"金罍蜜贮封缸酒，玉树双开迟桂花"，这是汪老当年为他写的一副对子，当然也是自己爱酒的写照。

身处逆境，他还是个快乐的老头

汪老被誉为"中国最后一个士大夫"，以其空灵、含蓄、淡远的美文跨越几个时代，绚烂至极归于平淡，小说、散文、戏剧无不匠心独具笔下有神。《受戒》《大淖记事》等名篇自不必说，经他改编的京剧《沙家浜》可谓家喻户晓。阿庆嫂的著名唱段："垒起七星灶，铜壶煮三江，摆开八仙桌，招待十六方，来的都是客，全凭嘴一张。"竟是用一组数字组成。始信汪老为学，除国文外，数学也不含糊。更有一手好字画，酒后挥毫满纸生香。汪老懂医道，喜美食，且又说又练亲自下厨，之后还要写进文章里，"我做的烧小萝卜确实好吃，因为是用干贝烧的"，客人"吃得非常开心，最后连汤汁都端起来喝了"。这个客人，也含我一个。那年冬天，我和爱人去汪老位于北京蒲黄榆的蜗居看望，开得门时，却见他足套一双老北京"大毛窝"，怪异却暖和。我们才坐定，他突然自顾回了里屋。当再次现身，默然然，足下换了一双是样儿的皮鞋。

汪老为文，没有轰轰烈烈，没有电闪雷鸣，凡人小事，掌故旧闻，民俗乡情，花鸟鱼虫。从小的视角楔入，把自己独特的对人对事的领悟与审美，以不事雕琢的妙笔，娓娓叙来。不紧不慢，如茧中抽丝，似柳梢挂雾。引人入胜，使人沉醉，给你恬淡闲适，让你净化升华。尤其是藏于质朴如泥的文字中的幽默，更令人忍俊不禁，透出恩师沈从文的真传，透出他的达观快乐。即使身处逆境，被打为右派，他仍是一个快乐的老头儿，心境释然，下笔风趣。例如，在《随遇而安》中，汪老这样写道：

> 1958 年夏天，一天，我照常去上班，一上楼梯，过道里贴满了围攻我的大字报。要拔掉编辑部的"白旗"，措辞很激烈，已经出现"右派"字样。我顿时傻了。运动，都是这样：突然袭击。其实背后已经策划了一些日子，开了几次会，做了充分的准备，只是本人还蒙在鼓里，什么也不知道。这可以说是暗算。但愿这种暗算以后少来，这实在是很伤人的。如果当时量一量血压，一定会猛然增高。我是有实际数据的。"文化大革命"中我一天看到一批侮辱性的大字报，到医务所量了量血压，低压 110，高压 170。平常我的血压是相当平稳正常的，90—130。

在高邮故居小得不能再小的客厅，挂着几幅汪老的画。我才看到第一幅，便叫了起来。那居然是一幅马铃薯的花叶图！汪老在散文《随遇而安》中，写到当年自己被无端打成右派，从北京下放到边远高寒的山区，在一个研究站里画马铃薯《图谱》：

> 我在马铃薯研究站画《图谱》，真是神仙过的日子。没有领导，不用开会，就我一个人，自己管自己。这时

正是马铃薯开花，我每天趁着露水，到试验田里摘几丛花，插在玻璃杯里，对着花描画……下午，画马铃薯的叶子。天渐渐凉了，马铃薯陆续成熟，就开始画薯块。画一个整薯，还要切开来画一个剖面，一块马铃薯画完了，薯块就再无用处，我于是随手埋进牛粪火里，烤烤，吃掉。我敢说，像我一样吃过那么多品种的马铃薯的，全国盖无第二人。

呵呵，这就汪老！

汪老为何老泪纵横

想起汪老的风趣，与他同行彩云之南的快乐再浮眼前。那天，东道主安排作家们畅游星云湖。我因眼疾未愈，遵医嘱戴墨镜以护。岂料高原烈日实在爱我，船至湖心，原本白嫩的脸已烤成花瓜，如是当年汪老画的马铃薯，应该已经能吃了。特别是制高点鼻梁儿，更是五彩缤纷。当我摘镜擦汗时，一船人笑成傻瓜。原来，镜后两片雪白与镜外一脸红黑形成绝世奇观。汪老边笑边说，李迪啊，我为你写照八个字："有镜藏眼，无地容鼻。"

众人再掀笑浪。过后，我对汪老说，我向您求这八个字，行吗？汪老欣然。是夜，陈纸挥毫，不但以独特汪体潇洒写下这八个大字，还陪嫁一段美文：

李迪眼有宿疾，滇西日照甚烈，乃戴墨镜。而其鼻准暴露在外，晒得艳若桃花。或有赞美其鼻者，李迪掩鼻俯首曰，无地自容，无地自容。席间，偶作谐语。李迪甚喜，以为是其滇西之行之形象概括，嘱为书之。

一九九一年四月下旬汪曾祺记

落款加印，右上压一闲章："人书俱老。"

现在，这幅墨宝，装裱入框，悬于我家客厅兼书房壁上。每日仰观，感慨万千。不仅思念往事，更从写照中悟出人贵有自知之明的道理。我想，这也许是快乐的汪老当初题词时没有想到的吧！

那年离开云南回京的前夜，晚宴上汪老举着酒杯走到我跟桐淦面前说，我们啊，我们这些人是多么善良！为了这个善良，我们付出的太多、太多！

说完，他老泪纵横。

1997 年 5 月 16 日，汪老仙逝于京。在法国作曲家圣桑的大提琴独奏曲《天鹅》高贵典雅的旋律中，他安睡花丛。我向他献上一朵红玫瑰，在泪眼模糊中，我想，汪老人在花中，魂魄或早已如圣洁的天鹅，优雅从容地飞回故乡，那里有水草丰茂的大淖，那里有稼禾尽观的文游台，那里有写不完的热土炊烟，那里更有祖上留下的百年老屋……

想念汪老，汪曾祺！

（《北京青年报》2013 年 7 月 16 日）

汪曾祺四题

龚　静

一个人与一座城市的牵念

五月春阳微曛，在延安中路茂名路和陕西路段之间逡巡，这条弄堂看看，那座老房子瞧瞧，甚至见上海马戏团内有幢老洋房，情不自禁向门卫打听它是否有忝为私立初中的前世？怎么看皆无仿佛"形状有点像船舱"的屋子。也是自然，自1946年至今，沧桑巨变，高架都逶迤而过了，找一所门牌号都阙如的老房子末了不过是安慰一下寻找的念头吧。

是在找汪曾祺1946年7月至1948年3月间在上海做中文教员的那间私立致远中学旧址。"这是一所私立中学，很小，只有三个初中班。地点很好，在福煦路（今延安中路。笔者注）。往南不远是霞飞路；往北，穿过两条横马路，便是静安寺路、南京路。"
（汪曾祺《星期天》1983 年）但凡写到汪老离开昆明转赴上海的
这段漂泊经历的，也都提到这间中学，但都未及学校的具体地址，
更何况今情如何了。倒是冒昧向黄裳老先生咨询过，那时汪曾祺
在上海，除去"教三个班的国文"、写作，与黄裳等朋友来往密切。
黄老说那学校去倒是去过，好像在一条弄堂里，但具体哪里没有
印象了。

　　汪曾祺是 1946 年 7 月自昆明经越南、香港来上海的。由于没
有西南联大毕业文凭（因他未应征美军翻译），到上海先是闲住
同学朱德熙母亲家，9 月经李健吾介绍才在这所中学落了脚。直至
1948 年 3 月离沪赴京。在这所中学的一间铁皮顶木板屋里——"下
雨天，雨点落在铁皮顶上，乒乒乓乓，很好听。听着雨声，我往
往会想起一些很遥远的往事"，年轻的汪曾祺称之为"听水斋"——
他读书写作，创作并发表了《复仇》《老鲁》《绿猫》《牙疼》
《戴车匠》《囚犯》《鸡鸭名家》《落魄》等小说，以及许多散
文。反映其创作生涯一以贯之的文艺观《短篇小说的本质》即写
作于此间。文后落款"三十六年五月六日晨四时脱稿。自落笔至
完工计整约二十一小时，前后五夜。在上海市中心区之听水斋"。
"一个短篇小说，是一种思索方式，一种情感形态，是人类智慧
的一种模样。或者：一个短篇小说，不多，也不少"，写下这些
话的时候，或许江南的雨已经停了，"分明听到一声：'白糖莲
心粥——！'"。写《星期天》时的汪曾祺 63 岁，1983 年的上海
街头很少闻听白糖莲心粥的叫卖了，莲心粥的温软甜香当是汪曾
祺的上海记忆之一。

　　除了《星期天》，汪曾祺的小说创作中几乎没有出现上海主题，唯散见于一些散文篇什中。他用"糯"来形容铁凝的《孕妇和牛》："'糯'只可意会，难以言传。细腻、柔软而有弹性……我也说不清楚。铁凝如果不能体会，什么时候我们到上海去，我买一把烤白果让你尝尝。不过听说上海已经没有卖'糖炒热白果'的了。"（《推荐〈孕妇和牛〉》1993 年）

　　"在上海，我短不了逛逛旧书店。有时是陪黄裳去，有时我自己去。也买过几本书。印象真凿的是买过一本英文的《威尼斯商人》"，对一家"专出石印线装书"的书店扫叶山房记忆犹新，"印象中好像在上海四马路"（均见《读廉价书》1986 年）。1989 年9 月的《寻常茶话》从幼时家乡喝茶历数昆明、上海、北京、杭州等地所经所见所体会的喝茶情形，提到上海："1946 年冬，开明书店在绿杨村请客。饭后，我们到巴金先生家喝功夫茶。"文章这样收尾："曾吃过一块龙井茶心的巧克力，这简直是恶作剧！用上海人的话说：巧克力和龙井茶实在完全'弗搭界'。"去了泰山回来谈"山顶夜宴"："棍豆是山上出的，照上海人的说法，真是'嫩得不得了'。"（《泰山拾零》1987 年）在《吃食和文学》（1986 年）里谈"咸菜和文化"说"上海人爱吃咸菜肉丝面和雪笋汤"。虽四十多年过去了，沪方言和生活习惯在汪曾祺还是犹然心耳。他在和上海作家姚育明讨论姚的小说《扎根林》的信中说："写上海知青在东北，语言（包括叙述语言）都还可以用一点上海话和东北话。"（《致姚育明》）显然，青年时代的上海生活在汪曾祺记忆中印象不浅，毕竟那是从学校到社会的初期生涯。汪曾祺后来是再次去过上海的，但那是特殊年代里特殊的行程。

1963 年 12 月下旬，才摘掉"右派"帽子一年多的汪曾祺时任北京京剧团编剧，参与了改编自沪剧《芦荡火种》的现代京剧《沙家浜》之创作工作，在江青"控制使用"下十年样板戏，亲历样板戏兴衰。1964 年春至 1965 年冬，汪曾祺等受命创作剧本《红岩》，1965 年春节前两天被江青电话召至上海修改剧本。但江又决定不搞《红岩》了，让他们按其意图写其他剧本（详见季红真《汪曾祺与〈样板戏〉》，《书屋》2007 年 6 期）。当时江青住在锦江饭店，距汪曾祺当年任教过的学校不远，距淮海路和淮海坊更是咫尺。或许来去匆匆，或许心情复杂，在那样的环境下看到年轻时熟悉的场景（当然场景已发生变化）——是否听到糖炒热白果的叫卖声？很想知道汪老当年的心绪，但这段匆匆上海并无在文章中呈现。

上海在汪曾祺的创作和生活经历中，不是一个大站，高邮、昆明、张家口、京剧团才是其主要创作驿站，只是上海却是其文学和社会人生启程阶段的一个节点，星星点点于字里行间，读来如当年汪曾祺听雨"听水斋"。

在"听水斋"里，汪老回忆西南联大的一个同学蔡德惠，"大家都离开云南，我不知道他孤坟何处，在上海这个人海之中，却又因为一件小事而想起他来"。现在，在上海这个人海里，是找不到当年那间私立致远中学了，热白果的香气亦不再飘荡，只是文字还在，一个人和一座城市的牵念就不时让人思接神游。

汪曾祺的"聊斋"

汪曾祺曾于 1987 年至 1991 年间写过一组改写蒲松龄《聊斋志

异》有关篇什的"聊斋新义",凡《瑞云》《黄英》《蛐蛐》《石清虚》《双灯》《画壁》《陆判》《捕快张三》《同梦》和《虎二题》10篇,其中《黄英》《蛐蛐》《石清虚》乃1987年9月于美国爱荷华参加为期三个月的国际写作计划时所作,北京师范大学出版社《汪曾祺全集八》"附录一·1987年"云:"9月,赴美……期间开始创作系列小说'聊斋新义'。"不过,《瑞云》篇尾写作日期则题"1987年8月1日北京",确言之,去美前汪老已着手聊斋了。

比较感兴趣汪曾祺写聊斋女子的几篇。与《聊斋》相关原作对照阅读,当然的,文言的简述舒展成畅达的白话文,且描述对话多有补充铺展,笔致已然汪式的明净,这似乎并不非常构成新义的理由,关切的还是主要细节的改动。

两篇《瑞云》情节大致相仿:名妓瑞云年方十四梳拢之年,穷书生贺生与之钟情,无奈囊中羞涩,无法赎身迎娶,热念之下就此作罢,不料瑞云却莫名其妙被人额点黑斑,从而沦为婢女,贺生闻之怜之,赎之为妇。后贺生偶至苏州路遇和秀才,才知瑞云黑斑乃其所为,以保留她璞玉之身等有情人真赏。结尾自然和秀才妙手洗斑,瑞云复现艳丽。不同自始,蒲式《瑞云》:"濯之而愈",夫妇"同出展谢,而客已渺",在"意者其仙欤?"中结束。汪式《瑞云》有续情:是夜"瑞云高烧红烛,剔亮银灯。贺生不像瑞云一样欢喜",习惯了往日"没灯胜似有灯","他若有所失","瑞云觉得他的爱抚不像平日那样温存,那样真挚"了。

妻子美艳失而复得丈夫原应高兴,为何怅然若失,是原本贺生面对瑞云美貌的潜意识里的不自信,生怕得自于因美貌失去的婚姻，乃因美貌恢复而失？是否瑞云之美终究贺生心头无端的压力？汪版显然比蒲氏笔致多了几分人性心底曲微。说来斑不过局部之丑，却引整体之变。"天下惟真才人为能多情，不以妍媸易念也"，贺生几乎相差仿佛，似乎究竟仿佛相差。

再看《黄英》，说的是菊迷马子才金陵觅名菊，路遇陶家姐弟，因菊相谈，甚欢，马子才邀姐弟同回马家分院而住。姐弟先是餐饭常倚马家，后种菊贩菊旺家兴院。相处中马子才发现姐弟两人乃菊花精。弟弟花朝节与人醉饮后倒地为菊却不再回复人形，乃后成"醉陶"菊种。姐姐黄英依然年轻如故。爱菊人邂逅菊花精，也算是天遂人愿的故事了。姐弟俩在蒲版《黄英》中到马家后，以菊兴家，增舍买田，后马子才妻子去世，黄英就嫁了他，虽然马认为卖菊乃玷污菊之清名，且有辱士人清高，但黄英并不以为然，"清者自清，浊者自浊"，马子才也无奈于她，遂家道日旺。

而汪版《黄英》删除了黄英适马的内容，故事精简许多，且随之去除了蒲松龄故事中常有的美女总会自荐秀才枕席的套路——落魄秀才白日梦式的性幻想之嫌，免了蒲式酸气。同时删减了黄英嫁与马家后姐弟菊花生意日隆，且大修庭院之桥段，唯留"自食其力不为贫，贩花为业不为俗"之观念与蒲氏共识，认同"我不想富，也不想穷，连日卖花，得了一些钱，咱们喝两盅"的生活理念。陶生与马子才交流种菊经验时所言"种无不佳，培溉在人"才是汪曾祺着墨的，"人既是花，花既是人"的补充似乎道出作者心声。陶生化身"醉陶"名品传世，或为恰好诠释。而黄英年年青春，当然是神仙故事必有笔墨，也似是人菊合一永恒的喻示。如是，汪版《黄英》颇有了庄周"梦蝶"意味，多了"留白"意境，而非故事人物皆周全坐实。颇与汪曾祺对散文化小说的体悟／实践贴合："散文化小说……《世说新语》是最好的范本，这类作品所写的常常是一种意境"（《汪曾祺文集八·作为抒情诗的散文化小说》）。

如此人物融一的情境在《石清虚》里也有表现，89 孔的奇石暗示了其拥有者邢云飞之寿，当他 89 岁时，"置办了装裹棺木，抱着石头往棺材里一躺，死了"，已然石人一体。

写"聊斋新义"这一年汪曾祺 67 岁，自 1980 年发表小说《受戒》震动当代文坛以降，作品日盛，声名亦日隆，去爱荷华乃其首次出国访问。在那里，访旧友交新知，讲学游玩，在 party 上跳迪斯科，"杯酒论文"，书画赠友，煮菜待客，心情舒畅，且大受欢迎，聂华苓对他说"老中青三代女人都喜欢你"（《汪曾祺全集八·美国家书》），他自己也非常感叹："这样一些萍水相逢的人，却会表现出那么多的感情，真有些奇怪。国内搞了那么多的运动，把人跟人之间都搞得非常冷漠了。回国之后，我又会缩到硬壳里去的"（同上《美国家书》）。在这样打开心怀的状态下，汪曾祺的"聊斋新义"对古老的《聊斋》去芜存精，对故事和人物注入更多的生命性灵，更多人性的幽微曲折，更多道法自然的生命本真，好比汪老在美国的那种舒展，焕发了另一种潜在的生命感觉。

汪氏"聊斋"大多删去蒲版中的某些无关作品意蕴的情节，比如《双灯》中改魏家二小为家寒单身郎，并未娶妻可月夜窗前话，这样人物关系单纯，也非既有家妻，又消受痴情狐精化女投怀送抱的艳福——很男人中心的理想。还是《双灯》，蒲版女郎离开魏郎时唯说"姻缘自有定数，何待说也"，汪版则续："我

喜欢你，我来了。我开始觉得我就要不那么喜欢你了，我就得走"，
"我们和你们人不一样，不能凑合"。不能凑合，敢说我不爱你了，
不伪饰，不矫情，率性坦然，当然人间情状复杂得多，即使不爱
了，也难说一走了之，好比五四启蒙，文学作品都表现了冲破或
家庭或观念之牢笼而走到一起的男女，但几乎很少说不爱了以后
怎么办，唯《伤逝》有所涉及，但也未及点破，到底婚姻在人间
社会还是一种牵丝攀藤的社会关系，远非爱和不爱那么简单。不
过，汪版《双灯》点亮的正是一把率情天性之火，与1990年代汪
曾祺晚期小说中诸多人物——比如喜欢谁就主动表达"身心健康，
舒舒展展"的《薛大娘》——文脉相承。

"一个一个蓝色的闪把屋里照亮"

　　关于汪曾祺的小说，恬淡平和诗意是普遍的共识，上世纪80
年代已逾花甲的老作家出手别样的《受戒》和《异秉》，清清淡
淡地说着"小和尚的爱情"和"小商贩王二的故事"，在当时普
遍或伤痕或愤怒或哭诉的文学生态中，清凉安静地莲开一朵。之
后老作家一串串新作品，已然淡淡地说着一些"美学感情的需要"
的人和事。汪曾祺说，"我追求的不是深刻，而是和谐"。但是，
和谐不是一团和气，和谐里同样纠结着张力，只是其钝而厚的表
达看起来比较平静罢了。把汪曾祺晚年（20世纪90年代发表）小
说放在一起看，尤其描写男女情感的，虽然篇幅依然不长，文字
依然朴素，叙事依然平常，但无论如何还是"不寻常"。
　　这些男女故事，来处似乎就是不寻常的。谢普天和小他三岁

的小姑妈相爱（《小孃孃》）；卖豆腐维生、卖身米店王老板父子的《辜家豆腐店的女儿》却单恋着王家一表人才的三公子；卖菜的薛大娘毫不避讳地在青年男女间拉皮条，向药房管事主动示爱（《薛大娘》）；吹黑管的岑明偷窥女浴室，教黑管的单身女老师虞芳接纳了他（《窥浴》）。自 1993 年起发表的短篇小说中，类似写情感男女的篇什很多，写小镇女子的《水蛇腰》，写《钓鱼巷》的花园深宅里与女佣夏夜偷情的少年人生，写痴情少男的《小姨娘》等，改写家乡民间故事比丘和鹿之恋的《鹿井丹泉》。较前期作品，虽然素材还是来源于家乡生活或剧团经历，但更多地撷取了饮食男女情事，更多更直接地写情感和情欲，是之前未有的。这些情感也不止于"小和尚"看到"小英子"的脚印，产生"一种从来没有过的感觉"了，而趋于大胆泼辣，直抵人性幽邃，把人与人的欲望交缠爽利呈现，笔法却已然汪曾祺式的白描和叙述，并无语言上的夸张缠绕，还是那些普通的字眼，但所蓄之势就像一笔画去的虬枝老藤，写意里涨满风雨。

　　就说《小孃孃》吧。小说叙事结构是传统式的，开头就交代了故事发生的地点——来蜻园，谢家花园，谢家人丁不旺，花园里除了园丁，就住了谢普天，他曾在上海美专学过画，不到毕业就回了乡教美术课，一边维持空架子的"谢家花园"；一起住的还有就是漂亮的小孃孃谢淑媛。两人对门对分住堂屋左右，晚上，小谢画炭精肖像贴补家用，小孃孃"坐在旁边做针线，或看小说——无非是《红楼梦》《花月痕》、苏曼殊的《断鸿零雁记》之类的言情小说"。就寝时，说一声"别太晚了"。小孃孃冬天都要长冻疮，小谢用双氧水替她擦拭，"轻轻地脱下袜子"，"疼吗？""不疼。你的手真轻"。似乎就这样可以天长地久下去了。妙龄男女，按住跳动的心，守着人伦的本分。

转折来了。雷雨之夜，小孃孃"神色慌张，推开普天的房门"——想来房门从不拴上，等着被推开？"我怕！""怕？——那你在我这儿待会。""我不回去。""……""你跟我睡！""那使不得！""使得！使得！"小孃孃"已经脱了衣裳，噗的一声把灯吹熄了"。干净利落的电影镜头，所有之前的铺垫全部在此达到高潮。接着又是一句镜头感极强的叙述："雨还在下。一个一个蓝色的闪把屋里照亮，一切都照得很清楚。炸雷不断，好像要把天和地劈碎。"

雷雨闪电，天地人伦情爱欲望，瞬间爆发，一切皆在其中。虽然，闪电里的故事已然暗含悲剧结局，远走他乡的姑侄并没拥有太久的平静生活，小孃孃难产去世，小谢返乡来蜻园埋骨，"飘然而去，不知所终"，但那一刻，饱满淋漓，干净利落，汪曾祺将不伦之恋爆出闪电欲花，让人怦然。

再说《薛大娘》，和裁缝丈夫分居的她卖菜、拉皮条不亦乐乎，"他们一个有情，一个愿意，我只是拉拉纤，这是积德的事，有什么不好？"她看上了保全堂的新管事吕先生，毫不遮掩那份喜爱，主动请他上门。汪曾祺不落笔心理活动——这真正是"贴着人物写"的，卖菜的薛大娘没有那么多弯弯肠子，单描述动作话语："到了薛家，薛大娘一把把他拉进了屋里。进了屋，就解开上衣……她问吕三：'快活吗？'——'快活。''那就弄吧，痛痛快快地弄！'"无一句情色话语，却百分百情欲。末了，又补充一句："薛大娘的儿子已经二十岁了，但是她好像第一次真正做了女人。"

无须说什么女性生命觉醒之类，唯此足够。

汪曾祺显然是十分欣赏这样活泼泼的生命的，小说结尾特别强调薛大娘有一双"十个脚趾头舒舒展展，无拘无束"的脚，"薛大娘身心都很健康……这是一个彻底解放的，自由的人"。尽管这样写来，已经不够汪式浑然天成了，有作者不把他的想法告诉你都憋不住了之直露之嫌。

在《鹿井丹泉》（1995 年）中，把和尚归来和母鹿的情事写得纯净唯美，毫无畸恋之感，"归来未曾经此况味，觉得非常美妙。母鹿亦声唤嘤嘤，若不胜情。事毕之后，彼此相看，不知道他们做了一件什么事。"鹿女降生后被众人发现，秽言侮辱，作者却以鹿女跃井仙乐飘然，归来圆寂栀子花丛结尾。依然纯净美丽，如来往了一次伊甸园。汪曾祺述写作原由："故事本极美丽，但理解者不多。传述故事者多语多鄙俗，屠夫下流秽语尤为高邮人之奇耻。因为改写。"与同年发表的"舒展自由的"《薛大娘》或可相互映照。如此处理，或许是抹平了人间无法唯美的丑陋真相，更多在审美层面上表达，但作者显然似乎更愿意直面生命本原的那些能量。虽然，这些让人跳荡难耐的能量，最终必然要人承担。但无论小嬢嬢死了，小姨娘变成一个麻将桌边的普通女人，还是薛大娘不管不顾活泼泼地活……情欲的力量或者改变人或者不过生命瞬间的爆发，作者都将之视作一种自然而然的生命表达。

有意思的是，在汪曾祺晚年这些小说中，都是女性的率真性情推动了情感和情欲的爆发，是否应合了"永恒之女性引我们上升"的前贤理想，还是女性天然地（尤于男性作家笔下）担当起了人性美的象征？

　　沈从文说："我要表现的本是一种'人生的形式'，一种'优美、健康、自然，而又不悖乎人性的人生形式'。"（《习作选集代序》）汪曾祺在《美——生命〈沈从文谈人生〉代序》（1993年）一文中引用之，并多处提到沈从文所说"人性"核心。"黑格尔提出'美是生命'的命题。我们也许可以反过来变成这样的逆命题：'生命是美'，也许这运用在沈先生身上更为贴切一些。"如果移用于此，也许也是合适的。

万物静观皆自得

　　其实，这本《汪曾祺文与画》中的大部分文章都是看过的，谈家人，谈家乡，谈书画，汪先生的文章看几遍都是不厌的，这些平平白白的文字，放在一起，就是风致叠生了，每一次总会有所发现和兴会。当然，买这本书是冲着书里的画去的，虽然汪先生说自己的画"只是白云一片而已"，是"只可自怡悦，不堪持赠君"，也虽然他的画如他所说只是"一个册页，一个小条幅"，可是，与这些册页相遇是多么让人欣喜怡然的事情，颇有些平常人生里的激动了，尽管，这些册页画得其实也很平常人生。但汪先生的画一如其文，"寂寞与温暖"里总潜泳着"异秉"。

　　画的是些草木花鸟，莲叶一片莲花一朵是"初日芙蓉"的简净亭亭；垂挂飞舞的绿柳里点点红意闹是"春城无处不飞花"的春心荡漾；淡墨藤茎里小黄花波俏地开着是"故园金银花"的回忆；一枝一鸟红果数枚的疏朗不经意间是"一年容易又秋风"；那墨荷层层里的红蓝黄粉是"万古虚空，一朝风月"的清明，却似乎让人看到了晨曦里的光跳进来，实在是很"印象派"了；那葫芦底下几只回头的水鸭水灵地紧，或许游自故乡高邮湖？梅花、枇杷、水仙、兰草、菊花、山丹丹花，偶也见山涧潺潺，是人生所见所忆，笔墨所现，好比汪先生的文，源于自己所历所感："我写作，强调真实，大都有过亲身感受，我只能写我所熟悉的平平常常的人和事。"（《七十述怀》）早期如《复仇》般受西方现代派影响的作品，该是汪先生年轻时的文学探索，而并非其生命中真正的表达——汪曾祺多次著文说过："我的气质，大概是一个通俗抒情诗人。我永远只是一个小品作家。"一个作家"得其自"的过程，正是其生命气质、写作风格浑然天成之境界养成。

但是，平常的人事，并没有因为平常而平庸，短篇也不囿了尺幅而气窄。好比《受戒》里的小和尚和小英子多年来，还是那么清新恬然致远，《岁寒三友》里靳彝甫的三块田黄现在视之，人情的光泽还是让人泪湿，当然，从《汪曾祺的文与画》中知晓原来这三块田黄是汪先生父亲的宝爱之物，是添了不少欣喜的，仿佛看到了作者生命中的一个个结点，都那么结实莹润。对一个人和他的作品的信任，就是这样层层夯实起来的，你知道，这样的作品让你时时挂心，常常牵手，成为你生活的一部分。回头再来品汪曾祺的画，也是那样地如水波轻盈无声地滋润你，虽册页条幅的，不见整山整水，不过取一枝一干，一花一石，一鸟一蝶而已，可花叶虬枝间，画面和题字间，如"包世臣论王羲之字，看来参差不齐，但如老翁携带幼孙，顾盼有情，痛痒相关"（《自报家门》）。

汪先生的字也是如此地顾盼有情，潇洒里筋骨开张，意态从容。汪先生被誉为"最后一个士大夫"，作文、写字、画画皆精彩，其实也是溯源有路，少时"从祖父读《论语》，每天上午写大、小字各一张，大字写《圭峰碑》，小字写《闲邪公家传》"，临过《多宝塔》《张猛龙》，常常读帖看笔意——"静对古碑临黑女，闲吟绝句比红儿"。祖父开店经商置田产且热衷科举，得过"拔贡"的功名，父亲传承汪家世代眼科医术，通书画，知典籍，更是无师自通各种民乐器。汪先生在写家事的文章中多次提到祖父送他的初拓本碑帖，父亲的十八般武艺皆通给孩子们带来的快乐，幼时的浸润涵泳，才成为了后来的汪曾祺。他的文字里总有的那种画意，那种留白的气韵，那种疏朗清淡的风格，都能在他的书画中找到呼应。如那幅《吴带当风》，一上一下两株斜逸的水仙，逸笔如风吹草叶，还真应了紧跟"吴带当风"的那句"曹衣出水"，出的是清泠泠之水气。

汪先生常说："我很欣赏宋儒的诗：'万物静观皆自得，四时佳兴与人同。'"也曾手书此诗条幅。静观，是万物，也是人。万物静观有它的自得，是不需要看人的脸色，遵照人的意志的，是花开花落，云起云落。寂寞无人识，那也是人的"得见"，不过，也由此有人和万物间的尊重、欣赏，才有感应四时的生物之息。而静观，"才能观照万物，对于人间生活充满盎然的兴致"，是煮面条等水开也简笔一幅荷蕾和蜻蜓的审美人生；静观，既能"静思往事，如在目底"，在于笔底文画舒展；又若白石题画所云"心闲气静时一挥"，已然能从容，能自得，能不左右依附于时潮——汪先生喜欢"独立书斋啸晚风"的徐文长或并不只是其"苍劲中姿媚跃出"（袁宏道语）的书风？

　　看他的那幅《凌霄》，长条幅，一枝凌霄倾满画面，左下角题诗"凌霄不附树，独立自凌霄"。一丛淡静，满纸远致。如是观汪曾祺的画，当然还有文。

冬日读汪曾祺笔下的雪

汪端强

"雪花想下又不想下，犹犹豫豫。你们商量商量，自己拿个主意。对面人家的屋顶白了。雪花拿定了主意：下。"

初读这首《下雪》，你会相信，这诗出自当代一位擅长散文和短篇小说创作的文学大家汪曾祺之手？仔细咀嚼，平淡几句，却又把下雪的场景和姿态描绘得栩栩如生，韵味无穷，且又充满童真和谐趣，这正是汪曾祺啊！

世间何物似情浓？多情最是故乡人。汪曾祺的作品中回忆故乡冬天下雪的场景自是不少。"下雪了，过年了。大年初一，我早早就起来，到后园选摘几枝全是骨朵的蜡梅，把骨朵都剥下来，用极细的铜丝把这些骨朵穿成插鬓的花……我把这些蜡梅珠花送给祖母……梳了头，就插戴起来。然后，互相拜年。"（见《蜡梅花》）。不知不觉中，我们也体会到这下雪过年时浓浓的快乐和喜庆。

"一到下雪天，我们家就喝咸菜汤，不知是什么道理。"这是《故乡的食物》开头就说的一句话，最后两段："我很想喝一碗咸菜茨菇汤。""我很想念家乡的雪。"老人绵绵的思乡情绪，不禁勾起了你我共同的心声。汪老的文字，虽平平淡淡，不紧不慢，却又出神入化，如饮一杯醇厚的美酒，不知不觉中却已醉了。

我最喜欢汪老笔下的雪，还是在《荷花》中。全文仅310字。最后一句："下大雪，荷叶缸中落满了雪。"每次读完，脑海中总是出现那个场景：荷花、雪、缸，美不可言。我终于体会到老人家一贯主张给文学留白的思想，给人以无限想象的空间。寥寥几句《荷花》，在平淡之中，却又隐藏了多少欣悦和隐痛啊！

冬日读汪曾祺笔下的雪，读到的不仅是一位文学大师的文采，更是一位让人亲近的邻家老人，在这寒冷的季节里，一起围着火炉，听他生动而又平和地娓娓道来他的人生故事，感受"家人闲坐，灯火可亲"，感受温暖。

（《太原晚报》2009年11月25日）

汪曾祺看牙

王一方

汪曾祺是当代文坛的一面大旗，他的乡土小说、现代戏剧、性灵散文都让阅读和书写中文的人们心中升起一份自豪。感叹着：原来使用我们的母语表达情感，寄寓情趣，抒发情怀会有如此的欣乐。汪先生擅为文章，常常为草根苦难落墨，他笔下曾经写活过一位"乱世"遇"非命"的妇产科大夫"陈小手"，让人感叹命运无情也无轨。生活中，汪先生对于医院、医生有着一份细腻的观察和感悟，他晚年病牙，经常去医院。人常说：牙科诊室如同"五金作坊"，牙科医生也会时常动"粗"，于是，病人常常战战兢兢去应诊。一次，汪先生去就诊，被唤进牙科诊疗室，四下打量，在医生的"兵器"旁边发现了一本折了角的《都德短篇小说选》，未及交谈，心情便坦然了，心想"把我这口牙交给一位懂都德的医生去处置是放心的"。果然，他遭逢了一次愉快的诊疗经历。

读懂都德的医生，能让病人心境坦然，让诊疗过程轻松、愉悦，这是一种什么魔力？在医患关系遭遇冰霜的今天，如果有这样神奇的文学作品，能缓解、治疗医生或多或少的冷漠症，那就简单了，写一个提案，敦请卫生行政部门给医护人员配发，或是呼吁社会各界给医院捐赠一批《都德作品集》，然后延聘最著名的外国文学教授去医院专题讲解都德，岂不就天下无忧了吗？很显然，这种幻想是天真的，也是不现实的，但是，我们的医生，我们的病人，如果能够通过像"都德作品"这样的"沐浴在普罗旺斯堇色阳光下，品味着人文主义的玫瑰般梦幻感受"的文学作品的熏陶，唤起内心的一份悲悯、虔敬、温情、诗性，对于医生来说，不仅可以促进职业道德的情感内化，也是职业快乐的源泉。对于病人来说，培育与建立文学理解、人格信任，形成心地坦诚的"诊疗共同体"，这才是解救疾苦的"诺亚方舟"。

说起都德，人们很快就会想起那篇著名的作品《最后一课》，小说写的是 1871 年普法战争结束时刻，战败的法国被迫将阿尔萨斯和洛林两个省划归普鲁士，柏林当局宣布这两个省的学校放弃原先的法语教学而只能教授德语。《最后一课》就是以此为背景的作品。其实，相对于都德的整体创作而言，普法战争题材只是一条副线。在文学史的高地上，在汪曾祺先生心绪中盘旋不散的，更应是描写故乡普罗旺斯（法国南部乡村，这里也曾成就了梵·高的绝世绘画）金色阳光下温宁恬静的乡土生活、人性袒露，应是那部不朽的作品《磨坊书简》。令汪先生深深感叹的那种能呼唤医生人性复归的都德魔力，主要指的是淳朴的磨坊风情与乡土神韵。

都德（1840—1897）的一生是饱经痛苦和苦难的一生，且不说他早年家境突变，一时沦为贫贱，他还长年与病魔相伴而行，由于家境陡落，他自幼体弱多病，青年时代曾经染上"才子病"肺结核，并且发展至咯血，是乡间的阳光和空气让他逐渐康复，壮年时分健康状况一直不佳，44 岁时又诊断患上一种难治的脊髓疾病，造成运动功能失调。随后，病情日渐恶化，1897 年 12 月 16 日，在忍受了 13 年肉体痛苦的都德于晚餐时突然仆地，不治身亡，只活了 57 岁。

毋庸讳言，疾病给都德带来了忧郁、痛苦和死亡的恐惧，也给都德的写作镀上一层人性洞察的机敏、伤感、焦虑和惆怅，他笔下的自然界的一切总是那么灿烂，坦荡，恬恬静静，悠悠扬扬，乡民、小人物总是那么纯粹、坚韧、幽默、灵秀，他在写作中忘却了躯体的痛，抚平了心头的苦，把自然的质朴与旷达、生命的飘零与昂扬、人性的撕裂与坚守通过一个个鲜活的故事呈现给他的读者——也包括以职业姿态面对疾苦的医生们。

或许有人会犯疑，都德的作品几乎没有描写医院场景的，也不是以病人、医生作为主人公，为何要将它特别推荐给终日劳碌的医务工作者呢？汪曾祺先生甚至还声称将患病的躯体、受难的生命托付给懂得都德的大夫是放心的，按照实验室的逻辑来分析完全没有理由嘛。这就是文学对心灵的滋润机制，不需要理由，都德文字缝隙里的那份淡淡的忧伤，那缕徐徐的诗意，那种娓娓道来的细述，分明就是现代职业医生的理想气质。

都德的小说是虚构的，想象是飞翔的，但它带给我们的感动是真实的，传递给我们的诗意是真实的，给心头的启悟是真实的，给我们灵魂的回响是真实的，字里行间的温暖、正直、纯粹和善良是真实的，这些都是无须怀疑的。读一点都德吧，我的医生朋友们。

（《文汇报》2008 年 4 月 25 日）

隔壁的汪先生

——写在汪曾祺先生逝世十周年之际

刘春龙

家乡出了名人，总归是件高兴的事，别的不说，就是出门在外也会多一份值得炫耀的谈资，这有多好。可隔壁的高邮出了个汪曾祺，兴化人尤其是兴化的写作者竟也到处"显摆"，"汪曾祺先生是我们隔壁的……"这是不是有点"过"了呢？

你要我说，一点也没有。

兴化与高邮之间似乎有一种难以言说的情愫。是里下河这个特定的区域概念，是分分合合、合合分分的行政体制，还是鸡犬相闻的地缘，交流自如的方言，几近相似的民俗……抑或别的什么，我也说不清。

尽管无法考证，不过我们完全可以肯定，虽说汪先生在高邮只生活了十多年，但他是到过兴化的，而且不止一次。这或许有点一厢情愿，自作多情，事实上我们在他的作品里看到太多的"兴化"，一个难解的"兴化情结"。

先生太熟悉去兴化的路了，"由大淖……东去可至一沟、二沟、三垛，直达邻县兴化。"（《大淖记事》）先生到兴化干什么？说来好笑，看斗蟋蟀、看画猴子……他知道"兴化养蟋蟀之风很盛，每年秋天有一个斗蟋蟀的集会"。（《岁寒三友》）看完了斗蟋蟀，先生觉得肚子饿了，赶忙买上几块"兴化饼子、绿豆糕"充充饥。（《故里三陈》）他要急着去看徐子兼画猴子，"徐子兼……尤长画猴。他画猴有定价，两块大洋一只……"（《皮凤三楦房子》）光看人家画画并不过瘾，先生还想淘宝捡漏，因为卖水果的叶三曾经在邻近兴化的三垛淘到"四开李复堂的册页"，"叶三说没花钱……用四张'苏州片'跟人家换了。"（《鉴赏家》）既然三垛都有李鳝的画了，他的家乡兴化肯定不会少。先生有没有收获，不得而知，他也没说。想来即便淘到了，先生也是一个人偷着乐的。先生的"兴化情结"还有另一个重要理由，是因为兴化出了个郑板桥。

我们可以想象这样一些画面——乾隆二十二年，那是板桥罢官归里后的第五个年头。亲戚朋友该会的都会了，至交李鳝的"浮沤馆"已是造访了无数次，"拥绿园"虽有青竹幽兰也有些"审美疲劳"了。百无聊赖之时，板桥蓦地心血来潮，要到高邮游玩。说走就走，一叶扁舟，一身轻松，一路洒脱，悠悠然自得其乐。他在《由兴化迂曲至高邮七截句》中写道："百六十里荷花田，几千万家鱼鸭边"，"烟蓑雨笠水云居，鞋样船儿蜗样庐"，"湖上买鱼鱼最美，煮鱼便是湖中水"……若干年后，先生看到这样清新流畅、朴实自然的诗句，不禁拍案叫绝，忽然一下子就喜欢上了。他觉得有一种恍若梦境的疑惑，似曾相识的亲近，还有恨不相逢的遗憾。

如同板桥甘愿"青藤门下牛马走"一样，先生对板桥也是"爱屋及乌"的。于是，先生的作品里不时走来板桥的身影——《故里杂记》里有人唱板桥道情，"老渔翁，一钓竿……"；《徙》里面的高北溟老师是这样教学生的，"他要把课堂讲授和课外阅读结合起来……讲了一篇《潍县署中寄弟墨》，把郑板桥的几封主要家书、道情和一些题画的诗也都印发下去"；《故乡的食物》里先生干脆介绍，"郑板桥是兴化人，我的家乡是高邮，风气相似。这样的感情，是外地人们不易领会的"。我们仿佛看到先生说这话时的洋洋自得，继而不经意间流露出的淡淡乡愁。

先生对板桥的爱不只表现在文学作品里，同样体现在为人做派上。速泰熙曾给先生做过书籍设计，他向先生求字。先生潇洒地写下板桥的两句诗：删繁就简三秋树，领异标新二月花。这不仅是寄希望于速泰熙，也是自我勉励。说句笑话，就连骂人，先生也学板桥的。他借用板桥讥讽袁枚的那句话，骂谄媚文人为"斯文走狗"。（《金冬心》）

先生没有明说，但他是认可的，兴化的郑板桥影响了高邮的汪曾祺。同样，高邮的汪曾祺又影响了兴化的新一代写作者，这是文学意义上的反哺，对此先生却矢口否认了。评论家吴泰昌就曾说过这样一句话："一个地方能出作家群不容易啊……这个地方……要有文学领头雁……高邮兴化有汪曾祺暗暗领过头，尽管他不认可这种说法。"（《泰州有个作家群》）

　　自上世纪 80 年代以来，兴化涌现出一大批作家，像毕飞宇、费振钟、庞余亮、王干、朱辉……他们几乎都是"汪迷"，都心甘情愿地做先生的追随者。王干还是文学青年的时候，为了到高邮听一场先生的讲座，早晨六点就从兴化陈堡出发，又是船，又是车，折腾到下午两点半才到。他坦言："那个时候非常迷恋汪曾祺的小说，他给了我一个比较好的审美眼光，或者说能够鉴别文学的一个味觉……"费振钟从读到写，而后成了研究先生的行家，他说先生的写作属于"第三种写作经验，闲适"，"他既不伤时感世……也不踯躅于现实……假如有一类写作者，仅仅为着个人情趣和生命自足写作，那么汪曾祺就是"。朱辉的农村题材小说应该说是沿着先生指的路走的，他甚至得过"汪曾祺精短小说奖"。庞余亮的《薄荷》简直就是"汪体长篇小说"，深得先生的神韵。连毕飞宇也说："关于什么是故乡，我把自己和汪曾祺作过一个比较。对汪曾祺而言，故乡是一群鸭子，汪曾祺把它们赶了出来。我呢，是找了一群鸭子，我把它们赶到了那个地方。"个中寓意，耐人寻味。逝者如斯，隔壁的汪先生都走了十年了！十年是能足以把一个人的记忆抹平的。然而，对兴化的读者来说，先生作品里漫溢的里下河水汽，还有时不时出现的兴化的人和事，无疑是亲切而温馨的；对兴化的作者而言，先生的影响是潜移默化的，也是直接而绵长的。

汪曾祺，这个老头挺别致

今年 5 月 16 日是汪曾祺先生逝世 10 周年纪念日，作为中国最后一个纯粹的文人和抒情性的人道主义者，汪先生本真为人，本色为文，其身上所特有的深刻而又平和的古典精神，是当今文坛非常稀缺的品质。关于汪曾祺的佳话已有很多，这里撷取点滴，足以使我们重逢一种久违了的真性情。

无论怎么打量，这都是一个长得蛮精致的老头儿。浑身上下透着中国传统水墨画才有的古朴淡雅劲儿。

87 年前的正月十五，肯定是个气朗天清的好日子，在江苏水乡高邮，诞生了以传统书香门第方式养育的最后一个才子文人，这就是汪曾祺。

汪曾祺的祖父是清朝末科的"拔贡"，功名略高于秀才。家里大概有两三千亩田产，还开着两家药店、一家布店。祖父很喜欢汪曾祺，据汪曾祺回忆，有一次，他不停地打嗝，祖父将他叫到一边，忽然说，我吩咐你的事，你做好了没有？汪曾祺使劲想了半天，也没想起是什么事，但嗝却不打了。祖父教汪曾祺读《论语》，写初步的八股文，自豪地夸赞自己的孙子，如果是在清朝，肯定会中秀才，并赏给他一个紫色的端砚和好几本名贵的原拓本字帖。

汪曾祺的父亲汪菊生更是多才多艺，不仅金石书画皆通，还练过中国武术，是一个擅长单杠的体操运动员，一名足球健将。笙箫管笛、琵琶古琴，父亲样样在行，甚至还会制冥衣，糊风筝。平时在家养蟋蟀、金铃子，来了兴致，会与儿女们在麦田里尽情奔跑，用琴弦放风筝。

在汪曾祺的印象里，父亲以"懒"出名。他那裱糊的"四白落地"的画室里，堆积了很多求画人送来的宣纸，上面都贴了红签："敬求法绘，赐乎××。"母亲有时提醒："这几张纸，你该给人家画画了。"父亲看看红签，说："这人已经死了。"汪曾祺从小就喜欢站在父亲旁边看他作画，看他如何伸着长长的指甲在宣纸上划印，比来比去地构图、布局，这深深影响了汪曾祺的审美意识。

汪曾祺很崇拜自己的父亲，尤其喜欢他的率性、没有长辈架子。"多年父子成兄弟"是汪菊生的名言。17岁时，汪曾祺有了朦胧的初恋，放暑假了，待在家里写情书，给父亲看见了，他不但不阻止儿子，还站在一旁帮着出主意。沐浴在这样一个宽容平和的父辈之爱里，可以想象，汪曾祺成长得多么自在。

对汪曾祺来说，大概唯一的遗憾就是没有见到自己的亲生母亲。在他很小的时候，母亲就得了肺病，在另一个房间里隔离着。

不久就告别人世。但后来的两任继母，对汪曾祺都是疼爱有加，对他像对待自己的亲生骨肉一样。

浓浓的亲情伴着汪曾祺长大成人，幸运女神对他依然情有独钟。在上个世纪烽火乱世的 30 年代，他竟然有幸考入西南联大中国国文系，授课的老师全都是来自北大、清华、南开的名家。朱自清、金岳霖、闻一多、吴宓、沈从文等皆成为汪曾祺的老师。刚刚走出书香门第，便直接步入国学殿堂，汪曾祺直接传承了大师们身上深厚的国学功底，可以说，中华传统文化底蕴在汪曾祺身上是浑然天成的。

自西南联大毕业后，汪曾祺曾到建设中学任教，并在那里结识了施松卿女士。这个比汪曾祺大两岁的女孩后来成为他的妻子。她也是西南联大的高才生，开始在物理系，后转入英语系。1946年，二人来到上海，正值内战期间，环境恶劣，因为找不到职业，汪曾祺情绪很坏，沈从文写信骂他："为了一时的困难，就这样哭哭啼啼的，甚至想到要自杀，真是没出息！你手中有一支笔，怕什么！"在沈从文的鼓励和帮助下，汪曾祺后来辗转来到北平，在历史博物馆谋了个馆员差事。

汪曾祺一生的故事没有跌宕起伏的情节，最大的坎儿莫过于1958年因为指标不够，被"补打"成右派了。连他自己都解嘲地说："我当了一回右派，真是三生有幸。要不然，我这一生就更加平淡了。"1958年，他被下放到张家口沙岭子劳动 4 年，在位于高寒地区沽源坝上的"马铃薯研究站"，终日画《中国马铃薯图谱》和《口蘑图谱》，这样寂寞单调的生活，他却回味无穷，感叹"真是神仙过的日子。没有领导，不用开会，就我一个人，自己管自己"。

而且，"像我一样吃过那么多品种的马铃薯的，全国盖无第二人"。铁凝特别为汪曾祺的这段经历感动，她说，一个对土豆这么有感情的人，他对生活该有怎样的耐心和爱？汪老从容地东张西望地走在自己的路上，抚慰着这个焦躁不安的世界，把他孤独而优秀的灵魂，回赠给了我们这些活在世上的人。可惜，《中国马铃薯图谱》这部奇特著作的原稿在"文革"时被毁掉了。

别看老头儿恬淡，其实有着异常刚性、清醒的一面。当年，邓友梅、林斤澜被打成右派，平时与邻居打个照面都不敢搭腔，而彼时的汪曾祺正被江青赏识，成为样板戏《沙家浜》剧本改编的主笔。逢年过节，汪曾祺把林邓二人接到西郊自己家中，亲自下厨，做几个菜，招待老朋友。邓友梅就问汪曾祺："你现在是大红人，和我们俩搅在一起，不怕沾包儿啊。"汪曾祺说："咳，江青用我，就是用我的文字，我心里呀，跟明镜似的。"邓友梅感激地说，在那个年代唯一接待我们俩的就是汪曾祺。

据邓友梅回忆，很多当年写样板戏远远不如汪曾祺的人，后来都替样板戏说话，说是文化人自己干的，江青并没有干涉多少，只是换换题目而已。唯一站出来，指出江青如何干扰样板戏，如何在她的指导下写作的是汪曾祺，是汪曾祺自己揭露了当时样板戏的"江青反革命集团"后台，这让人十分钦佩。因为这是别人想避都避不开的事情。这种人格力量足以穿透人心。"文革"过后，有出版社要出一批北京作家的作品选，当时没有汪曾祺，林斤澜立刻回绝，说，没有汪曾祺，这本书我们谁也不参加。

生逢乱世，怎么可能没有苦难和窘境，实际上，是汪老将一切青云与低谷完全看淡了，举重若轻，而不是真的人生如坦途。

平淡是个很不容易实现的境界，大部分人都是误将平庸做平淡，即便经历丰富，也是庸庸碌碌了此生。问题的关键在心态。

汪老这个人，很通感，这样说不知是否合适，但我确实感受到他敏锐的触角，在生活与艺术之间可爱地伸来伸去，传递着几多眷恋与多情。创作的时候，他经常用美食做比喻，比如，他说："使用语言，譬如揉面。""抒情就像菜里的味精一样，不能多放。"而在苦闷生活中，他常常用超然的艺术美来愉悦自我。他把批判当成是在出演一部荒诞喜剧，他把检查材料当成一篇篇美文来书写。平淡是汪老的压轴菜，让人从中品出人生的隽永。

通感更进一步就是通达。汪老一生随遇而安，知足常乐，从不怨天尤人。到老也没有自己的房子，不是住爱人单位的，就是住儿子单位的，从来没享受什么局级干部待遇，但他也从来没有在乎过。老之将至，很多人都直呼他"老头儿——"。潘旭澜头一次听到这样的称呼，很愤愤，说，怎么能叫人家老头儿，这在南方来讲，是不礼貌的，不尊重人。但在汪老家，从夫人到儿女，乃至孙子孙女都可以这样叫他。"多年父子成兄弟"也是汪老对待子孙的态度，无论何时何地，对待晚辈，对待年轻作家，他都是平和亲切、顾盼有情的，洋溢着一股其乐融融的祥和气。

向汪曾祺求书画，是件很容易的事情。老头儿一高兴，就会自投罗网，主动说："我给你画幅画好吗？我给你写幅字好吗？"

很多人弄不明白，为什么有很多女孩子喜欢汪曾祺。外出开会，无论走到哪儿，总有一群小姑娘围着他，趋之若鹜地向他讨画，甚至到了半夜十二点钟了还不走。北京作协名誉副主席、作家赵大年当年没敢向汪曾祺讨画，却扮演过为他轰赶女孩子的角色，嘴里还不停抱怨着："看把老人家给累的。"

　　有一次开会间隙，大家到温州某地划船，六七个人一个船，赵大年的船上都是男的，汪曾祺的船上却都是美女。这让赵大年纳罕至今，琢磨来，琢磨去，大概是因为汪老的文章有人情味，有人性，有爱心。爱人者，人见人爱。沈从文与汪曾祺的文章都是不受官方喜欢的，但女孩子喜欢。为什么？因为他们都善待无雕饰的人性之美。

　　文如其人这句话并不是用在谁身上都合适的，但对汪老却再合适不过。汪老手中这支别致的笔，必须碰到和他一样别致的伯乐，才能给中国文坛带来别致的风景。

　　1961年，《人民文学》的编辑崔道怡在一堆来稿里看到了《羊舍一夕——四个孩子和一个夜晚》，不禁眼睛一亮。这篇小说，题目充满诗意，内容更有味道。当时崔道怡不知道汪曾祺的政治处境如何，仅从作品角度出发，他找到同事，也是沈从文的夫人张兆和，请她看看并提建议。张兆和当时就说，很好，最好找画家黄永玉做插图。很快，《羊舍一夕》刊登在《人民文学》上。18年后，汪曾祺又写出《受戒》，这篇小说宛如一块温润的碧玉，给焦躁不安的中国当代文坛带来了久违的清新和亮色，带来了安宁与和美。崔道怡激动万分，称之为可以传世的精品。由于种种原因，这篇作品未能获奖，崔道怡将其收进自己编辑的"获奖以外佳作选本"。当《大淖记事》荣获1981年全国优秀短篇小说奖时，有人认为它结构不完美，崔道怡却觉得结构别出心裁。事隔多年，汪曾祺深有感触地说："我的作品能得到老崔的欣赏，我就像喝了瓶老酒似的从心里往外舒坦。"

80 年代初，崔道怡在编《建国三十年短篇小说选》的时候，曾让每位作家写一个小传，这可能是汪老自己传记里最早的《小传》：

　　汪曾祺，江苏高邮人，1920 年生，童年和少年时期是在家乡度过的，1939 年，在昆明入西南联大读中国语文系，毕业后在昆明、上海教过中学，在北京历史博物馆当过职员，1949 年在北京参加人民解放军南下工作团，以后在北京市文联、中国民间文艺研究会工作，编过《说说唱唱》，编过《民间文学》，1958 年到张家口农村劳动了 4 年，1962 年调到北京京剧团，后来改为北京京剧院，担任编剧至今。开始写作颇早，1940 年发表第一篇小说，1948 年出版过一本小说集《邂逅集》，1963 年出版过一本薄薄的小说集《羊舍的夜晚》，写小说是时断时续的。小时家住在城外的一条接近农村的街上，接触的人都是挑夫、手艺人、做小买卖的、店铺里的学徒，我对他们的哀乐比较熟悉，一部分作品是反映他们生活的。我父亲是个画家，我小时候，喜欢画画，高中毕业后，曾经想考美术学院，没有实现。现在我还喜欢画画、看画，偶尔还涂抹两笔。浅幸，也许因此我的小说受了一些中国国画的影响。我是沈从文先生的学生，到现在还能看出我的某些风格和沈先生是有些近似的。我在大学里读的是中国国文系，但是不大上课，大部分时间倒是读许多外国的翻译作品，契诃夫、阿索林、纪德、海明威，

　　因此我的小说有一点不今不古，不中不西，我最近对自己的要求是"回到现实主义，回到民族传统"，我所向往的现实主义和民族传统是能够包容一切的流派的现实主义以及可以吸收西方和东方的影响的民族传统。我比较熟悉旧社会，近年来发表的小说以反映旧社会的为多，但是小说中的感情是一个80年代的人的感情，我也愿意多写一点反映当前生活的作品，但是我对当前生活还缺乏自己的独特的观察与思考，还没有熟悉到可以从心所欲、挥洒自如的程度。我需要学习。

　　汪曾祺非常自知，说自己"充其量是个名家"。他生前比较在乎和认可的文坛评价，是将他定位为"本世纪中国最后一个纯粹的文人"。他也经常调侃自己是中国最后一个士大夫，大千世界里的一个游客。面对当时文坛盛行现代派、先锋实验等的西化潮流，汪曾祺说，"我的作品和我的某些意见，大概不怎么招人喜欢。姥姥不疼，舅舅不爱"。但"我仍将沿着这条路走下去。有点孤独，也不赖"。

　　由名家变成大家的潜力，是自汪老去世后才真正显示出来的。实际上，在经历了"文革"可怕的文化断裂后，是汪曾祺让民族传统和现实主义返老还童，重新焕发了生机。

　　别致如汪曾祺有着浓重的个人癖好，因为他对生活有深厚的执爱。汪老把自己的业余爱好总结为：写写字、画画画、做做菜。当汪老生命的最后一刻，回光返照的时候，还让家人回家取老花镜来，他要看书。他临走前的最后一句话是——给我来一杯碧绿透亮的龙井！老人去世后，他的遗像前就搁了一个酒壶，一包烟。

汪曾祺喜欢喝酒，是有渊源的。他的祖父没事就爱喝点酒，只一个咸鸭蛋就能喝上两顿，喝到兴头上，还一个人躲到房间里，大声背唐诗。父亲就更不用说了，汪曾祺十几岁时就和他对坐饮酒，一起抽烟，父亲还总是先给他点上火儿。

在西南联大的时候，汪曾祺没少喝醉过。有时候，肚子饿了，跑到沈从文宿舍对面的小铺吃一碗加一个鸡蛋的米线。一次，竟喝得烂醉，坐在路边，被沈从文看到了，还以为是个生病的难民呢，走进一看，竟是自己的学生，赶紧和几个同学把汪曾祺架到宿舍里，灌了好些酽茶，这才清醒过来。

上了岁数之后，汪老仍然爱喝酒，可是老伴不干，经常为喝酒的事，召开家庭批斗会批判老头。有一次，汪老偷偷摸摸去买酒，人家暂时没零钱找，欠他五毛。汪老忙说："不必找了，不必找了。"拿脚就走人。第二天，汪老夫人施女士下去买菜的时候，卖酒者擎着五毛钱，冲她大喊："你们家的大作家来我这里买酒了，这是我欠他的五毛钱，现在还给您。"这下可坏了，露馅了，老太一回到家就开始审汪老。

老太对汪老有三种称呼，平常状态下是拉着长央叫"老头儿——"，亲热的时候，叫"曾祺——"，碰到这样的时候，汪老会特别开心。如果忽然来一声"汪曾祺！"老头心里就直发毛——要坏事，要坏事。

这天，老太拉着脸高声喝道："汪曾祺！"汪老立刻像个做错事的小学生一样，心里直打鼓，双手也不知该往哪里放，还琢磨呢，最近没偷着买酒喝啊，又咋啦？正纳罕间，只听见老太连珠炮似的向他发难："你不但在家里公开喝酒，炒菜的时候偷料酒喝，还瞅机会到宴会上去喝个痛快，现在居然敢自己跑到小酒馆去喝！"汪老赶紧辩解，没有的事啊！老太立刻拿出汪老刚发表的短篇小说《安乐居》，戳到老头儿鼻子尖下面，质问到："还敢嘴硬，有小说为证！没喝怎么会写的这么好啊！"这下老头哑巴了。

其实，汪老是一个非常懂得酒文化的大家，对酒的态度始终停留在品上。他和林斤澜、邓友梅仁好朋友，到宜宾开会时，曾一起去五粮液酒厂喝酒。两杯酒下肚，汪曾祺的眼睛亮闪闪的，津津有味地说道："有一个北京京剧院的老演员，演小花脸的，生病住院了，出院的时候，大夫说，如果你能做到不抽烟不喝酒，就可以再活20年。他回来后就琢磨，假如让我不抽烟，不喝酒，我再活20年，还有什么意思啊？"这可真是道出了汪老的心里话。

汪曾祺一辈子创造美文，制作美食，奉献美。他不是那种只会吃不会做的半吊子美食家，而是既会吃又会做，喜欢粗菜细做，特别是拌菠菜。在《自得其乐》一文中，汪老悠然写道："我曾用家乡拌荠菜法凉拌菠菜。半大菠菜（太老太嫩都不行），入开水锅焯至断生，捞出，却根切碎，入少盐，挤去汁，与香干（北京无香干，以熏代干）细丁、虾米、蒜末、姜末一起，在盘中抟成宝塔状，上桌后淋以麻酱油醋，推倒拌匀。有余姚作家尝后，说是'很像马兰头'。这道菜成了我家待不速之客的应急的保留节目。"汪老还自我发明了小吃"塞肉回锅油条"——"油条切段，寸半许长，肉馅剁至成泥，入细葱花、少量榨菜或酱瓜末拌匀，塞入油条段中，入半开油锅重炸。嚼之酥碎，真可声动十里人。"

　　如此有声有色，真是让人忍不住咽口水。汪老做菜很简单，跟写小说一样，就一个主菜，四碟小菜。1996 秋天，他请何镇邦吃爆肚，那时，何镇邦住亚运村，给汪老打电话说："老头儿，我打车过去 80 元钱，在这边什么吃不到啊，偏要吃你一顿爆肚。"汪老说："我这个爆肚可不是随便吃得着的，你看着办吧。"11 年过去了，过去对爆肚没什么好印象的何镇邦，至今还记得那汪氏爆肚的美味，真个是唇齿留香。

　　汪老喜欢美食，擅做美食，他的老朋友也是这样。有一回，日本人送给赵大年特别好的鲨鱼的鳍，但却不会做，后来一想，林斤澜和汪曾祺脾性相投，对烹饪也颇有研究，便把鱼翅拿到林老那里，让他做，准备去品尝，结果一等就是三年，还是没有等到。最后，赵大年实在憋不住了，跑去问林斤澜："我那鱼翅您做了吗？"林斤澜挠着头皮想了个半晌，回道："我给吃了呀。"

　　汪老这辈子最讲究的是意境，他这种追求渗透到生活中的一颦一笑，即便是在逆境中也能寻出美来，自得其乐。他的文章，读来好像都是些家常话，从来没有什么口号，却句句都是至理名言，我最欣赏这一句——"生活，是很好玩的。"

　　无论怎么看，这都是一个很别致的老头儿，是个在一地鸡毛中，也能够做到诗意栖居的大家，是个对人间烟火充满了世俗趣味的出世者。

（《纵横》2007 年 08 期）

那美文一样的美食

张　晴

　　在中国当代作家中，汪曾祺被称为是中国最后一位纯粹的文人和抒情的人道主义者，他的文学，亦被称为是汉语言表现力的一座几乎无人能企及的当代高峰。

　　汪曾祺的美文，以温馨、隽永、唯美、崇尚自然、绵延悠长的韵味，迷倒了无数汪迷，捧卷读他的美文，你会觉得连纸张的味道都变得很美好。

　　而汪曾祺的美食，更是以独特的魅力，迷醉了海峡两岸众多文人雅士，并因此获得了除作家、剧作家、散文家、书画家之外的另一个头衔——美食家，而且是"全方位美食家"。

　　因为他不仅对美食有高品位的鉴赏力，还能系上围裙下得厨房烹饪一手好美食，更能把吃的感受、吃的氛围、吃的渊源、吃的文化以及每道菜用什么料、怎么做，无不用雅致、细腻的语言，描绘得头头是道、饶有风味、别有才情。很普通的菜，经他的文字一摆布，便成了诱人的美食美文，不仅没有了油腻的烟火味儿，而且直接就延伸到了审美境界。比如《口蘑》《萝卜》《五味》《豆腐》《干丝》《家常酒菜》《故乡的食物》，等等。就连他最著名的现代京剧《沙家浜》，他都会写上跟吃有关的唱词儿："垒起七星灶，铜壶煮三江。摆开八仙桌，招待十六方。"可见，他是一位把口腹之欲和高雅文化之间的距离拉得最近的人。

汪曾祺喜欢美食，从逛菜市场开始。到菜市场总要有一段走路运动，他便说："我什么功也不练，只练'买菜功'。"而买什么菜？怎么挑选？配菜是什么？春夏秋冬，什么水果，什么蔬菜，在什么时间上市，他都门清。而且，他最喜欢逛的地方就是菜市场，就连出差都不例外。用他的话说，就是："到了一个新地方，有人爱逛百货公司，有人爱逛书店，我宁可去逛逛菜市。看看生鸡活鸭、新鲜水灵的瓜菜、彤红的辣椒，热热闹闹，挨挨挤挤，让人感到一种生之乐趣。"言语间无不流露着他对生活的热爱和心底纯然的喜悦。

汪老逛菜市场，有时也会"好为人师"。一次，遇见一个买牛肉却不会做牛肉的南方妇女，他便热情主动地仔细讲了一番牛肉之做法，从清炖、红烧、咖喱牛肉，到广东的蚝油炒牛肉、四川的水煮牛肉、干煸牛肉丝等等，致使妇女佩服得把他当成真正的厨师。

汪曾祺做的很多菜，用他自己的话说"都是瞎摸出来的"。尤其是"塞肉回锅油条"，这是他想象力加实践得来的纯属他自己发明的一道菜，他自己都认为可以申请专利。做法如是：油条两股拆开，切成寸半长的小段。拌好猪肉（肥瘦各半）馅。馅中加盐、葱花、姜末（或加少量榨菜末或酱瓜末、川冬菜末，亦可）。用手指将油条小段的窟窿捅捅，将肉馅塞入，逐段下油锅炸至油条挺硬，肉馅已熟，捞出装盘。此菜嚼之极酥脆，闻之真可声动十里人。

在汪曾祺看来，做菜跟写文章一样，要有想象力，要爱琢磨，如苏东坡所说"忽出新意"；更要多实践，学做一样菜总得要失败几次，才能掌握其要领；另外有时也需要翻翻食谱。在他的做菜经验里，总结的至理名言有二：一是粗菜细做，这是制家常菜的不二法门；一是荤菜素油炒，素菜荤油炒。

凡有幸品尝过汪曾祺亲手烹饪的美食的人，无不啧啧赞叹，记忆深刻。无缘品尝者，仅仅读汪曾祺写的谈吃的美文，就已食欲蠢蠢，垂涎欲滴。据说，有不少主妇，还因为熟读汪曾祺谈吃的文章，竟然学会了做一手好菜。

应该说，有缘品尝过汪曾祺美食的人，都是幸福的人。而我就是这样一个幸福之人。

我很荣幸此生有机会多次享用过汪老烹饪的美食，记忆最深的有两次，一次是第一次给他过生日，一次是第二次给他过生日。

第一次是 1995 年农历正月十五元宵节，汪老 75 岁生日，恰好又是公历 2 月 14 日"情人节"。那天，北京街头的鲜花店，家家都摆满了鲜艳的玫瑰花，花虽然多，但买花的人更多，价格也贵得惊人，一枝玫瑰高则 60 元，最低也不下 40 元，那时候，北京刚刚时兴过西方人的洋节，尤其是年轻人，所以玫瑰花卖得很火。我们一行五人，在著名文学评论家、鲁迅文学院教授何镇邦先生的带领下，选了一大束由康乃馨、玫瑰、满天星组成的鲜花，前去为汪曾祺过生日。

一路上，何教授谈笑说："文学圈子里有人称汪老是'文坛仙人'，今天我带你们一起去沾沾他的仙气。"又说："汪老是全方位的美食家，不仅会吃，而且会操作，他的烹饪手艺在文学圈子里也是很出名的，也许今天你们就能品尝到他亲自下厨的美食。"

按过汪老家的门铃，只见一位银发闪亮，肤色白皙，简直可以称得上十分美貌的老太太，满脸笑容满目慈祥地出现在我们面前，我瞬间被老太太的雍容气质和美好形象所吸引，心中暗暗惊叹：世上竟有这么漂亮的老太太？！这时，何教授介绍说这便是汪老的夫人施松卿女士。我一时管不住自己的眼睛只顾看着汪夫人，竟将手中的鲜花迟迟抱在胸前，要不是有人提醒，我大概还会傻呆呆的出洋相呢。

汪夫人一边从我手中接过鲜花，一边很谦和地说："谢谢你们，买来这么美的鲜花！"然后招呼大家落座，并忙着给大家沏茶。

环顾汪老家狭小且光线暗淡的两居室，到处都堆着书籍，这使本来就小的屋子显得更小且有点凌乱，一时间我简直不相信这会是一位声名显赫的文学大师的居处，要不是亲眼看见，我一直都以为像汪老这样有名气的大作家，即便住的不是什么风水祥和的深宅大院，至少也该有一套环境优雅宽敞明亮的高干住宅，岂不知他们夫妇双双蜗居的竟是这样两间窄小幽暗的老式单元楼房，这不禁让人心里感到不是滋味，我终于理解汪老曾在他的作品所写的"桥边"和"塔上"相对闭塞的生活了。

　　几分钟过去了，一直没有看见汪老的身影，我不禁有点失望地想：汪老是不是不在家，难道今天无缘沾他老人家的"仙气"了？正想着，只听何教授问汪夫人："老头儿去哪了？"汪夫人笑答："听说你们要来，他在厨房忙呢！"

　　果然如何教授所料，75岁的老人了，自己过生日，还亲自下厨，为的是招待客人，就此，足让人为汪老的随和与真诚而感动。

　　汪老在厨房，汪夫人便陪着大家说话，她的言谈举止、神情和她随意流泻的高贵气质，均散射出一种格外吸引人的魅力。我不禁悄悄地向何教授耳语了一句："汪夫人真漂亮！"不料，何教授却笑着大声说："汪夫人的风度曾迷倒过许多人，在文学圈子里她有一个十分惹人的雅号叫'伊丽莎白女王'。这个雅号，是铁凝给送的。"

　　汪老由厨房来到屋子里，是在大家谈话间不声不响进来的，他默默进来，静静地坐在沙发边角上，好大一会儿都不说话，但一双眼睛却明亮如灯得将来客照了个遍。75岁的汪老，比起之前在鲁迅文学院讲课时要显得老一点，银发又多添了点。但他的精神看上去蛮好的，尤其是他的眼睛，非常明亮，颇有神采。他很少说话，但你只看着他的眼睛和表情，就知道他的思想在飞快地行走着。他偶尔出其不意插一句话，幽默风趣，等大家笑的时候，他便扔下大家又去厨房关照正在蒸煮的美食。

　　汪老一道一道地上菜，我们说帮他，他"哈"的一笑，摆手说不用。只见他慢腾腾地把一碟碟凉菜、热菜，从厨房里端到大屋的圆桌上，然后笑眯眯地向大家招手说："请坐吧！"

　　一桌子精美的菜，色彩搭配很漂亮，眼看着就馋。有拌菠菜、拌干丝、拌里脊片、腌香菜炒肉末、配有青红椒丝的清炒豆芽菜、东坡肘子、水煮牛肉、鲈鱼、烧土豆，等等。

席前，我们举杯祝福汪老生日快乐，他高兴道："哈，沾了元宵节的光，我的生日总不会忘记！"

汪老烹饪的这桌菜，每样都是好美味的美食啊！尤其是那一道叫鲈鱼的菜，给我留下的印象最为深刻，至今记忆犹新。那是我有生以来，吃的最好吃的鱼。

热气腾腾上桌来的这道菜，眼睛看见的是一条大全鱼的形状，但上面却裹着一层厚厚的网状肥猪油，说实在的，没吃过这道菜的人，一看就没有了食欲，即使平常喜吃肥肉的人也会被那肥腻腻的猪油所吓住。汪老见我面带难色望着肥油的样子，他"哈"地笑了，然后说："这么肥，吓住了吧？"我连连点头。这时，何镇邦老师说："汪老的这道菜，玄机藏在下面呢，上面的肥油是工序，不吃的。"我听后既好奇，又释然。随后，汪老亲手揭开了藏在下面的玄机。揭掉上面厚厚的猪油，下面的鱼，肉色白嫩，香气扑鼻，食之更是鲜美无比，令人回味无穷，这是汪老最拿手的好菜之一。另一道拿手菜东坡肘子，更是做得色、香、味、形俱佳，食之肥而不腻，粑而不烂，很是享受。

其间，汪老见我连着吃了几块烧土豆，便笑问："喜欢吃土豆？"我点头笑答："嗯，我们甘肃定西盛产土豆，我是吃土豆长大的。"此时，何镇邦教授接话说："你吃的土豆再多，也没有汪老吃的土豆种类多，汪老当右派的时候下放到坝上草原劳动，他的工作就是种土豆吃土豆画土豆。"

谈起这段往事，明明是下放到张家口沙岭子马铃薯研究站的劳动改造生活，汪老却超然地认为，那些年他过的是"神仙过的日子，因为田野里的土豆比超市里的有趣得多！"先是种马铃薯，待开花时节，他每天蹚着露水，到试验田里摘几丛花，插在玻璃杯里，对着花描画。之后，又画马铃薯的叶子。待马铃薯陆续成熟，他就开始画薯块。画一个整薯，还要切开来画一个剖面，一块马铃薯画完后，他将薯块随手埋进牛粪火里烤，烤熟后再吃掉。那些年，他画的和吃的马铃薯品种多达四十多种。汪老说："像我一样吃过那么多品种的马铃薯的，全国盖无第二人。"

虽然，汪老画的《中国马铃薯图谱》，终究因在"文革"中被毁掉而未能出版，但他却从那时起琢磨出了一手烹饪土豆菜肴的好手艺。所以，能品尝到他亲手做的美味的烧土豆，真是令人深深感念。

第二次给汪老过生日，是1996年的元宵节。汪老刚刚搬进了他儿子让给他的一套新房。我们一行四人，买了鲜花及一个特大号的生日蛋糕前往汪老的新居。那是一套三居室，刚刚落成的新楼房，宽敞明亮，屋与屋之间的布局结构都比较讲究，比起他们的旧居当然舒服多了。但因为是新房，尚没有通上煤气，汪老夫妇加一个小保姆，三人没法子起火，大正月的，他们就天天吃凉菜冷食度日，这可真是苦了他们。然而他们自己似乎并不觉得，言谈间依然透着乐观和满足。

我们共同陪汪老夫妇吃了一桌子凉菜：拌萝卜丝、松花蛋拌豆腐、拌白菜心、拌黄瓜，等等，都是汪老拿手的小凉菜，还有汪老自己腌的咸菜；荤菜凤尾鱼、广东香肠、火腿、盐水鸭、酱牛肉等，都是从超市买来的熟食。值得一提的是拌萝卜丝，细而均匀的刀工，可与酒店厨师一比高低，青红嫩白，颜色亦甚是可爱诱人。食之脆生生的，非常爽口。我当时忍不住，仔细向汪老讨教做法，后回家实践，虽不敢与汪老的手艺媲美，但也成了我至今喜欢的一道凉菜。

那天，虽然全都是冷食，但因为两位老人都很开心，大家也都觉得心里暖暖的。席间，汪老几次忍不住想喝点长城干白，几次都像顽童似的用调皮的眼神看着汪夫人，起初，汪夫人装得不动声色，过了一会儿，终于忍不住说："那你就喝上一杯吧！"话音刚落，汪老就迫不及待地将两手一拱说："感谢皇恩浩荡！"顿时，惹得大家笑出声来。

饭后，汪老兴致很高地拿出事先画好的几幅画，一一题上字签上名，给我们每人送了一幅。我得到的一幅画，是一只肥胖却不失可爱的小松鼠正准备要偷吃眼前的一串葡萄，其态极为形象逼真，汪老在给我题字签名前，还很生动地模仿了一下小松鼠的动作，说："瞧，都吃这么胖了，还馋。"随后他写下"靓女张晴，笑笑"，同时转过头又对我说："笑笑，我看看。"然后他自己先咧开嘴，把牙齿故意呲一呲，笑了，那风趣可爱的模样，再次把大家逗乐了。

临别，汪老满面慈爱，闪烁着明亮纯净的眼神，说等开春通上煤气后，再请大家来给大家做菜吃。暖暖话语，听得人好生感动。

汪老喜欢给家人和朋友们做菜吃。每每菜上桌后，他自己只是每样尝两筷，然后就坐着抽烟、喝茶或喝酒，开心地看着客人吃。

用他的话说，就是："我最大的乐趣还是看家人或客人吃得很高兴，盘盘见底。"他还专门为做菜这一爱好，写过一首小诗：年年岁岁一床书，弄笔晴窗且自娱。更有一般堪笑处，六平方米作郇厨。

作家高行健携同法国汉学家、美籍作家聂华苓夫妇以及中国台湾作家陈映真等诸多文人雅士，都曾享用过汪老的美食，这也是他"美食家"这个称号美传海内外的原因。

汪老为家人做菜，极尽用心，出差到外地，总会带一些当地的干鲜菜品。曾经在下放劳动改造的日子，他到坝上草原采到了一朵很大的蘑菇，他便把它带回去细心晾干保存起来。等到春节回北京跟家人短暂团聚的日子，他将这朵蘑菇背回了家，并亲手为家人烹制了一盆非常鲜美的蘑菇汤。那是爱的汤，更是给全家带来惊喜欢乐的汤。

不过，也有家人对他做的菜不买账的时候。一次，汪老去看老师沈从文，师母张兆和做了慈菇炒肉片，沈从文尝后说："这个好，格比土豆高。"之后，汪老专门跑到菜市场买来慈菇，也给家人做了一盘慈菇炒肉片，结果，家人却不喜欢慈菇的味道，不爱吃，最后，他只好独自包圆了。

当然，总体来说，家人对他这个美食家还是很认可的。他的小女儿汪朝曾说："我爸爸在家里只有两个任务：写美文与做美食。"

喜欢把自己的拿手好菜，做给家人吃，做给朋友享用的人，一定是心境澄明之人。汪老便如是。

无论是美文，还是美食，汪老都用他纯净温情的心境，为这个世界创造和留下了值得人们弥久怀念的美和醇厚、回味悠长的韵味。

2012 年春节刚过，紧随其后的，是立春，还有汪老诞辰纪念日——正月十五元宵节。殷殷回忆，生于春天，追思汪曾祺之美，心中绽放春天，冉冉升起暖意、美意。

（《人民日报》海外版 2012 年 4 月 27 日）

汪曾祺来张家口讲学

杨香保

　　著名作家、当代文学大师汪曾祺来张讲学是在 1983 年，迄今已有 30 年了。时光流逝，贤者已去。他的学养、人品和文品是我们学习的榜样，值得我们永远追思。那次来张讲学展示他的文学观，论述精细，见解精辟，发人深省；提出了我国文学创作当时值得商榷的问题，论点明确，文思久远，极富哲理；对当代中国文学是一大贡献，使我市广大文学青年开阔了视野，明确了方向；他送来一把启开文学心智的钥匙，推动了我市文学创作，特别是小说创作的繁荣和发展，深受广益，影响久远。那次特邀汪曾祺来张讲学，事出多因：

　　上世纪 80 年代，我市文艺创作在党的文艺方针指引下，出现了鲜花盛开的景象。业余文艺期刊相继问世：

张家口煤机厂的《螺钉》，宣化造纸厂的《春草》，宣化县文化馆的《柳川河》，庞家堡区文化馆的《山花》，市重工业局、局团委的《小花》，期期发表的新人新作，深受广大业余作者的喜爱和支持。美中不足的是园中景色宜人，难见有芳香四溢的奇花，缺乏文约意丰、隽永耐读的精品力作。

为了适时有效地推动我市文学创作活动的开展，市文联、市总工会、市青联先后邀请十几名省内外著名专家学者：阎纲、石英、刘湛秋、王春元、柳溪、鲍昌、张庆田、尧山璧、冯健南、汤吉夫来张讲学，传经送宝，培育文学爱好者，提高创作水平，助推文学新人的成长，取得良好效果。由于这些名家活动多、任务紧、时间急，很难对当地文学状况作深入了解，并切中当地文学创作存在的实际问题，进行辅导。有鉴于此，我们三家认真研究，决定邀请有"故乡情缘"的著名作家汪曾祺来张讲学。汪曾祺于1959年至1962年曾在我地区生活过，历经风雨的磨砺和洗礼。对张家口的历史文化、风土人情、底层人民的生活有深切了解。他晚年惊喜文坛的力作，如《羊舍一夕》《看水》《王全》《寂寞与温暖》《七里茶坊》都是来自沙岭子农科所底层的生活写照。这次应邀来张，他激情满怀，热情回信说：

　　既承相邀，重返旧地，晤诸旧识，深以为快。我很怕讲话，去年，我去了四川、新疆、甘肃、湖南到处讲话，内容空洞不说，反而容易出纰漏，实在令人惶恐。这次

去张，希望能搜集开示，想我谈点什么，关心哪些问题，
最好能把重点作品寄来看看，我好稍作准备，免得信口
开河。

我们对汪曾祺这种治学严谨、认真负责的态度非常敬佩。
为使汪曾祺讲学活动贴近实际，收到实效，我们择选了那些年
来在我市《浪花》文艺季刊发表的优秀作品，寄给他阅评。当
年 6 月 20 日汪曾祺如期来张，第二天首场讲学活动是参加市
文联召开的小说创作座谈会。他与我市 40 余名业余作者就小
说创作中的问题，进行了诚挚地交谈。重点评述了我市十余篇
小说，从主题、艺术结构及人物塑造上的得失，面对面给予热
情辅导，等于给作者进行了一次改稿课。与会作者获得很深教
益，受到很大激励。

当年聆听教诲的青年，无不感言：这样的老师具有一种赤
子仁心提携后进的大家风范。忆昔当年，无不感念汪老礼贤下
士、扶持新人的拳拳之心。大家众口称赞，当年如不是欣遇汪
老这位贤明的伯乐，对他们鼓励、扶持、培植，他们不可能在
文学创作的路上满怀信心、阔步前行。座谈会开得热烈，生动
感人。与会作者乐而忘返，会后还簇拥在汪老身边问个不停，
汪曾祺释疑解惑。室内欢声笑语。欣于所遇，快然自足！汪曾
祺余兴不减，当场赋诗，寄情《浪花》及与会作者。附录诗文，
追思汪曾祺，华章永存。

重来张家口读《浪花》小说有感

我昔为迁客，学稼兼学圃。

往来坝上下，曾历三寒暑。

或绑葡萄条，或锄玉蜀黍。

拣秧及背稻，汗下如蒸煮。

偶或弄彩墨，谱画马铃薯。

坐对一丛花，眸子洞如虎。

人或谓饴甘，我不厌茶苦。

身虽在异乡，亲之如故土。

唯恨文采输，佳作寥可数。

思之亦萦怀，浪花何日舞。

今我来旧地，搜读才三五。

矍然喜且惊，荐举作先吐。

如怀良苕新，已觉雏凤瞽。

崛起期有日，太息胸四拊。

谁是育苗人，作此春风雨。

1983 年 6 月 21 日

手书于张家口汪曾祺

小说座谈会激励了在场的文学青年们的创作热情，坚定了他们从事文学创作的决心，形成了一支文学劲旅，在社会上产生了广泛影响。他们中不少人已出道为专业作家，有的走上教师、记者、编辑的岗位，出版了个人专集。当年参加小说座谈会的作者祝凤潮深情地回忆说："汪老在会上对我的一篇习作《米市上》进行了细致入微的分析，并给予充分肯定。他说，祝凤潮的东西，除了在《北京文学》上发表的《金山大爷》他们没有给我找到，其他几篇我都看过了。你有生活，文章地域特色很鲜明。汪老当面给我教诲这件事已过去卅年了。他人已作古，给予我的鼓励和鞭策至今还铭记在心。从那时起，我树立了信心，要写下去。后来在市文联老师们的鼓励下，考入河北师大省作家班。在《当代》首篇发表中篇小说《界碑下，有一座坟》，开创了我市中篇小说在全国刊物发表的先例。再后来我出版了长篇小说《血的搏杀》《钟鸣清远》，以及作品集《界碑》，也都源于我这份当时建立起来的自信———我更深深感谢汪老帮我建立的自信。"

　　第二场讲学活动是 1983 年 6 月 22 日由市文联举办的大型文学讲座。那天座无虚席，过道都挤满了人，盛况空前。作家汪曾祺给我市千余名文学青年主讲文学创作中的"生活、思想、技巧"问题。汪老以作家自身的坎坷经历、丰富的创作经验和深刻的文化底蕴，阐述了作家主观世界和客观世界的关系，提出一个诗人、小说家应该保持自己对生活的热爱，以自己全身的血肉之情融入生活中去。把火热生活内化为自己的人格，舍此，不可能牵动人心、写出好作品、提供精美的艺术食粮。"我希望我的作品能有益于世道人心，使人的感情得到滋润，让人觉得生活是美好的。文学，应该使人获得生活的信心。作品的美，产生生活的美，生活美，源于心灵的美，一个不爱生活、不爱国家的人，即使生活在旋涡之中，也不会有所震动。生活中当过客，永远不可能成为作家。有人问我：你打成右派，被流放，不引起你的怀恨，反而对党很有感情。这点是一些年轻人不理解的。如果不是戴帽子下放劳动，就不会和群众这样接近。这样可以真正了解人民，了解生活。看到中国历史是谁推动的，谁起支柱的作用。"

讲座现身说法，论述生动，有理有据，给广大文学青年指明文学创作的道路和方向，受到与会者的热烈欢迎，令人喜之不胜。讲话全文在《浪花》文艺季刊发表后，得到文艺界广泛赞许，纷纷来函索要，影响深远。汪曾祺所以成为文学大师，才华横溢、诗书满腹，在诸多文艺领域都有非凡成就，绝非偶然。他出道早，大器晚成。《范进中举》刚收场，世人争唱《沙家浜》，诗词书画写不完，文学大师美名扬。专著结集，论断新颖，全集问世，震响文坛。老树新花，文采独具，正是他心贴心地热爱生活，经年累月的生活积聚，文化积淀，才呈现出"晚秋更胜春"的奇观胜景。

第三场活动是讲学的续篇，所谓续篇是汪曾祺在旧地重游时写下精美的诗章，是他这次主讲热爱生活的行动语言。我陪同他专程前往当年处于逆境时在沙岭子农科所的劳动场所。寻视昔日汗水洒落的林场，已是枝叶繁茂，春色满园。在沙岭子农科所大院，又见到当年居住过的不禁风雨的大工棚，已改建成居民住房。只有旧时的大屋顶还在，仰视良久，往日艰辛，历历在目，难以忘怀。一路走来，时有白发老人不期而遇，深情相望，交谈甚欢。晚年遇故旧，分别话重逢，人生苦短，有幸相遇，互道珍重，不亦乐乎！

我俩在果园席地而坐，稍事休息。我见他心潮起伏，思绪万千，提笔写下诗篇，深情怀念果园的今昔变化。

重返沙岭子有感

二十三年弹指过，悠悠流水过洋河。
风吹杨柳加拿大，雾湿葡萄波尔多。
白发故人遇相识，谁家稚子唱新歌。
曾历沧桑增感慨，相期更上一层波。

1983 年 6 月 22 日
汪曾祺

离开沙岭子，汪曾祺兴致不减，健步登上大境门，回望北国山河，无比壮美。触景生情，赋诗抒怀。

登大境门

云涌张家口，风吹大境门。
崇岭围南北，边墙横古今。
战守经千载，九泥塞万军。
欲问兴亡意，烽台倚夕曛。

1983 年 6 月 22 日
汪曾祺

汪曾祺留给我们的每篇诗文，都洋溢着对张垣大地的热爱，饱含着对北国山河的深情。沙岭子每一寸土地，每一渠流水，都留给他太多的回忆，无尽的思念。难忘在这里度过四年的艰辛岁月，他无怨无悔，心海一片澄明，随遇而安，波澜不兴。田间劳动，翻地号沙，除草，背稻，捡粪，掏厕所……出大力，流大汗，亲身体验劳动的艰苦。生活中与农民同吃同住，朝夕相处，心心相印，真切了解到底层人民的喜怒哀乐，倾听人民的心声。这次故地重游，完全印证了作家热爱生活、热爱人民、热爱国家的赤子之心，他的崇高人品，俨然是一座令人昂首仰视的丰碑。他的文学论著，高雅清新，立意深邃，成为传世佳作。

明月如梭，贤者已逝。那次汪曾祺来张讲学是回报山城父老的厚爱，他的文论新说、墨宝华章是留给山城人民的一笔珍贵的文化财富。它的影响日趋显现，历久弥新，光芒四射。当年的文学爱好者中已人才辈出，成长为一支文学劲旅，执笔为文，佳作连篇，个人专著，不断问世，无不感念讲学坚定了他们走上文学之路的信心和力量。讲学活动结束了，汪曾祺走了，这一走就再也没有回来过。天夺英才兮，痛失恩师；泪洒文苑兮，泣别汪公。人走了，他的音容笑貌，长者风范，将深深留存在人民的心底，亲切而不朽，追思到永远！

相关阅读：

在中国当代文学史上有一位"独一无二"的作家，不仅是著名的作家、散文家、戏剧家，京派作家的代表人物，还被誉为"抒情的人道主义者，中国最后一个纯粹的文人，中国最后一个士大夫"。他就是汪曾祺。在短篇小说创作上颇具成就，《受戒》《大淖记事》是小说中的精品、典范。

汪曾祺是江苏高邮人，但他把自己的作品背景概括为五个方面："我的家乡高邮，昆明、上海、北京、张家口。"虽然在张家口仅仅生活了四年，但张家口是汪曾祺"一生中很难忘的一个地方"。《汪曾祺传》的作者陆建华说："张家口是因为他仅仅在那里生活了四年而列其后，但在以张家口为背景的作品中，却不难发现作者对张家口的无限眷恋之情。"或许，在汪曾祺的心中，张家口也是他的家乡之一。

1958 年夏，汪曾祺是因为凑指标"补课"为右派被下放到张家口沙岭子农业科学研究所劳动的。1960 年摘掉右派帽子，结束劳动，但暂时无接收单位，就在研究所协助工作。1962 年初，调回北京在北京京剧团担任编剧。谈起这段经历，很多深陷其中的人，恐怕都会黯然神伤，因为那是一段不堪回首的艰难岁月。然而，提起这段经历，汪曾祺却很浪漫。

在《随遇而安》的开篇，他说："我当了一回右派，真是三生有幸。要不然我这一生就更加平淡了。"其实，汪曾祺的浪漫、乐天在《随遇而安》文中随处可见。在张家口，汪曾祺干过许多农活，包括起猪圈、刨冻粪之类的重活。后来，则相对固定在果园上班，给果树喷农药。1961 年，他还到坝上的沽源县马铃薯研究站绘制《中国马铃薯图谱》和《中国口蘑图谱》。在劳动中，汪曾祺和群众建立了深厚的友情，也积累了丰富的创作素材。汪曾祺在回忆这段生活时说："我和农业工人干活在一起，吃住在一起，晚上被窝挨着被窝睡在一铺大炕上。农业工人在枕头上和我说了一些心里话，没有顾忌。我才比较切近地观察了农民，比较知道中国的农村、中国的农民是怎么一回事。这对我确立以后的生活态度和写作态度是很有好处的。"

据称，汪曾祺的这段经历是很幸运的。汪曾祺回忆说，"我这个右派算是很幸运的，没有受多少罪"，并未受到歧视。摘帽后去沽源的经历更是轻松自在，他说："在这里的日子真是逍遥自在至极。既不开会，也不学习，也没人领导我。就我自己。"对别人而言，这段经历是"炼狱"，而对汪曾祺则不同，包括沽源在内的张家口的这段经历，对汪曾祺创作的影响是十分明显的，甚至可以说是巨大的。因沽源的经历，汪曾祺创作了散文《沽源》《坝上》《随遇而安》等，以及小说《黄油烧饼》——一篇语言平淡却意味隽永的经典小说。1982年汪曾祺出版的第一部小说集《汪曾祺短篇小说选》，共选入12篇作品，其中有7篇就是以张家口为背景的，《羊舍一夕》《王全》《看水》《七里茶坊》等都堪称生动描写张家口的名篇佳作。

直观地说，汪曾祺在张家口的这段经历，似乎不是下放劳动，而有点体验生活的味道。他在散文《沽源》中回忆了自己坐牛车去研究站，以及吃莜面、采蘑菇、骑马的经历。写得很有感情，也很有情趣。他回忆称，在沽源过着"神仙过的"日子，"逍遥自在至极"。张家口、沽源真的如汪曾祺所说的那么美好吗？在一直工作生活在此地的笔者看来，汪曾祺把张家口美化了，汪曾祺的张家口是文学的张家口，不是现实中的张家口。因为张家口是边塞，风大沙大，古来是苦寒之地，凡冬日来过张家口的人都深有感触。汪曾祺之所以美化张家口，一是因为他的乐观，二是因为他对生活的热爱，没有对张家口的热爱，汪曾祺写不出那么优美的文字。作协主席铁凝著文称，"我想象着当冬日来临，塞外蛮横的风雪是如何肆虐这里的居民，而汪曾祺又是怎样捱过他的时光？""我又常想，一个囊中背着一朵蘑菇的老人，收藏起一切的孤独，从塞外寒冷的黄风中快乐地朝着自己的家走着，难道仅仅为了叫家人盛赞他的蘑菇汤？这使我不断地相信，这世界上一些孤独而优秀的灵魂之所以孤独，是因为他们将温馨与欢乐不求回报地赠予了世人吧？用文学，或者用蘑菇。"

　　然而，文学顶不了饭吃，也抵挡不住塞外的风沙。一位叫胡印斌的老乡作家说："以我生活塞外二十余年的经历，吾乡虽非困住苏武、张骞的'绝塞'，但与南方人汪曾祺自小生活的高邮里下河比起来，不可同日而语。仅仅凭诗意化的文学描述，或者说事过境迁式的宽容和豁达，就真的以为如何如何，一样未必真实。"是的，汪曾祺的张家口与现实中的张家口不可同日而语。汪曾祺的随遇而安很耐人寻味。笔者以为，随遇而安成就了汪曾祺的文学大厦，或许，如果汪曾祺没有随遇而安，恐怕也没有他今天的文学成就。（摘编自香港《大公报》　文：冀北仁）

（《张家口晚报》2013 年）

老舍与汪曾祺：一颜百年知

虞金星

看到汪曾祺的小说《八月骄阳》，直接写到老舍的形象："这工夫，园门口进来一个人。六十七八岁，戴着眼镜，一身干干净净的藏青制服，礼服呢千层底布鞋，挂着一根角把棕竹手杖，一看是个有身份的人。"这是一个作家在小说中对另一个作家形象的表现，也勾起了我对于作家如何活在后人心中这一问题的意外兴趣。法国文学社会学学者埃斯卡皮有一个观点："一位作家的形象、他以后在文学人口中出现的面目，几乎近似于他四十岁左右给人留下的那个样子。"当然，埃斯卡皮也同时提醒我们："这只不过是统计数字，很容易找出例外的情况。"而老舍与汪曾祺，可能恰恰都在这例外之中。

我们印象与想象中的老舍，是写《骆驼祥子》《四世同堂》《龙须沟》与《茶馆》的老舍。《骆驼祥子》写成在 1936 年，是年，

1899 年出生的老舍近 40 岁。《四世同堂》写成在 1944 年后。《龙须沟》是 1950 年，《茶馆》在 1957 年，是年老舍年近 60。而我们今天最熟悉的老舍的面目，当是新中国成立后、年过 50 的老舍。"这个"老舍眼镜斯文，满头黑发打理得一丝不苟。这种形象也几乎一直保持到了汪曾祺的小说中——老舍"六十七八岁"的年纪。而 1920 年生人的汪曾祺，在上世纪 80 年代真正走入埃斯卡皮所说的"文学人口"的视野时，就已经年过 60，白发浓眉。两相对照起来，按埃斯卡皮的理论来判断，汪曾祺比之老舍更为"例外"一些。

我在这里勾勒两位前辈作家留在"文学人口中"的面目，并不是为了考究埃斯卡皮的观点有多少例外。因为一个作家形象的被形塑，有太多不可归类的偶然因素影响。比如老舍，在新中国成立之初的十年里，被作为"人民艺术家"为政府所褒奖。这种褒奖，使得这一时段的"老舍"成了他留在最多人心目中的形象。而如汪曾祺，年过花甲，才如被重新发现般在文坛上声名鹊起，与时代的政治与意识形态风潮的变动，都有很密切的关系。

但我觉得，除了这些偶然的因素之外，也有相对必然的因素，那就是：作家的形象还与他们的作品有着直接的关系，而这很大程度上取决于他们是如何看待"写作"这件事的。按我们今天的文学史分类，比较细致地说，老舍属于"京味"作家，而汪曾祺则是"京派"作家的余脉。尽管都带着个"京"字，但一字之差，实际上恰恰是他们写作的最大差别。

老舍 1918 年毕业于北京师范学校，学历只相当于中专。但在当时的中国，已经算是不低的学历，属于知识分子的一员了（有一个可作参考的数字是：即使到了十余年后的 1931 年 8 月，全国各国立、省立和注册私立大学学生总共也不超过 4 万人）。按我们一般的看法来推论，既是知识分子，又是北京人，老舍怎么也应该属于"五四"运动中人。他离这场被今天被我们叙述成"划时代"的社会运动，无论从空间距离还是知识距离上，都近在咫尺。但历史偏偏不会按着我们的想象来，老舍偏偏对此没有留下多少记录。于是，我们这些后来者也直觉地把他划入了老派的北京市民的群体里去，而下意识地忽略了 1919 年，老舍是一个刚从中专毕业的 20 岁青年。对此，我比较赞同社科院学者李洁非的观点：与鲁迅、郭沫若等人不一样，在走上文学道路以前，老舍"从没有预先把自己放到救国救民、先天下之忧而忧的典型的知识分子心理上去，甚至走上文学道路以后很久，基本也仍然不把自己放在这种位置"。从某种意义上来说，受过新式教育的老舍是"非知识分子"的，他"承接着北京胡同世俗、安然而浅近的气质"，与城市另一边的惊天动地若即若离。

当然，这并不是说老舍不关心时局；倘若这样的话，那我们便生生地抹杀了老舍在抗战中的绝多付出。我们需要理解的是老舍最天然的精神气质，因为只有这样，我们才能进而理解老舍对于写作的看法。老舍在《我怎样写〈老张的哲学〉》里说：

> 27 岁出国。为学英文，所以念小说，可是还没想起来写作。到异乡的新鲜劲儿渐渐消失，半年后开始感觉寂寞，也就常常想家。从 14 岁就不住在家里，此处所谓"想家"实在是想在国内所知道的一切。那些事既都是过去的，想起来便像一些图画，大概那色彩不甚浓厚的根本

就想不起来了。这些图画常在心中来往，每每在读小说
的时候使我忘了读的是什么，而呆呆地忆及自己的过去。
小说中是些图画，记忆中也是些图画，为什么不可以把
自己的图画用文字画下来呢？我想拿笔了。

我觉得这一段话，尤可以拿来概括老舍的写作：拿笔把自己
记忆中的"图画""画"下来。而胡同里出来的老舍，"画"的
自然是胡同里那些最"京味"的"图画"。阅读传记材料我们能
够发现，在抗战的大时局改变千千万万中国人的生活与命运之前，
已经登上文坛多年的老舍，实际上和文坛保持着相当的距离。他
没有多少与其他成名作家的交游，也不属于近在咫尺的"京派"
中人。或者说，他一直保持着写作的初衷："画"出心中的图画，
写出老北京的生活。

比较有意思的是，老舍称自己为"写家"，而不用"作家"
一词。这多少让我想起坚持自己"不想上文坛""只想上'文摊'"
的赵树理。在我看来，老北京、胡同这样的乡土，就是老舍写作
的里里外外。或者说，老舍的写作是表里一致的。老舍多年的理
想就是当一个"职业写家"，心意诚挚。他也确实以一种老北京
市民的形象出现在很多"文学人口"的记忆与想象里。

相比起来，汪曾祺的写作可以说是"表里不一"的。这里的
"表里不一"当然不是贬义，而是代表了一种客观的写作状态。
很多人把汪曾祺当作一名乡土作家，因为他写作的绝大篇幅都交
给了江苏高邮这片土地。但与其说他在写这片土地，不如说他是
带着"京派"的眼光去观照与描画这片土地。"表"是这篇乡土，

"里"是汪曾祺的文人味、名士气。西南联大科班出身的汪曾祺，可以说是在西南联大养成了一身"名士气"。汪曾祺在他的散文《天地一瞬》的结尾说："但是我生活得最久，接受影响最深，使我成为这样一个人，这样一个作家——不是另外一个作家的地方，是西南联大，新校舍。"

为什么将汪曾祺界定在"京派"里，我想很多人都看出了汪曾祺的写作所蕴含的一种特殊的、往前又有脉络可循的文化品位，比如宽容、节制、注重传统、崇尚自然、有古典韵味，等等。在某种意义上来说，汪曾祺是带着这样的文化品位走向高邮乡土的。这块地域不过是承载他的文化品位的一个特殊空间。有人说，看汪曾祺的作品能够静心，可以用来避世。他以一种士大夫文人式的韵味梳理生活，这种韵味不是来自于达则兼济天下的一面，而更有穷则独善其身的意味，有韧性，生发出一种久远有之的老境之美，有人将这比作老树著花，我觉得分外贴切。

在一次题为《散谈人生》的讲演里，汪曾祺说：我感觉人活着是美好的，人应该做个很美的人。我写作就是证实我的存在。只有写作的时候，我才觉得自己是活着的，其余的，吃饭、睡觉，只是必须条件。他希望他的作品，能够给读者以向上的感觉，使人成为健康的人，一个有文化的人，一个有教养的人，一个趣味比较高的人，一个在精神上文雅的人，而不是一个蹩脚的人。读书和写作都是为了使自己活得更美好一些，更有点诗意些，能够远离俚俗，远离粗野。我想这段话说得很明白，对汪曾祺来说，写作就是一种证实自身存在，使自己活得诗意的方式。因此，他必然会以自己的趣味与智慧去提纯现实生活。换言之，在他的作品这个"表"背后，有强大的生活智慧与名士气为"里"。贾平凹在一首记游中评价汪曾祺"汪是一文狐，修炼成老精"，可以说说出了很多人对汪曾祺这位作家的印象与想象。我想贾平凹说的，就是汪曾祺文章后面的这股气。

（《中国文化报》2010 年）

高邮寻访汪曾祺

刘文起

到高邮，为的是寻访汪曾祺。

没有汪曾祺，许多人会不知道高邮。

因了汪曾祺，运河、高邮湖、大淖、荸荠庵、镇国寺、文游台，成了许多人的梦里故乡；因了汪曾祺，小英子、明海和尚、高北溟、陈小手、巧云、十一子，成了许多人的邻里乡亲。

我更是如此。

于是，在淮安开完了会，第一个念头就是到高邮去。

到高邮已是下午四时半。时近黄昏，夕阳中的高邮城高楼林立，金碧辉煌，哪还有汪曾祺小说里的影子？我担心在这座现代化气息很浓的淮北小城里找不到汪曾祺了。于是，在下榻的弘升大酒店登记处，我小心翼翼地问服务员小姐：

"知道汪曾祺吗？"

服务员小姐说："知道，城里还有他的故居。"

这让我放心了不少，就问："故居在哪里？"

服务小姐为难了，犹豫着说：

"要不……你去买一张地图查查。"

去书店买了地图，却没有汪曾祺故居的标记。问卖书的大姐，她也记不清，就说：

"要不……你去北城老街看看。"

叫住一辆出租车，问知不知道汪曾祺，司机说知道，一副大包大揽的样子。就让带着我们去。

先去文游台。

汪曾祺的散文《文游台》第一句就是"文游台是我们县首屈一指的名胜古迹"。接着就有许多泰山庙看戏的描写。但现在去看，泰山庙没了，庙对面的戏台也只剩下一个土墩，还有一座高高的楼阁。这也好，反倒使文游台的内容更集中，更突出了秦少游、苏东坡、孙莘老、王定国文酒游会的主题。大门口一个三间四柱的石牌坊，上刻四字："古文游台。"穿牌坊过单孔玉带桥，进清式结构的门厅，就是一个大四合院，院中立有秦少游全身铜像。他手执书卷，头微仰，如沉思，如吟诵。

秦少游是高邮最大的文人，也是中国历史上著名的诗人。汪曾祺对他很推崇，说："秦少游是高邮人的骄傲。高邮人对他有很深的感情。"又写诗一首：

风流千古说文游，
烟柳隋堤一望收。

座上秦郎今在否？

与卿同泛覧湖舟。

秦少游铜像后面就是文游台了。就是建在泰山（与山东泰山同名）顶端一座高高的楼阁。为重檐歇山顶的二层楼，一楼中堂嵌着画家范曾绘制的苏轼、秦观、孙莘老、王定国四贤集会的瓷壁画。

画是文游台的注解。

在文游台楼上感受秦少游苏东坡等文人氛围时，总觉得缺点什么。缺什么呢？缺点汪曾祺的东西。作为与文人有关的景点，怎么找不到汪曾祺呢？正这么想着，猛抬头，发现头上有一个匾是汪曾祺题的，写的是"稼禾尽观"。大喜，就用摄影机一字一字录下，似乎为汪曾祺争得一席之地。

从文游台出来，司机说带我们去看运河。想起汪曾祺说运河是悬河什么的，就觉得要去看看。

运河在高邮城外，与高邮湖比邻，看到运河就看到高邮湖。运河很直很宽。可能是现在的建筑物高了，运河就低了，看不出"悬河"的迹象。河里有许多大船，但不是汪曾祺《我的家乡》里说的撑篙的船，而是像火车一样一拖十几只的大驳船。大驳船是机动船，故也看不到"脱光了上身，鼓劲地将篙梢头顶上肩窝处"的船夫。运河旁的高邮湖又大又平静，也还是过去"这样一片大水，浩浩渺渺，让人觉得有些荒凉，有些寂寞，有些神秘"。虽然也是黄昏，但因没有太阳，看不到令汪曾祺深深感动的"紫色长天"。湖边有几处长草的小洲，不知是不是大淖，因时间太迟，没办法进去考察。进去的是运河边上的镇国寺。因刚刚修葺后，一切都显得新气。方形的唐塔也在，与寺院隔得远远的，鹤"离"鸡群。"倾斜的照壁"没有倾圮的感觉，可能是重修后不斜了。整个寺在运河中的一个岛上，类似《受戒》中的荸荠庵。我去时，和尚们正关了寺门做晚课，只听到整齐洪亮的诵经声。这中间有没有明海小和尚呢？如有，也该八十来岁了。镇国寺孤零零地立在岛上，旁边没有民房，也没有闲人。二姑娘小英子呢？没看到，也许是将船划到芦花荡里去了吧。

天已灰蒙蒙地暗下来了。我说，快去北街汪曾祺的家，太迟怕找不着了。

就往老城北街跑。

老城北街还是一条完整的老街。两旁是一家家窄小的旧店面，店面前，还时时有一辆两辆板车卖货，将路挤得更小，车子在街中歪歪扭扭地如同虫爬。司机说，这条街是当年高邮城最繁华的主街道，现在只住些老人或穷人。看那屋里或吃晚饭或闲坐的老人，个个都像《异秉》中的王二，《鉴赏家》里的叶三，《岁寒三友》中的王瘦吾、陶虎臣。年轻的呢，就是平平常常的"世间小儿女"。街边有一座学校，说是很著名的高邮小学。是不是汪曾祺的母校五小呢？这时正放学，从校内走出许多学生和老师。里头有没有写校歌的高北溟和敲钟的詹大胖子呢？有没有"戴着妈妈孝"的汪曾祺呢？

终于到了一座颇具气派的砖房前，司机说到了。下车一看，有一木牌，写着"王氏旧宅"，怎么看还是缺了三点水。走进门内，看到一旗杆，又有两个人的铜像，底座刻着："王念孙、王引之。"

有沙孟海的题匾："一代宗师。"又有李一氓题写的对联：

> 父子一门乾嘉绝学，
>
> 宋明以外训诂大成。

　　原来不是汪曾祺的家，却顺带着把著名的经学大师王氏父子的故居看了。问里头的人，也说不清汪曾祺家在哪里。司机慌了，打手机问东问西，终于问出了底里：汪曾祺故居在南门老街竺家巷。

　　于是又把车子在旧街路里摇摇晃晃半天，终于停在一块"玉堂池"的招牌下。其时天已大暗。在路灯式微中，由一位热情的大嫂领着走进"玉堂池"对面的竺家巷。

　　到了竺家巷九号，在一座两间平房门口，看到一个蓝底的小牌，上写白字："汪曾祺故居。"就听到大嫂就用"高亮而悠长"的声音叫：

　　"汪家的……有人看汪曾祺来啰……"

　　让人想起"二丫头……回来吃晚饭来……"的叫声。

　　就有一位穿圆口白汗衫、蓝布短裤的六十多岁模样的老人出来，将我们迎进小屋。

　　小屋很小，只有十几平米。又矮，似乎要撞着头。分前后两室，前室墙上挂着四幅汪曾祺的字画，正堂是一个摆设柜，摆着几个青瓷的花瓶。摆设柜后的小屋是主人休息的地方。有一个电视机，几张桌椅。墙上除了汪曾祺的字画外，还有一张放得特别大的汪曾祺半身照片。照片上的汪曾祺在抽烟沉思，专心致志的，如平常在家"愚蛋"。

老人却很客气。对我们问长问短，明显表示出对来访者的热情和欢迎。又拿出一本签名簿叫我签名，看那簿上，签名者寥寥，全是不认识的。

我在签名簿上写道："瞻仰汪曾祺故居，是我多年夙愿，今日到此，一表崇敬之情。"落款是"汪老温州弟子"。

汪曾祺三次到温州，我都有碰面。一次瓯海，一次永嘉，一次洞头，写下《初识楠溪江》《百岛之县》等作品。我对汪老早已心仪，曾学汪老风格。汪老给我题字："学我者生，似我者死，文起以为如何？"又说"'学我者生'句是齐白石说的，非我独创也"。因此，今天以弟子自署，并非虚言。

老人见如此题字，更是高兴。嘴里"哦哦哦"着，脸也涨得通红。

他身材高大，脸色白净，像《岁寒三友》中的王瘦吾，也像《鉴赏家》里的季匋民，一看就是搞文艺的。然而不是，是防疫站的退休医生，汪曾祺的妹夫金家渝。金先生向我介绍，汪家原来有许多房子，都被拆了，现留着的这二间平房是当年堆杂物的。我想起汪曾祺的《我的家》，里面写道："我们那个家原来是不算小的，我的家大门开在科甲巷，而在西边的竺家巷有一个后门。"还说中间有正屋、大堂屋、敞厅、花园。现在都没了，拆了，只剩这两间小屋了，这里还有汪曾祺吗？

金家渝老人告诉我，这两间平房现在住着两家人。一家是他和妻子、汪曾祺的妹妹汪丽纹，另一家是汪曾祺的弟弟汪曾庆。汪曾祺有两个同父异母的弟弟，一位在"文革"中死了，这一位虽然活着，但很落拓。终生未娶，又一直没职业，直到"文革"后才有工作，在一个单位搞宣传，因为他文字和画画都好。还有一好是喝酒，像汪曾祺，天天喝。

在隔壁平房内灯光昏黄下的桌子旁，我见到了汪曾庆老人。

老人白头发黑皮肤，矮矮瘦瘦，活脱脱一个汪曾祺。他正低头喝酒，见我们来，就起身让座。我看房内，除一张小桌、一条小凳外，别无他物。在空空的墙壁上，挂着一张年轻女人的照片。金先生介绍说："这是任氏娘。""任氏娘"是汪曾祺的第二任继母，汪曾庆的母亲。汪曾祺《我的母亲》中有对她的描写："任氏娘对我们很客气，称呼我是'大少爷'。我十九岁离开家乡到昆明读大学，一九八六年回乡，这时娘才改口叫我'曾祺'。"想起汪曾祺三次回乡都对任氏娘跪拜，不禁对照片肃然起敬。

再看桌上，一碗黄酒，两碟菜：一豆一鱼。金先生说，曾庆是家里能够与曾祺大哥等量对饮的一位。1981年，汪曾祺就写一副对联给他："金罂蜜贮封缸酒，玉树双开迟桂花。"说弟弟又说自己。1993年，又赠一副藏尾式的对联给他："断送一生唯有，消除万虑无过。"是感悟到喝酒的不好，自己却又戒不了，终因肝硬化去世。可见许多事说说容易做做难。汪曾庆老人也热情，让座，似有请我也来一口的意思。我本来想坐，但桌旁仅有一凳，我坐了，他们都得站着。不敢。于是请两位老人与我合影。汪老也不说话，只笑呵呵地站我边上，神态都像乃兄。

告别汪曾庆老人，我又回到隔壁金家渝的小屋，为的在汪曾祺的大照片前补拍一个照，算是在高邮找到他并合影留念了。金家渝老人拿出一本书送我，是当地文联编的《走近汪曾祺》，扉页有二行字：

高邮还有个汪曾祺

　　　　　　　　——江泽民

　　原来是江泽民在江苏视察时对高邮人随口讲的，被拿来做"最高指示"打招牌。如同"文革"中批陈毅，陈毅说"毛主席语录：陈毅是个好同志"。高邮人和陈毅一样有趣。

　　临别时，金家渝老人递给我一张名片，上写："汪曾祺故居金家渝。"没有头衔没有单位，一看就是自封的，门口那个招牌也许是自己挂上去的。且地方又小得连很多高邮人都不知道，令人感慨。

　　吃晚饭点菜，服务员小姐推荐高邮双黄蛋，二十元一只，同行者嫌贵。我说，当年高邮几名在北京上学的青年对汪曾祺说："高邮除了秦少游外，就是您了。"汪曾祺说："不对，高邮双黄蛋比我名气大多了，我只能居第三位。"双黄蛋能不贵吗？

　　大家都笑。

　　饭后翻看《走近汪曾祺》，发现文游台有汪曾祺文学馆，是当地文联搞的。大奇又大憾。次日一早就去补课。

　　汪曾祺文学馆设在文游台东南仰止园的名人厅北展厅。门口有启功书写的匾额："汪曾祺文学馆。"两边柱子上是邵燕祥撰书的对联：

　　柳梢帆影依稀入梦，
　　热土炊烟缭绕为文。

　　进大门，是展厅，陈列着汪曾祺的一些手迹和各种版本的文集，四周墙上是汪曾祺的资料图片。中堂有汪曾祺半身铜像，像两边柱上挂着林斤澜撰书的对联：

　　　　我行我素小葱拌豆腐，
　　　　若即若离下笔如有神。

　　对联上方还挂着王蒙、贾平凹、叶辛等人题写的匾额。王蒙的题词是："天真隽永，自在风流。"贾平凹和叶辛的题词分别是"文章圣手"和"意味隽永，文思神远"。还有邓友梅、忆明珠、海笑和余光中等人的题字。对于各种评价，汪曾祺都不为之所动，只将沉思凝固在铜像的脸上，一副"你不能改变我"的神态，让我想起他那首只有两句的诗，《彩旗》：

　　　　当风的彩旗，
　　　　像一片被缚住的波浪。

　　参观汪曾祺文学馆给我高邮之行打上完满的句号，让我在高邮真正找到了汪曾祺，找到这位 12 岁离开高邮，66 岁后三次回高邮，77 岁永远回高邮，并永远淡然地活在高邮的汪曾祺。

（《文汇读书周报》2006 年 8 月 25 日）

汪曾祺为我改小说

刘亚伟[1]

昨天整理书架，偶尔翻到汪曾祺先生亲笔题赠给我的《汪曾祺自选集》，引我回想起了二十多年前师从汪曾祺先生时的一些往事。

1988 年我入鲁迅文学院第一届作家研究生班读书，据说这个班是当时的文化部长王蒙提议、由北师大研究生院和中国作家协会鲁迅文学院合办的。由于历史的原因，我们这个年龄的作家大多没受过正规的大学教育，这大概是王蒙"作家学者化"思路的一个尝试。

我们那一届的四十多个同学中，几乎囊括了当时活跃在文坛上的有潜力的青年作家。记得我们的班主任是北师大研究生院的

1　刘亚伟，山东曲阜人。出版作品有历史纪实《孔府大劫难》，长篇小说《报社》《今夜与谁同眠》，中篇小说《我是一个兵》《五十年谋杀》等。

院长童庆炳先生和鲁迅文学院的教务长周艾若先生，副班主任是北师大学位处处长凌慧娟老师和鲁迅文学院的何振邦老师，当时的鲁迅文学院院长是深受人们敬仰的唐因老先生。先后给我们授过课的其他老师有冯立三、王愿坚、鲍昌、唐达成、张锲、李国文、林斤澜、汪曾祺、文怀沙、谢冕、季红真、孙津，等等。后来学院给大家安排文学创作研究和实践的导师，我有幸拜在汪曾祺先生门下。

汪先生当时年事已高，仍握笔不辍，我等后辈不忍心多加打扰。加上我又是一种不太愿意攀缘的性格，因此和先生接触机会并不多。师从先生的两年间，有几件事让我记忆犹新且受益终身。

一次我交给先生作业，是我新写的一篇短篇小说，先生给我打了89分，这个评价来自对文字一向精益求精的短篇小说大师汪老先生，让我受宠若惊。

先生对我的那篇拙作看得非常认真仔细，尤其是帮我给整篇文字重新划分了段落，虽然文字还是那些文字，但自己重读时竟然产生了一种焕然一新的感觉，无论是节奏、叙述语调，还是阅读感受和心灵触动，都平添了一种原来没有的意味。我瞬间领悟了汪先生的小说分段艺术，这种艺术既来自对文字的敏锐感觉，又来自对叙述节奏的自信把握，更来自一种超然淡泊的生活态度。

另一次，汪先生对我们三个他负责指导的学生单独授课，说：你们年轻人写东西不妨华丽一些，把想象力尽量放开，恣肆酣畅一些，淋漓尽致一些，不要过早地归于平淡。所谓"标新立异二月花，删繁就简三秋树"，以后随着年龄的增大，到我这个年纪的时候，就会自然而然地平淡下来，简约下来。

　　汪先生当时住在北京蒲黄榆小区，生活极简朴，唯一的嗜好是酒，我每次登门拜访，最受先生欢迎的礼物是家乡出的孔府家酒。

　　先生言谈很幽默，记得有一次我陪家乡《时代文学》女编辑张东丽女士去先生家约稿，我为张女士做完介绍，刚刚坐下，只听先生笑曰："你们二位的名字有些意思。"看着我们一脸的愕然，先生接着说："东丽者，东方丽人也；亚伟者，亚洲伟人也。是不是？"说罢，先生为自己的新发现呵呵笑了起来。

　　按响门铃，站在门外等先生开门时，听着先生"趿拉趿拉"一次比一次慢下来的脚步声，知道先生是真的老了，老得鞋子都抬不起来了。但是，当我面对着先生的时候，看见先生的眼睛仍是那么亮，炯炯有神，直透人的灵魂深处。

　　这些年几次想提起笔来为老师写点纪念文字，题目都定好了，《布衣汪曾祺》。这不仅是因为先生的目光一直面对着普通民众，其作品的表现对象大都是民间人物，传达出先生对这群人的同情、善良、平和、温婉的情怀，还因为先生在日常生活中也实践着一种布衣精神。无论是到小区的菜市场买菜，还是到邮局去领杂志社寄来的稿酬，他都能和人家聊得津津有味。所以熟悉他的人都喜欢喊他"老头儿"。

　　如今，先生已经走了16年了，每当我想起他来的时候，最想说的一句话并不是"先生是一个小说大师"，而是"先生真是一个可爱的好老头儿"。

（《北京青年报》2013 年 11 月 17 日）

浮萍闹市一壶清茶
——写写汪曾祺

走走小姐

盛夏的时光大把用来想念，想念香山的红叶、什刹海的钟鼓楼、二环路边的银杏树，想念北京四季的美景和绚烂的天际，想念所有的人和经历的故事，也就在这想念之中丝毫没有察觉日子飞逝抓也抓不住，岁月时光摩擦着，斑斑点点细碎念想交织着四季歌唱。

雨歌楼上午门忆旧章

遥远东方露出暖暖微光的无尽温柔，星星月月长夜漫漫下的风情万种，和白天的光景不同，午门城楼的夜晚安静富有诗意，好像从远古吹来的风，所有的星尘散落成一个一个秘密。

可这人间美好的景致在一个人的眼里是那样的稀松平常，纵使生命颠倒浮沉，他从来都如同一个生活在美好里的玩味高僧，把生活的细腻星点都入豪肠，粗茶淡饭心远旷达，三杯两盏淡酒兀自陶醉，他就是汪曾祺。

1949 年春天正值中国政局志忐之时，一位湘西之水孕育出来的作家就曾忍受不了时局对文学的扼杀而一心向死，而与此同时，高邮运河哺育长大的另一作家正在风尘仆仆的途中赶向皇城根下的梦乡，这一对师生似乎在完成着命运的接替。

沈从文是汪曾祺的老师，在西南联大期间汪曾祺的懒散与博学能文的名气是一样出名的，而沈老师对这位爱徒的欣赏之情也是学院佳话。到了 1949 年，汪曾祺的爱人施松卿刚刚在北京新华社安顿下来，他便北上汇合，可来到北京后住所都成了问题，无处可去的汪曾祺蹭住在北大红楼一个同学的宿舍，夜夜打地铺的日子竟然熬了半年之久，当老师沈从文听说后，身处命运困顿中的他顾不上自己，立刻给学生找到了一个栖身之所——午门楼上的历史博物馆值班室。

这是汪曾祺北京生活的伊始，《午门忆旧》里他曾描述了那一时期的生活。喜欢这位作家，连喜欢的心态都是轻松的，因为他和他的文字一样，有种生命旷达的清淡，这种清淡像烹饪的佳肴一样，任何人的嘴里都是容得下这种清香入口的。中国人的生命里都有着革命情结，很多特定时期的作家提及便让人觉得沉重，只有汪曾祺，无论是云南闲云野鹤一般的学生游子，还是北京小小值班室的抄录员，他眼里的美好世界从来不曾退去。

午门前的石头坪场上，常常映射下他和月亮的影子，不论从晨曦的微光还是到夜幕的冷月风霜，独自走向人世的喧哗与荒凉，不言不语穿越时间与所有经过的人相逢，眼里盛满生机勃勃的明亮目光。

岁月茫茫，到处都是天堂

地狱天堂皆在人间
伟大渺小中庸可怜
欢乐痛苦战争平安
辉煌黯淡得意伤感
……
幸福在哪里？幸福在哪里

——窦唯

陋室空堂，哀草枯杨，都为游乐场。

在汪曾祺的身上，我最容易看见平和，他就像胡同里随便一户人家的老头儿，精神抖擞，眼放童光。在北京城，他曾经落脚于北大红楼的宿舍地铺，后受恩师提拔于午门城楼的门房里安度抄录，1960 年左右汪曾祺全家搬到国会街 5 号，20 年后，在蒲黄榆观看稍纵即逝的黄昏，把盏浅饮，岁月悠长。但不论是哪里，在他生命所到之处，都如深街小巷的闲情时光，安享现世，一壶清茶入肠。

那时宣武门的城墙还未拆，几百年的风霜压矮墙，国会街也还是土路一条，北国风起，则是尘土飞扬。这个 5 号院曾经是一个气派的四合院，但是历史变迁更迭，汪曾祺入住的时候，它已经沦落成一个大杂院，并且全家人当时只能挤住在七八平米的"门房"里，这是他生命里第二次住进门房。

那是一间白天仍然需要点灯的斗室，只能搁得下一张大床和一个五斗橱，余下再没有落脚的地方，到了晚上睡觉的时候，床边还需要接一条木板，才能全家人挤在一起睡。后来经过了两次搬家他们才住上了院子里那两间十平米的套房，和斗室相比，显然已经给了这家人足够欢乐的理由，自此他们一家人在这个大杂院里生活了近二十年的光景。

住在这里则是因为汪曾祺当时已经被补划为"右派"，已经下放到张家口去劳动改造，几年间只有在休假的时候才不怕辛苦地背着土豆啊蘑菇那样当时让人稀罕的土产与妻儿团聚。汪曾祺不在家的日子，三个孩子上幼儿园全部整托，除了工作，家里所有的家务重担也落在了妻子身上，可是汪曾祺一家仍然其乐融融好似不曾受岁月的伤。

我们惊叹于这位作家生活里的智慧与审美，他用背回来的黄油做酥饼我们还不用惊讶，但是他竟然想得到用烟灰缸来做模子，给当时处在困难时期的孩子们烤制黄油点心！我想一个人如果处在顺境与美景中，他的心里滋生着喜悦与美好并不让人稀奇，但是处在如此环境下，尚在下放劳动的日子里的汪曾祺仍然兴致勃勃地做着这些事儿，这种生活里的美丽才称得上是绚烂，而他的一生似乎把一个人生命里所有的美好都剪辑到了一起。

1962 年在调回京后，汪曾祺像一个烹煮生炉的家常先生，捧着他小小的茶盅在临街夜不寐的陋室创作出了《沙家浜》这样巧思爽口儿的样板戏。这样一个著作颇丰的名家，他的文章美得如同天际尘埃里的呼吸，但是一点儿都不妨碍他在陋室屋檐下做一个下接地气儿的父亲。

处在低处的人们似乎更容易感受到满足和快乐，北京的春天从来都是在没有一丝暖意的时候开始，即便如此，在国会街的空地上仍然会有一群孩子和春天有着守时的约定。树梢还没有像样儿的绿意，孩子们已经无法等待地冲出家门，挤在空地上放风筝，不管多么简陋的风筝都丝毫不减弱这春天盎然的生机，汪曾祺陪孩子玩风筝，不仅仅是父亲陪孩子的功课，而是他也实实在在地投入其中，嫌风筝不好，竟然带着孩子们把一个竹筐抽丝来做材料，制作出来精良的风筝在国会街春日的天空里独占鳌头。

这破败的四合院里，睁眼所见的美都被汪曾祺收入眼底，当满树的海棠成景、杏花微雨，这个顽皮贪图人间美色的父亲就带着孩子们骑在墙头采摘他们眼中最美的春意。折回来的花儿就盛开在他杂乱的书桌上，被插在书桌一角的黑釉花瓶里，在花朵的芳香气息中，写他新中国成立后的第一部小说《羊舍的夜晚》。

如今这一幢幢的高楼我们再找不回几十年前的影子，看不见宣武门城墙后放风筝的孩子、大杂院里打架后又同吃一锅凉粉的居民，听不见每天清晨咿咿呀呀的吊嗓、大着嗓门满口京腔的脏话，记忆就像倒塌的宣武门城楼、被填平的护城河，那些时光不复，而这个黄昏一如往常一样稍纵即逝，就像刚刚突然出现在脑海中的欢快面容一样，随着夕阳与晚风一同快速地掠过。

北京一场大雨刚落定，一股子暑热好容易得到暂时的解放，路过物美到惠新西街南口乘地铁，捏着小小的地铁卡跟行色匆匆的上班族同游在这偌大的地下世界。五号线拥挤不堪，把刚刚拥有的一丝盛夏清凉挤榨干净，地铁广播一站又一站地广播着，下一站：蒲黄榆。

在国会街住了近二十年后，汪曾祺一家搬到了蒲黄榆，而这个地名也因为他的到来而成名。这个地方的环境跟国会街没有太大的差别，都是看一眼窗外就瞧得见北京城市井人民生活百态的地儿，闻着味儿都找得到东浦桥，熟悉汪曾祺的对这个地名早已亲切异常，《蒲桥集》《孤蒲深处》都是以这个地方为名的作品集，他把他的黄昏时光里，那些尘世的欢愉啊，都留给了这世上的人们。

从地下探出头来，天已经有了一点点的暮色，不妨你闲散地安度在黄昏里。和蒲黄榆路挨着的就是安乐林路，光是这路标的地名读起来心中的怀念已经晕染了一丛芳草绿生烟。写《安乐居》的老头儿似乎还在那个酒馆跟酒客们散聊偷酒，可天不知觉就黑了，就像光阴一晃就过了。

日月隐幽芒，禅趣酒花香

安然的醉酒微酣，白胡子的老人，微笑多恬淡。

知了的吟唱深陷在怀念的梦里，梦深陷在这北京夏天的色调里。王府井在天色泛红日光微亮的时候，就开始了一天的热闹，这些纷纷扰扰的热闹中就有一壶陈酿，日久弥香。

汪曾祺爱酒，爱的当然不是像李白一样豪情万丈，也不是窈窕绅士一样柔情断肠。而是像他的文字一样，透露着文人的实在和纯粹，多年以前，在霞公府下班之后，王府井的路边摊上必然坐着他，一盘羊尾巴油炒麻豆腐和二两小酒伴着悠悠落日，和二三友人的几句闲聊，成了他万千日子里平常的美景。

在《闻一多先生上课》中曾有名句：痛饮酒，熟读《离骚》，方可成名士。生长在高邮水乡的汪曾祺，本身就有着一股潮湿水汽带来的文人飘逸，散出淡淡的酒香，那股名士之风吹在他在与不在的年华里。和人聊天儿或者吃饭，当真是无酒不成席，直到被查出肝硬化，家人才开始强制老头儿饮酒，《安乐居》里汪曾祺把酒客写得实在生动有趣，连自己的夫人都忍不住批评老头儿："汪曾祺你不去偷喝酒，你怎么把人家写的那么活灵活现啊？！"为着先生的身体，汪曾祺一家人曾多次召开"老头儿偷酒批判大会"。而这个孩童似的老爷子有时实在馋酒上瘾，就出了门散步借着买菜的名义，溜到小卖部打一碗散酒，一口气喝完，心满意足地抹嘴离去。

把飘逸的酒香洒在生活的日常才是汪曾祺。他不仅是博学能文的才子，他的书画墨迹里透露出来强烈的生机，仿佛纸上人物一样在呼吸一样，生命，在他的眼里就本该如此美好。写文、作画、烹煮家常，每个生活的枝叶末端都有这个文人赋予的细腻美好。

汪曾祺有一套独特的烹煮理论呢，讲究"粗菜细作"，他做的拌菠菜、爆肚这样的北京名吃从来都是让人赞不绝口的。待客之时，老头儿下厨做一道冰糖肘子，炒个鸡蛋，每人斟一盅热酒，汪曾祺便美美地感慨："以往考验厨子的本领，都是让炒鸡蛋的，这道平常菜做好了，其他的菜就不在话下了。"

常常觉得文人或者艺术家都是距离我们平常人很远的一些特殊存在，可是汪曾祺就如浮萍闹世的一壶清茶，品味起来沁人心脾，有才华的人很多，但是能把自己的才华和生活相处得如此相得益彰，在生活的任何微小细节处都生出流光溢彩的花朵，真是不多见呢。

高邮水乡泛白的石岸，微荡着水痕。这个带着一身飘逸之风的名士把自己的才华藏在粗布衣裳里，把生活随意采摘的生动镜头放在他那些读来令人唇齿留香的散文集中，春初新韭，秋末晚菘，把一心的浪漫和随性，酿成一坛好酒留给后人尝。

闲话散文

汪曾祺　卫建民

　　卫：作家都希望自己写的是"史诗"，至少要"概括"一个时代，《晚翠文谈》的序中却说："我永远只是一个小品作家。我写的一切，都是小品。"这不是谦虚吧？

　　汪：不是。我写不出"史诗"。我没有那样的生活。我的气质也不具备那样的魄力。但巴尔扎克的《人间喜剧》，可以说是时代的"概括"吧，我宁是不喜欢。就画家说，范宽、王蒙的山水画是大家的，气势恢宏；倪云林只能画平原小景，画些小品。他们都有自己的位置。

　　散文不像小说、诗，能负载更多的东西，只能写点身边琐事。

　　卫：那您指的是狭义的散文？

　　汪：是。

　　卫：广义地说，东西方传统的思想、艺术，主要表现在散文里。

汪：散文也奇怪。最近，我的《蒲桥集》要再版。以前，房树民同志给我说过，我也没往心里去。我想，散文怎么能再版呢？现在真要再版。这大概有社会和文学的原因。

卫：听《散文》杂志的同志讲，他们明年的订数增加了两万。

汪：看，看！这说明读者不是对我一个人的散文感兴趣。这种现象，生活不安定是一个原因；生活使大家变得很浮躁，很疲劳，活得很累，需要休息，需要安慰，需要一点清凉，一点宁静，需要"滋润"。心里有不如意的事，想找人聊聊；听人说，也等于自己说。我始终认为，读者读作品是参与其中的。

卫：阅读也是一种对话。

汪：散文情况好转，也说明读者对人，对习俗、饮食，还有草木虫鱼的兴趣提高了，对语言、文体的兴趣提高了，文化素养提高了。当然，我也不希望我的书成为"畅销书"，像流行歌曲一样。不少流行歌曲，词儿也不通，就唱，品级不高。

卫：您很推崇明清小品，桐城派的散文，还说归有光像契诃夫，这个比较有意思。

汪：桐城派讲"文气"。我认为这个是很先进的概念。我的文章怕人胡改，就怕文气断了。戴名世、刘大櫆、方苞的文章，我小时背过不少；我现在的作品里也有桐城派的影响。当然，我并不同意他们的正统观念。

归有光的《先妣事略》《寒花葬志》《项脊轩志》，写得平易、自然，像谈家常话，结构"随事曲折"，好像没有结构。他的写法和现代的创作方法相通，观察和表现生活的方法像契诃夫。

卫：说到这里，我就想起作品容量和篇幅的关系。契诃夫《带叭儿狗的女人》，不管是思想，还是艺术，都不亚于托尔斯泰的《安娜·卡列尼娜》。作品的容量和分量不在篇幅长短。

汪：我的《大淖记事》，人家说，再抻一下就是个中篇。我说干吗要"抻"一下？我只能写成这个样子。写短了，从艺术上说，上算。作品不要写得太满。

卫：要"留白"。

汪：这样才有余味。

卫：您的散文属于哪种类型？

汪：上个月，《文学报》一个女记者访问我，说我是文人文学或学者文学的一个代表。过去我只知道有"学者小说""学者散文"，没听说过"学者文学"。"学者小说"大都是大学教授写的，在小说里谈学问，生活气息比较少，往往深奥难懂。我读书少，没有学问。我的小说大概不是"学者小说"。"学者散文"的名声比"学者小说"要好一些。英国的许多 Essais 都是"学者散文"。中国的许多笔记，也是"学者散文"。鲁迅的《二十四孝图》，周作人的大部分作品，都是"学者散文"。朱自清的《论雅俗共赏》等一系列论学之作，都可当作很好的散文来读。

卫：您推荐的《秋天的钟》，我读了，确实写得好。

汪：那是用意识流的方法写的。能发表这样的作品，说明我们的文学还有希望。我最近要给黑孩的作品写序，她受了日本新感觉派的影响，写得不错。一种写作手法，不能说"过时了"。

我常感到一些青年作家有我不及的地方，所以提出老年人要向青年人学习，不要这也看不惯，那也看不惯。哈尔滨那个阿城，写得就很特别，句子短，有自己的特色。

　　我在文学院带三个研究生。读他们的作品，我常惊叹：怎么写得这样绝！总之，这一代青年作家，在创作的准备上，比任何时代都强。

　　卫：他们像您说的一样，"赶上了好时候"。只要有生活，有思想，总要说话，什么也挡不住。

　　汪：孙犁以前的作品，就写得和人不一样。《铁木前传》，像西班牙小说。那个女的叫……

　　卫：小满儿。

　　汪：那是"卡门性格"。他抗战时写的小说，不像别人就是摸岗哨，端炮楼；也不能说仅仅"反映抗日"。他写的是"人"。概念框不住作品。赵树理的作品，也不能说就是"乡土文学"，《小二黑结婚》也不光是"反映婚姻自由"。有个外国学者说，《小二黑结婚》里唯一的正面人物，是三仙姑。

　　卫：这就是文学的现实功用和超越价值吧。赵树理的《催粮差》就很精彩。

　　汪：像契诃夫。

　　卫：曹禺的《日出》里，那些介绍、分析人物的文字，我认为是很好的散文。

　　汪：所以弄得导演不好下手。

　　卫：我没有看见过谁能成功地扮演陈白露。"散文"里，她是个有哲理味的女人。

　　汪：昆曲《夜奔》的念白也好，"男儿有泪不轻弹，只因未到伤心处"。

　　卫：我感到您有一个基本的思想，就是从生活出发。

汪：是这样。你要让我写打仗，我一句也写不出来。我不会编故事。

卫：您一"编"，我就能看出来。像十一子下水救巧云，处理得就一般化，是"英雄遇美人"的老套。

汪：哈哈！不那样……我想他们之间怎么发生关系？谁编的，也能看出来。

卫：锡匠游行示威就真实、感人。我设想，要拍电视的话，人物不要说话，只有动作、脚步、衣服摩擦的声音就行了。那种场面，是您亲自看到的吗？

汪：亲自看见的。

卫：生活挖尽了，创作生命也就结束了。一些在大陆生活过的海外华人作家，他们最好的作品，就是写旧生活；这一截儿写完，就没什么东西了。

汪：还可以补充一些。

卫：补充也得与自己的心灵相对应。

汪：反正，写散文，像宗璞说的，要有真情实感。

1990 年 12 月 21 日

听汪曾祺谈诗

石　湾

　　汪曾祺曾在《蒲桥集》的封面上自拟了一条"广告"："齐白石自称诗第一，字第二，画第三。有人说汪曾祺的散文比小说好，虽非定论，却有道理。"这则"广告"没有提及他的诗。虽说在他生前公开发表的诗作很少（我几乎没有读到过），但我以为骨子里他是个抒情诗人。他与香港作家施叔青对话时就曾强调过，他的小说是"作为抒情诗的散文化小说"。这是很值得我们体味的一句话。

　　我在上世纪末，即"文革"结束前后，曾借调在北京京剧团创作组两年多时间。当时创作任务压得很紧，规定创作人员都在团里吃住，只有周六晚才可回家休星期天。我与汪曾祺住对门，可以说是朝夕相见。前不久在《当代》上读写他和林斤澜的《文坛双璧》一文，又勾起了我对汪曾祺先生的许多回忆。对我触动最大的是，文中引了汪曾祺一组短诗中的《早春》：

> 新绿是朦胧的，飘浮在树杪，完全不像是树叶……
> 远树绿色的呼吸。

该文还提到，在反右运动中，这首诗曾遭到批判，"积极分子说：'连呼吸都是绿色的了，你把我们社会主义社会污蔑到了什么程度？！'"遗憾的是，文中没有注明这组诗发表在何处。此前，我从未在报刊上读到过汪曾祺写的新体诗，也未见他有诗集行世，于是就到首都图书馆去查阅《汪曾祺全集》，终于读到了他所留下的18篇（组）诗。首先，我发现《当代》所引《早春》一诗，有几处错了。原诗应为：

> （新绿是朦胧的，飘浮在树杪，完全不像是叶子……）
> 远树的绿色的呼吸。

若不细心读，是很难发现引错的。但汪曾祺是个在用字炼句上极为讲究的作家。如首句中将"叶子"误录为"树叶"，则就犯了大忌，一句诗中出现了两个"树"字。已有"树杪"在前，此叶子当然不是草叶或花卉之叶，怎还要重复标明是"树叶"呢？再就是"远树的绿色的呼吸"，误成为"远树绿色的呼吸"，省却了一个"的"字，读起来语感就不一样了。而汪曾祺写诗作文是"在叙述方法上致力于内在的节奏感"的，一旦丢却了内在的节奏感，诗味（或美感）也就淡了。

　　汪曾祺这组题为《早春》的短诗，是刊登在 1957 年 6 月号的《诗刊》上的。除此而外，收入《汪曾祺全集》的诗，只有《回乡杂吟》《贺〈芒种〉四十周年》《我为什么写作》曾分别在《雨花》《芒种》和《新民晚报》上发表过，其余 14 篇，他在世时均未能得以发表。但我知道，他手里是存有诗作的。就是在"文革"末期，他曾给我看过一组诗。事隔近 30 年，组诗的标题我已想不起来了，但其题材是有关内蒙古草原和鄂伦春族风情，这是记得很清楚的。这组诗的风格清新明快，朗朗上口，汲取了少数民族民歌的营养，给我留下了很深的印象。当时，我就建议他将这组诗拿出去发表。而当时的文学刊物极少，京城只有《解放军文艺》和复刊不久的《北京文艺》《诗刊》。他问我这三家刊物都是谁在编诗，我说了几个我认识的编辑的名字，他感叹道："一个熟悉的朋友也没有，只有李瑛（时任《解放军文艺》诗歌组组长）是北大中文系出来的，算是校友，北平临解放时曾见过（当时他夫人施松卿在北大任教，他闲居于北大），但后来从未打过交道，贸然投一组诗去，也不怎么好……"就这样，他就将诗稿塞进抽屉，作罢了。到了 1985 年初，我在参与《中国作家》创刊时向他约稿，他说：手头新写的小说、散文都被兄弟刊物"抢走"了，过些时再给你们写吧。我就说，在北京京剧团创作组时，你不是给我看过一组诗吗？找出来给我们就行了。以往，文学界的朋友对他大都不熟悉，只知道是剧作家，《受戒》破门而出后，才知他是位了不起的小说家。我想，发一组他的诗，也会成为引人注目的文坛风景。

　　过了些日子，我收到了他写于 4 月 20 日的信。此信主要是让我帮他找两期刊有他散文《果园杂记》和《旅途杂记》的《新观察》

杂志的，说："人民文学出版社约我编一本散文集，我想把这两篇收进去，但刊此两文的杂志我已丢了……《新观察》的人我都不熟，不想麻烦他们。你如保存着这两期刊物，能否借我一用？"因我原在《新观察》工作，是他这两组散文的责任编辑。说完此事后，他在信中写道："你曾建议我把写过的诗拿到《中国作家》发表，我的诗稿早已不知去向，现在想也想不全了。那几首诗也没有多大意思，里面还提到'越境的熊'，于中苏邦交不利，不宜发表。"紧接着，他还关切地问了一句："你最近写什么？写诗还是写报告文学？"

我年轻时，爱好写诗。当年北京京剧团创作组的同仁，也都是因为看了我在报刊上发表的诗作，才由剧团分管创作的领导成员薛恩厚出面，找到中国艺术研究院的主要负责人袁水拍协商，把我借调去搞剧本创作的。袁水拍是著名诗人，他知道我从干校回来后依然想从事文学创作，说："你就先借调过去吧，写京剧剧本需要有诗的功底。汪曾祺的唱词就写得很好。你去了会学到很多东西的。"借调到北京京剧团创作组后，我得知《沙家浜》和《杜鹃山》虽都是集体改编，但那些脍炙人口的精彩唱段，其唱词无不出自汪曾祺之手。我最佩服的是《智斗》中阿庆嫂的那段唱词："垒起七星灶，铜壶煮三江。摆开八仙桌，招待十六方。来的都是客，全凭嘴一张。相逢开口笑，过后不思量。人一走，茶就凉……有什么周详不周详！"可以说，这段唱词不仅巧妙地把数字运用到了极致，而且把旧诗（"垒起七星灶，铜壶煮三江"是从苏东坡的"大瓢贮月归春瓮，小杓分江入夜瓶"脱胎而来）和来自民间的富有生活哲理的生动语言糅合成了隽永的绝唱。这显然不是一般的功夫。平时聊天，他就常对我说，无论当编剧，还是写新诗，多学一点旧诗、民歌和曲艺，对创作都是有好处的。

如今，人们一提起汪曾祺，都要说他是沈从文最得意的弟子。可当年我借调在北京京剧团创作组时，却从没有听他谈起过沈从文先生。创作组组长杨毓珉，与他是西南联大中文系的同学。当初他摘掉右派帽子后，一时间无单位愿意接收，就是杨毓珉提议把他调进北京京剧团当编剧的。众所周知，他们的老师中有三位大作家：沈从文、闻一多、朱自清。新中国成立后沈从文被打入另册，几乎与文坛隔绝，作为被"控制使用"的"摘帽右派"，汪曾祺对这位恩师的名字，自然也就讳莫如深了。但闻一多和朱自清，他是经常与我谈起的。一是这两位作家作为民主斗士早已盖棺定论，有毛主席的"我们应当写闻一多颂，写朱自清颂"的"最高指示"为证；二是我在南京大学读书时的恩师赵瑞蕻及其夫人杨苡先生，也是他西南联大的同学，赵先生和杨先生又都是诗人、作家。在西南联大，闻一多教唐诗，朱自清教宋词。他的古典诗词的深厚功底，无疑就是那时打下的。他说，闻一多先生很欣赏他。他曾替一个比他低一班的同学代笔写了一篇关于李贺的读书报告，闻先生看后对那位同学说："你的报告写得很好，比汪曾祺写得还好！"他说，他写李贺只写了一点：别人的诗都是画在白底子上的画，李贺的诗是画在黑底上的画，因此颜色格外浓烈……他还不只对我说过一次："你老师赵瑞蕻的诗欧化的句子太多，我可不怎么喜欢。你学诗还是要多读唐诗和民歌。"

汪曾祺在新中国成立初期，曾与赵树理共事，编过《说说唱唱》，后又编《民间文学》，因此，他的创作得益于向民间说唱和民歌的学习，是不言而喻的事。我在他的《全集》里发现组诗《旅途》中有篇《巴特尔要离开家乡》，其实就是当年他给我的那组诗中的一首。《全集》附录的《汪曾祺年表》，就提到这期间他"还参与了许多京剧剧本的编剧工作，如《山城旭日》《草原烽火》《敌后武工队》《平原游击队》等，全部奉命行事，基本徒劳无功，直至'文革'结束"。他在给我的信中说"那几首诗没多大意思"，显然是自谦之词。

　　记得 1978 年初春，在我离开北京京剧团创作组回中国艺术研究院时，汪曾祺曾语重心长地对我说："今后你若还写诗，就得'变法'。"因当时我两都面临着所谓"说清楚"、受审查，前途未卜，哪顾得上思考在诗歌创作上如何"变法"的问题？待我两先后"说清楚"并被"解脱"之后，我就放弃从事专业创作的志愿，到中国作家协会所属的《新观察》杂志当了编辑。《新观察》复刊后发表的第一篇小说，就是我找汪曾祺约来的《黄油烙饼》。这比他后来引起轰动的《受戒》早了三个月。《全集》收入《黄油烙饼》时，唯有这篇小说既未注明写作日期，也未标出何时在何报刊发表。估计也像《果园札记》《旅途札记》一样，他把刊登此小说 1980 年第 2 期《新观察》杂志弄丢了。

　　从到《新观察》当编辑、记者起，我就基本上不写诗了，为适应工作的需要而转向写报告文学和散文、随笔。因此，这二十多年来，我是辜负了他当年关于诗要"变法"的嘱咐。但当我重读《巴特尔要离开家乡》，依然觉得他所坚持的诗人、作家应多学一点旧诗、民歌、戏曲和曲艺的主张是千准万确的。正如他在《我为什么写作》中说："有何风格？兼容并纳。不今不古，文俗则雅。"

寻访汪曾祺在张家口的足迹

丁启阵

我有跟汪曾祺先生同居一城（北京城）近十年的荣幸。但是，在他生前我却一次也没有见过他——这话有点怪，他死后我更不可能见过他。在汪曾祺先生生前见他一面，原本应该不是一件很难的事情。跟他关系较为密切的他的两位大学同学，著名语言学家李荣先生和朱德熙先生，我就都见过。其中李荣先生，有一段时间，我几乎每周都要去他家一次，每次一待就是两三个小时，听他谈音韵学，谈方言学，谈怎么修改学术论文。如果我想拜见汪曾祺先生，请李荣先生介绍一下，应该是不成问题的。有个出版社的编辑朋友，给汪曾祺先生出过书，通过他也是可以找到汪曾祺先生的。另外，也没听说过汪先生有钱钟书那样闭门谢客、不轻易见人的脾气。主要原因是，那个时候，我的兴趣和精力基本上集中在音韵学和方言学上，无暇顾及文学，还没有开始系统阅读汪先生的小说、散文，只在杂志上偶尔读过他的若干篇文章，好玩是好玩，但没有产生前去拜访一下的想法。

较为系统地阅读汪先生的小说、散文，是在他去世前不久（汪先生去世于 1997 年）。等我想去拜访他的时候，老先生已经驾鹤西去了。当遗憾永远无法弥补，怀想之情就愈加热切。读其文，想见其为人，对他文章中描述过的他的生活，也就有了较为浓厚的兴趣。其中，汪先生写他在张家口四年"右派"生活的几篇小说和散文，我就读得津津有味。本该感到灰暗、绝望的时期，他的回忆文字里竟是那样一派祥和、妙趣横生的景象，我于是常常冒出这样一个念头：日后有机会，一定要去寻访一下汪曾祺在张家口的足迹。葡萄园、七里茶坊、他画马铃薯图谱的沽源，对我而言都有不小的吸引力。

机会终于来临。这一次结束两天半的坝上采风，张北朋友坚持派车送我回北京。我于是在登程之际提出一个要求：顺路去沙岭子镇寻访一下汪曾祺当年的足迹。1958 年，被补划为"右派"的汪曾祺先生，被下放到设于该镇的"一个地区性的农业科学研究所"参加劳动，接受改造。1960 年摘掉"右派"帽子后，曾到该所设在坝上沽源的"马铃薯研究站"画马铃薯《图谱》。离开北京的时候，汪曾祺先生给他妻子留了一张字条："等我五年，等我改造好了回来。"实际上，四年后，他就被调回了北京，在北京京剧团担任编剧。就是说，汪曾祺先生在张家口待了四年时间。从他日后所写的一系列文章看，这四年，他虽然是以"右派"身份下放劳动，但并未受到什么歧视和批判，相反，他的生活和劳动都有许多乐趣。看了文章里关于这些富有乐趣的片段的描写，我相信，很多读者都会像我一样，产生去实地看一看的想法。

　　虽然事先没有做过调查、联系，但是，司机杨师傅凭着曾经到沙岭子一个农科所拉过花草的隐约印象，找到了一处农业科技园。一打听，这个科技园跟我要找的农科所是一个单位。我跟他们说明来意并且简单介绍了汪曾祺先生的情况后，陈设简易的办公室里的四位工作人员立即表现出了很大的热情：颇有干部风度、最年长的一位说，他在杂志上看过一篇文章，里边说到汪曾祺在他们农科所工作时的情况，有点印象。但是，他本人没有见过汪曾祺，也没有听哪位同事说起过汪曾祺在这个农科所工作时的情况。他跟另一位也是干部模样的男子一起帮我想办法，在记忆里搜寻可能跟汪曾祺有过接触的八九十岁老人，还有谁是健在的；最年轻的一位，大概也就二十来岁，上网搜索到了汪曾祺的简介，上边印证了我关于汪先生曾经在 1958 至 1962 年在沙岭子农科所下放劳动的说法，他们因此显得有些兴奋，帮我找可能了解情况的老人的热情更高了。很快，最年长的那位就打电话给农科所的一位人事处长，说有一位北京来的大学教授想了解五十年前在他们所工作过的一位作家的情况，请他帮助一下。

　　一路打听，大约一刻钟之后，我们找到了汪曾祺先生待过的农科所，不过大门口的牌子上挂的是"张家口市农业科学研究院"，是研究院，不是研究所。从该院科研处处长奚玉银研究员通过 QQ 邮箱发送给我的有关资料中了解到，汪曾祺先生下放劳动的是筹建于 1939 年的"中央农林试验场"发展而来的"坝下农业科学研究所"。2005 年，该所跟"坝上农科所"合并，成为"张家口市农业科学研究院"。

研究所人事处处长任万江先生早已在大门口等候，他特意找来的一位 80 岁老人也已经在门卫室内坐着。这位老人名叫杜振睦，耳聪目明。我一说 1958 年到 1962 年有个叫汪曾祺的北京来的作家在这里工作过，他马上说见过这个人。但是，他强调，汪曾祺是干部，他自己是农民，没有打过交道。他说，汪曾祺那个时候不像他们农民一样需要整天干农活，而是到处跑。说着说着，老人就竖起了大拇指，说汪曾祺人聪明，记性好，编的顺口溜很有趣，待人也非常和气，没有干部架子。这位老人还知道汪曾祺做过文学杂志的编辑，不过他把《北京文艺》记成了《人民文学》。老人不是文盲，他会写自己的名字，笔画相当有力。或许，下次路过那里，我应该买一本汪曾祺的著作送给他。

杜振睦老人的说法，跟汪曾祺的回忆似乎有点矛盾。汪曾祺在散文《随遇而安》里关于自己到研究所以后的劳动和生活，有如下一些描写：

初干农活，当然很累。像起猪圈、刨冻粪这样的重活，真够一呛。我才知道"劳动是沉重的负担"这句话的意义。但还是咬着牙挺过来了……大部分的农活我都干过，力气也增长了，能够扛一百七十斤重的一麻袋粮食稳稳地走上和地面成四十五度角那样陡的高跳。后来相对固定在果园上班。果园的活比较轻松，也比"大田"有意思。最常干的活是给果树喷波尔多液……许多工人没这个耐心，于是喷波尔多液的工作大部分落在我的头上，我成了喷波尔多液的能手……

> 我们和农业工人干活在一起，吃住在一起。晚上被窝挨着被窝睡在一铺大炕上。农业工人在枕头上和我说了一些心里话，没有顾忌……

这究竟是怎么回事呢？我认为有多种可能：一是汪曾祺因为年深月久记忆不准确，不经意间把自己干农活的辛苦以及跟农业工人（其实就是农民）之间的亲近程度夸大了；二是汪曾祺不可能跟每一个农民走得很近，杜振睦当年不属于跟汪曾祺走得很近的那一部分农民，因而对他的情况不甚了解；三是"麻秆打狼——两头怕"，汪曾祺以为自己是"右派"待罪之身，心目中农民形象被他高看三分，农民觉得汪曾祺是上边去的"干部"有文化心里敬他三分。还有一种可能，杜振睦进农科所是在汪曾祺摘掉右派帽子之后。《随遇而安》一文中有交代："……我就在一九六〇年在交了一个思想总结后，经所领导宣布：摘掉右派帽子，结束劳动。暂时无接收单位，在本所协助工作。"所谓协助工作，就是画画，给展览会画画，到农科所设在坝上沽源的"马铃薯研究站"画马铃薯图谱。因此，杜振睦这样的农民当然就会觉得汪曾祺是在到处跑了。

老人和其他人都说，研究所的院子是在原址，研究所的果园也还在老地方（我看距离研究所大约有半里地）。我以为，研究所唯一的那座两层楼房就是汪曾祺当年出入过的建筑。司机杨师傅表示不同意，他认为，那座楼房肯定是70年代以后的建筑，五六十年代都是平房，不大可能有楼房。我承认，杨师傅说的有道理。

任万江给过我一个人名和电话号码，说他是农科所的老人，八十多岁了，他有可能见过汪曾祺，不过，他现在住在宣化。今天上午，我给这位老人打了个电话，老人说没见过汪曾祺这个人，口气相当肯定。

寻访了半天，著名作家汪曾祺工作过四年、后来又怀着深情在多篇文章里写过的地方，过了不到五十年，就几乎已经没有人记得他、知道这个事情了，我多少有些意外，有些遗憾。依我的想法，当地文化文物部门应该在汪曾祺工作过的地方开辟一室，以供纪念。有这么一个可爱的作家因为在这里生活过几年，写出了那么多令人温暖的文字，不是可以让当地人引以为自豪、感到开心、受到鼓舞的一件事情吗？

下一次再去张北，我要去汪曾祺先生边画《中国马铃薯图谱》边在牛粪火里烤马铃薯块吃的沽源"马铃薯研究站"看一看。

汪曾祺二题

叶　梓

八张书签

1998 年，北京师范大学出版社隆重推出一套泱泱八册的《汪曾祺全集》，不仅让如我辈的汪老迷有了一睹其写作全貌的良机，也弥补了国内出版业频频出其作品选集而无全集的遗憾。所以说，这也算是一件功德无量可喜可贺的出版大事。而且，此全集付梓时，出版社从细节入手，把"全心全意为人民服务"落到实处：每册书里，均夹赠一份印制精美的小小书签，作为给读书人的礼品。

书签者，本为标记阅读而设计的纸片。然此八张书签，以汪曾祺先生的书法绘画作品为主题，书签上端，嵌有汪老的肖像。看这八幅摄于不同年代的肖像，仿佛看到了老人跌宕起伏的悲欢人生。下端红底白字，署有汪曾祺全集字样。整个书签设计独特，印制精美，迥异于那些以宣传营销为主基调的市侩味十足的书签，雅致有趣，书香翩翩，于我等喜好把玩小玩意的末等藏家而言，亦不失为精致之藏品。

八张书签的绝妙之处，主要在其别出心裁的独特构思。

汪老不仅是一位才华横溢的作家，还是当代文坛能够秉承传统艺术的不多的几位作家型画家之一。在我所知道的当代作家里，能书善画的，寥若辰星，晚于他者，冯骥才、贾平凹是也，再往后就更少了，目之所及，似乎只有聂鑫森、伍立杨、车前子等不多的几位。所以，从这个意义上讲，这些以汪老的书画作品而设计的书签，是全集不可或缺的一个组成部分。

八张书签里，七幅画作，书法只有一帧。仅有的一帧书法，是汪曾祺在云南大理写的一幅对子。即"苍山负雪，洱海流云"。据他在《自得其乐》一文里介绍，这些字，因为"字少"，"就写成了体兼隶篆了"。他在该书法的题款里写到："曾在大理书此联，字大径尺。酒后书颇霸悍。距今已有几年不复记省丙子冬。曾祺记。"寥寥数句，当时情景跃然纸上。而手抚此签，情趣相生，令人爱不释手。

余七，均以汪老的一些画作为题材。

这些画作，都为写意画，以荷花紫藤为主，飘逸，高洁，空灵。常常，我把它们整齐地在书桌上排成一溜，逐一赏读，宛似阅读一册被缩小的画集。在这浑浊的尘世闲读这些或淡雅或鲜艳的画作，如饮甘醇，如沐秋阳，如临晨风，好一派悠然自得，沁人心脾。其中画作《残荷不为雨声留》，以前多次看过，现在还是不忍卒读。画家马得称赞汪曾祺"荷叶画得好不稀奇，题字与画结合得这样好却是难得的"，马得的评价，在这幅画里体现得十分突出。而在这幅小小的画作里，汪老淡定自若的性情、出众卓越的才华以及他犹如秋叶般静美的内心世界，一览无余。记得作家宗璞说汪曾祺"戏与诗，文与画，都隐着一段真性情"，斯言实在是妙，他几乎道尽了一个古朴文人的脉脉情怀。

汪曾祺自谦自己写字画画，仅仅是自娱自乐罢了。他还搬出陶弘景"只可自怡悦，不堪持赠君"的句子，专门撰文说只是"自得其乐"。实则不然。因为赏读这些"心手俱到，纸墨相生"的书法画作，能看出他作为秉承了中国传统文化的一个文人的博大情怀以及一竿风月一蓑烟雨的人生趣味。

作为一个末流的小小收藏爱好者，我之所以把这些书签束之高阁，小心收藏，也许，正是我对于一个永葆童心的作家的满腹敬慕使然。

《文与画》

《文与画》是汪曾祺的一本作品选集，山东画报出版社 2005 年 3 月出版。定价 24 元。

关于这本书的大致内容，书的封底有一段话，基本上说清了：

有人说汪曾祺身兼二美：美文家、美食家，他自己也说，写字、画画、做饭是他的"业余爱好"。他写字，画画，也写过不少谈书画的文章，这都是本书所选。其

文之冲淡隽永自不必言，而书画之飘逸也尽可从书中细
细体悟。本书还兼选部分谈家事的文章，从中可以看出
汪曾祺之为汪曾祺，也是有其家学渊源的。

这是一本什么样的书，读读这些话，就会明白了。

书的责任编辑段春娟，我是知道的。我手头有一本山东画报
出版社的《知堂谈吃》，也是她当责任编辑。能给《知堂谈吃》
当责任编辑的人，就能给《文与画》当，我想这应该是一脉相承的。
当然，这是我的一家之言。这中间的道理，聪明人都懂。在今天，
还能有如此编辑胸怀的人，真性情也。我不知道此人是男是女，
但从名字里依稀流露的那份淡雅和娴静看，想必是一个女人的名
字吧。想想，一个女人在淡淡的月光里，读一册汪曾祺的《文与画》，
也是人间的一份诗意吧。

还是说说这本书吧。

我知道这本书的出版，是在已经拥有了《汪曾祺全集》之后。
如果没有全集，我一定会买来读读的——此前，我几乎是碰上汪
老的选集，是凡遇必买的。因为已经有了全集，我就打消了再购
买汪老作品选集的念头。书生嘛，都穷，更何况当代书生。所以，
有了全集我就得捂紧自己并不宽松的钱袋子。然而，一日，访作
家薛林荣于其书房，在其泱泱几千册环壁而立的书房里，恰遇此
书，如晤老友。遂抽出来一阅。看目录，大多数文字，都是看过的。
有一些不止看了一遍，如《随遇而安》，如《我的父亲》，如《我
的家乡》，再如《谈题画》。但这次，我被穿插其间的那些画作，
一下子给吸引住了。

这真是些典型的文人画呀。

因爱不释手而借而阅之，一月有余矣。其实，所谓的"阅之"，也就是集中地赏读了汪老的书法和绘画罢了。文字我是略去的，因为全集里都有。一页一页从文字里挑出书画来的感觉，也是一种读书的乐趣。书中所选的百余幅汪老不同时期的书画，天真烂漫，不拘定格，真性情也。把它们穿插在汪曾祺的文字里，若清水芙蓉，乃绝配！也许，这和我尤喜文人画有关。我对于文人画有着偏爱，是因为我发现身边的不少画家——包括我的画家朋友，请恕我直言——大多都成了呆板的画匠而已。他们不读书，只会画。而文人画，作为传情达意的一种言说方式，更符合画画的本质。

于是我对自己懊悔不已，区区二十余元，何必吝啬如此？平时少抽一包烟，少喝一瓶酒，不就省下来了嘛。2007 年的夏天，我从当当网上购得此书。收到书的那天，我在书的扉页上，简短地写了几句话：

为文作画，汪老自得其乐；吾辈读之，亦是自得其乐。2007 年 5 月 20 日记。

购《文与画》，让我至少有了两个想法。一是，一个作家，应该懂点书法和绘画，要是能画会写，就好了，要是画得好，写得好，就是好上加好。二是，国内应该出版一本汪曾祺的画集。不知道有没有相关的书？我想，真的出版了，该算一件功德无量的事吧。

（《甘肃经济日报》2007 年 12 月 28 日）

上海之于汪曾祺到底意味着什么

顾村言

上海当然不是汪曾祺的故乡，而只是汪曾祺生命旅程中的一个驿站——或者说是相对重要的一个驿站，这里有他的"听水斋"，就像沈从文的"窄而霉小斋"，记录着汪曾祺踏入社会初期的困顿、迷惑与希望，在这里，他收到沈从文的那封著名的信："你手里有一支笔，怕什么？！"也因此，这里诞生了他的第一部作品集《邂逅集》。在这里，年轻的汪曾祺、黄裳与黄永玉，各自身着一套蹩脚的西装，旁若无人地闲逛霞飞路，说着一套"海阔天空、才华迸发的废话"，评说天下，臧否人物……

历经半个多世纪，在上海，见证这一切的汪曾祺的"听水斋"现在还存有遗迹吗？

"我的故乡是高邮，风吹湖水浪悠悠"——都知道汪曾祺先生的故乡是江苏高邮，刚刚过去的元宵节是汪曾祺 90 诞辰，高邮正在举办一些纪念活动，有朋友好意邀请我去，然而手头事多，根本无法启程，况且，高邮汪氏故居也去过多次，现在到底如何似乎也未必想过多了解，既如此，在上海——这个曾有着汪曾祺"听水斋"的地方怀念老人也是一个不坏的选择。

上海之于汪曾祺到底意味着什么呢？

"听水斋"缘起

汪曾祺1944年自西南联大毕业后先在昆明的一所中学教书，并与施松卿相恋。两年后，施回故乡福建省亲谋职，汪曾祺也辗转来到上海，然而，抗战胜利之后的上海，民生凋敝，物价飞涨，找份稳定的工作谈何容易，在屡屡碰壁后，陷入困境的汪曾祺甚至想到了自杀，最后唯有写信向远在北京的恩师沈从文诉苦，结果沈从文回信罕见地把汪曾祺大骂一通，最后说："为了一时的困难，就这样哭哭啼啼的，甚至想到要自杀，真是没出息！你手里有一支笔，怕什么？！"沈从文的回信自然让人想起他初到北京在标点符号都不会用的情况下凭一支笔打天下的往事，那才是真正的困顿，然而沈从文凭着湘西人骨子里不认输的那份执著，终于用笔打出了一个天下，他要他的爱徒也拥有这份执著，唯有以骂的方式才可让年轻的汪曾祺醒悟——骂归骂，爱徒心切的沈从文也动用各种关系帮助汪曾祺，最后通过好友李健吾终于给汪曾祺在民办的致远中学找到一份教国文的工作。

而汪曾祺所谓的"听水斋"也因之落户于原上海福煦路（今

延安中路）的致远中学。

汪曾祺对于"听水斋"唯以一篇《星期天》记之，虽为小说，可以看得出就是来自于他当时的真实生活：

　　这是一所私立中学，很小，只有三个初中班。地点很好，在福煦路。往南不远是霞飞路；往北，穿过两条横马路，便是静安寺路、南京路。因此，学生不少。学生多半是附近商人家的子女……"教学楼"的后面有一座后楼，三层。上面两层是校长的住家。底层有两间不见天日的小房间，是没有家的单身教员的宿舍。

　　此外，在主楼的对面，紧挨围墙，有一座铁皮顶的木板棚子。后楼的旁边也有一座板棚。

　　如此而已。

　　……我教三个班的国文。课余或看看电影，或到一位老作家家里坐坐，或陪一个天才画家无尽无休地逛霞飞路，说一些海阔天空、才华迸发的废话。吃了一碗加了很多辣椒的咖喱牛肉面后，就回到学校里来，在"教学楼"对面的铁皮顶木棚里批改学生的作文，写小说，直到深夜。我很喜欢这间棚子，因为只有我一个人。除了我，谁也不来。下雨天，雨点落在铁皮顶上，乒乒乓乓，很好听。听着雨声，我往往会想起一些很遥远的往事。但是我又很清楚地知道：我现在在上海。雨已经停了，分明听到一声："白糖莲心粥——！"

　　狭义地讲，"听水斋"其实就是汪曾祺睡觉之所，在教学楼后面后楼（三层）暗无天日的底层，在那里，他听得到"隔壁人家楼上随时会把用过的水从高空泼在天井里，哗啦一声，惊心动魄"，故名；而另一层意义上，他批改作业以及创作之所却是在教学楼对面的"有铁皮顶的木板棚子"，他在那里听到的则是雨声，"下雨天，雨点落在铁皮顶上，乒乒乓乓，很好听"，同样算是"听水"，就像沈从文常常称"中国南方的阴雨天气与流动的水"对他创作的巨大影响一般，上海的阴雨天气以及一声"白糖莲心粥——！"悠长的叫卖声对这位年轻人创作的影响似乎也是致命的——"我往往会想起一些很遥远的往事。但是我又很清楚地知道：我现在在上海。"

　　也是在那样的回忆往事的基础上，汪曾祺作品终于呈现出与来上海前所写的《小学校的钟声》《复仇》等受西方纪德、萨特、伍尔芙等影响的意识流小说完全不同的风格，初步风貌因之终于成形，读篇末注明"1947年初，写于上海"的《鸡鸭名家》《戴车匠》等可以看出，这组文章已基本奠定了汪曾祺其后的著名的《异秉》《大淖记事》等融奇崛于平淡、纳外来于传统、近于大写意风格的故里回忆小说，那是沈从文真正教出来的文章，而所谓的汪曾祺"大器晚成"之说则完全是一种误解与历史的播弄——他在新中国成立后的相当长时间内根本写不了那种主流界所认可的小说散文，就像沈从文那样，故唯有掷笔不写，而写京剧剧本则是为稻粱谋所致，这个巨大的人生转型，就像沈从文转型从事文物研究一样，虽也算兴趣，但却非真正的兴趣所在。

"听水斋" 交游

年轻的"听水斋"斋主汪曾祺在致远中学拥有相对安定的职业与生活后，读书创作之余，自然少不了交游。汪曾祺在《星期天》中自述："星期天，除非有约会，我大都随帮唱影，和（同事）……去逛兆丰公园、法国公园，逛城隍庙。或听票友唱戏，看国手下棋。不想听也不想看的时候，就翻《辞海》，看《植物名实图考长编》——这是一本很有趣的著作，文笔极好。我对这本书一直很有感情，因为它曾经在喧嚣历碌的上海，陪伴我度过许多闲适安静的辰光。"

更值得记下的则是他在心灵上息息相通的朋友，一黄裳，一黄永玉，当然，还有巴金与萧珊在霞飞坊的家。

黄永玉是沈从文的表侄，而汪曾祺是沈从文的得意传人，当黄永玉来到上海后，两人立刻开始交往几乎是必然的——黄永玉后称"表叔来信让我去看他"，两人初次见面的次日，汪曾祺就写信向沈从文详谈见面细节，而当时的沈从文尚未见过这位长大后的表侄（沈与黄永玉第一次见面在湘西，彼时黄永玉尚年幼）：

> 昨天黄永玉来，发了许多牢骚。我劝他还是自己寂寞一点做点事，不要太跟他们接近……我想他应当常跟几个真懂的前辈多谈谈，他年纪轻（方二十三），充满任何可以想象的辉煌希望。真有眼光的应当对他投资，我想绝不蚀本。若不相信，我可以身家作保！我从来没有对同辈人有一种想跟他有长时期关系的愿望，他是第一个。您这个作表叔的，即使真写不出文章了，扶植这

么一个外甥也就算很大的功业了。给他多介绍几个值得
认识的人认识认识吧。

（1947年7月15日致沈从文）

信中且说及黄永玉不想再在上海待下去，欲回湘西而遭到汪
曾祺的反对："我直觉的不赞成他回去。一个人回到乡土，不知
为甚么就会霉下来，窄小，可笑，固执而自满，而且死一样的悲
观起来。回去短时期是可以的，不能太久。"

而2008年黄永玉与李辉的谈话中对与汪曾祺的交往如是描述：

每到周末，我进城就住到他的宿舍。与他住在一起
的是个在《大美晚报》工作的人，总是上夜班，这样我
就可以睡他的床。那是一张铁条床，铁条已经弯了，人
窝在那里。记得他在写给表叔的信中说过，永玉睡在床
上就像一个婴儿。

有时我们和黄裳三个人一起逛街，有时就我们俩，
一起在马路上边走边聊。他喜欢听我讲故事，有时走着
走着，一打岔，我忘记前面讲到哪里了。他说："那我
们走回去重新讲。"多有意思。

在上海，他的口袋里有多少钱，我能估计得差不多；
我口袋里有多少钱，他也能估计出来。他的小说，《邂逅集》
里的作品没有结集出版前，我每篇都看过，有的段落还
背得出来。

他当时学着画一点儿康定斯基的抽象画，挂在墙上。

　　我的画只有他一个人能讲。我刻了一幅木刻，《海边故事》，一个小孩趴在地上，腿在后面翘着。他就说，后面这条线应该怎样怎样翘上去再弯下来，我按照他的意见刻了五张。有一次，他来封信，说在秋天的黄昏，山上有一堆茅草，一只老虎钻了进去，阳光照在上面，有茅草和老虎花纹的线条，你能刻这样一幅木刻吗？

　　——黄永玉的回忆是温馨而感人的，彼时的汪黄二人就像汪曾祺的小说《鉴赏家》所写的那样，彼此发自内心地欣赏，黄永玉可以背得出汪曾祺小说的段落，称其"简直浑身的巧思"，"我的画只有他一个人能讲"，而对于书画有着极高感悟力的汪曾祺可以建议黄永玉如何控制木刻的线条，如何欣赏齐白石，甚至向沈从文说出"投资"年轻黄永玉的建议。

　　世事与人事的复杂虽然使得两人的友情在其后经历了巨大变化，但即使这样，经过了20世纪70年代后的疏远与隔膜后，黄永玉在汪曾祺辞世十多年后依然说出这样的话："要是他还活着，我的万荷堂不会是今天的样子，我的画也不会是后来的样子。"

　　这应当是一句实话。

　　再回到另一好友黄裳。最初他是如何与汪曾祺认识的呢？目前似无文字记录，90多岁的黄裳先生由于听力原因现在见面已无法对话，2月25日，在汪曾祺诞辰90周年前三天，我致信他问能否写些片言只语回忆与汪曾祺在上海的往事，包括"听水斋"，原只是试着问问而已，并没有抱有多大的希望，没想到次日下午容仪阿姨（黄老女儿）就电话我说黄老稿件已写好，"来取吧！"——

那种爽落几乎都让我怀疑是不是听错了，实在是意料之外的惊喜！两人相知相契之深于此亦可见一斑。

去黄老家中，放下一束百合，却发现茶几上已躺着几页稿纸，起首书三字："忆曾祺"，老人随后从书房踱出来，目光炯炯，看着我，又有一种温情。和他说话，老人只是嘿嘿微笑，嘴角微动，并无其他反应，一边的容阿姨解释说："他完全听不清了，正想着给他装个更好的助听器呢！"只有以手势向老人多次表示谢意，无奈之下，和容阿姨闲话几句后告辞——几乎出门一下楼就在小区的树荫下展读尚有黄老余温的稿件，字里行间，与汪曾祺半个多世纪的友情历历可见，黄裳且提及与汪曾祺在上海经常去三马路上的"四川味"，"小店里的大曲和棒子鸡是曾祺的恩物"，随后又与他相伴去古书铺看书——虽然汪曾祺那时不太喜欢线装书，两人买书后即又赶往巴金家中谈天，即汪曾祺在《星期天》中所说的"或到一位老作家家里坐坐"，间或，他们还可一睹萧珊的茶艺功夫。

那时的汪曾祺与黄裳到底谈了些什么呢？

黄老文中说："杂以笑谑，臧否人物，论天下事，兼及文坛，说了些什么，正如随风飘散的'珠玉'，无从收拾了。"我想，沈从文、巴金、梨园，还有两人都爱的晚明风气，比如张岱、余怀、柳如是，当然，还有心宜的吃物，或许都是话题之一吧。

两个志趣相投的好友面谈不尽兴，近在咫尺，居然仍要通信，黄裳忆云："那时彼此虽常见面，但他喜欢弄笔，常有信来，天空海阔，无所不谈。蝇头小楷，颇以书法自喜。所谈以京剧界动静为多……这与他以京剧院编剧终不无香火因缘。"

　　黄裳文中仍未提及他如何与汪曾祺相识，或许，老人认为这根本不是问题。

　　回家再次翻阅《黄裳文集》时才发现，两人的相识或许就在巴金的家中，汪曾祺是沈从文的学生，且是巴金夫人萧珊在西南联大的同学，巴金又是沈从文的好友，汪去巴金家中闲谈是很自然的事，黄裳则是巴金哥哥李尧林的学生，李曾给黄一信，说如有困难可以找他的弟弟巴金，黄裳在《关于巴金的事情》中记有："1946年夏，我从重庆回到上海，到霞飞坊59号去访问，又见到巴金和萧珊。从这时起，我就成为他们家里的常客……二楼是吃饭和会客的地方，一张圆台面以外，就是几只破旧沙发，这破旧的沙发，这就是当时我们称之为'沙龙'的地方。朋友来往是很多的，大致可以分为巴金的和萧珊的朋友两个部分。不过有时界限并不那么清晰，像靳以，就是整天嘻嘻哈哈和我们这些'小字辈'混在一起的。萧珊的朋友多半是她在西南联大的同学，这里面有年轻的诗人和小说家，好像过着困窘的日子，可是遇在一起都显得非常快乐，无所不谈，好像也并不只是谈论有关文学的事情。"其后又有文云："萧珊有许多西南联大的同学，如汪曾祺、查良铮、刘北汜。"

　　也因此，黄裳与黄永玉的相识或许也是通过汪曾祺，巴金家中的谈论不知有没有黄永玉的份，但霞飞路上的"月旦人物，口无遮拦"则大多是有份的。

　　回到"听水斋"里的汪曾祺除了翻来覆去地看《植物名实图考长编》，创作成绩也是不少的，除了在巴金主编的刊物发表一些文章，还有，画画，比如黄永玉所说的康定斯基的那种画（真想象不出汪曾祺画康定斯基会是什么样子），我平白地觉得应当还有书法。汪曾祺晚年所写书法中，除个别刻意之作未见佳妙外，一幅致黄裳的信笺尤其风神逼人，行云流水，几乎直追东坡风韵。

这样无拘无束的生活直至 1948 年初春方发生了变化，汪曾祺的恋人施松卿当时从香港转到北大外语系任教，而沈从文也在那里，种种原因使得汪曾祺决定离开上海到北平。

汪曾祺回忆临别前的"听水斋"时写道："我临离开上海时，打行李，发现垫在小铁床上的席子的背面竟长了一寸多长的白毛！"

寻觅"听水斋"

汪曾祺的"听水斋"现在还存遗迹吗？

这样的念头到上海后似乎一直并未在意，也未刻意去找，只是知道大致在霞飞路（今淮海路）北面一带，因为霞飞路太长了，汪曾祺在文字中只说了致远中学南北所处的方位，对于东西向则全然没有交代，如何去找？然而前几天和外地一位朋友聊起在上海的汪曾祺，朋友忽然说："致远中学就在延安中路成都路以西，没事时不妨一访。"这真是意外——我所在的单位地处延安中路近陕西路处，原来"听水斋"与我相隔并不远，朋友且转来一篇汪曾祺的学生林益耀先生的回忆文章，记云："致远中学在延安中路（原福煦路和中正中路）……它坐北朝南，东边不远是成都路，转角即著名的新长发栗子店；西边以狭弄与里弄'福明村'相隔，狭弄可通向大沽路，再北面依次为威海路（原威海卫路）和南京西路；对面为九星大戏院，东侧也是一条狭小短弄，可通往巨鹿路（原巨籁达路），再南面依次为长乐路（原蒲石路）和淮海中路（原霞飞路及林森中路）……在延中绿地开辟前，校舍一度曾为某夜总会。以上有似‘六朝’遗迹，不复可寻矣。"

这段话其实说得已很明确了，致远中学即在今成都路西的延中绿地一带。

忙完了手头的事，抄下这段话，当天黄昏时便沿延安中路向成都路方面步行而去，渐次过了陕西南路的马勒别墅、木偶戏团、明德里，茂名路，然后是瑞金路，高架桥下，稀稀疏疏的绿意已在眼前。

这是延安路高架南端一片狭长的绿地，在"寸土寸金"的上海市中心无疑是十分难得的，茂林修竹，草地曲径，行走其间，任怎么想也不会将之和一个阴暗潮湿"小铁床的席子背面竟长了一寸多长的白毛"的屋子扯上关系，然而，越往东走，水声渐响，再走，声音越大，且悦耳至极，然而目之所及只是大片曲折起伏的草地，根本看不见水在何处——走近才知道，原来大片的绿地之下竟挖了一处下沉式广场，弯而活跃的线条下面，藏着一处不小的露天灯光喷泉与商铺，水声便是喷泉发出的，这样的创意不得不说巧妙，既照顾了公共绿地的需求，也在这一黄金宝地硬生生挖出一片商机，朝下看时，似乎仍有不少店铺在装修，大概这一地下广场与商铺也是竣工不久吧。

下沉式广场之上，竹林掩映中，且可看到一座老旧的三层小楼，看得出是建设绿地时专门保留下来的老建筑，走近前去，铁门虚掩，里面正在装修——莫名竟以为这或许就是致远中学的校舍，然而问一位正在扫地园艺工人，才知道是历史老建筑中德医院。

邻近延安中路且有一座小小的篮球场——这是专门留出的一处社区球场，也就四五十平方米，紧邻延安中路，四周以高网相围，五六个中学生，正在里面跳跃蹦掷，依稀让人感觉些许校园的气息。

然而这里毕竟仍是一处绿地，再走几步，便已是成都南路了，林益耀先生所说的"东边不远是成都路"，那么，"听水斋"就当在紧邻成都路的这一带了。

步行至成都路与巨鹿路的拐角处，折行几步，从丛绿草灌木间忽然发现一处石碑，原来是"药草园"三字，又有介绍说此处为延中绿地 L4 地块，分为"常用药草区、香草区、荫生药草区和岩生药草区" 4 个区，植有薄荷、何首乌、板蓝根、白芨、鸡血藤等药草，石碑之后，一处丛生的植物，很普通的样子，旁有木牌——上书"金银花"，原来这就是金银花，汪曾祺在《矮纸集》代跋中曾说："我家的后园有一棵藤本植物，家里人都不知道是什么东西，因为它从来不开花。有一年夏天，它忽然爆发似的一下子开了很多白色的、黄色的花。原来这是棵金银花。我 80 年代初写小说，有点像那棵金银花。"

所谓夫子自道，对于在 1949 年以后长期"不开花"的原因，汪曾祺说："（文学）得为'政治服务'，我写不了那样的小说，于是就不写。80 年代以后为什么写起来了呢？因为气候比较好。"话说得很平淡家常，然而其中自有一种难言的沉痛。

"听水斋"原址附近保留有这样一处"药草园"，对于我这样喜爱汪曾祺的读者而言，不得不说是一个惊喜——毕竟，老头儿在这里最爱摩挲展读的就是《植物名实图考长编》，可以讲，这本植物图书见证了老头儿骨子里的"平生最爱是天然"，也奠定了其后他写作的方向所在，包括那些他所爱谈的野菜、食物、花草，药草园这些留着些许药味的植物与他的小说或散文一样，如果只理解为闲适或平淡那是大错特错的，汪曾祺有人间世的悲悯在，所以才能融奇崛于平淡，寄沉痛于平静，而其深处则在于对于世道人心的修补，所谓"人间送小温"是也。

　　复沿巨鹿路西行，路北是延中绿地，再北面，闪烁的延安路霓虹灯后面一片都市的繁华，而巨鹿路南，则完全是一幅市井人间的景象——就像高邮汪氏故居所在的老街一般，世俗热闹生活的背后，却自有一种千百年相承的安谧与人世的温暖——香烛店、五金店、杂货店、烧饼店、油条店，渐次而立，一个杂货店的胖子大概吃过了晚饭，很惬意地用一只耳扒掏着耳朵，我怀疑他刚刚打过了几个响亮的饱嗝；还有烟酒店、便利店、快餐店、鲜花店……快餐店炒好的菜一律放在门口，有肉圆、红烧肉、豆芽、芹菜、百叶结等，女主人眼睛似乎有些发白，拿着一次性饭盒，做出随时可以盛饭盛菜的架势，见我留意，立即提议："来个两荤两素？"旁边的弄堂口，两三个帮工正忙着在洗刷鸡鸭，蓦然让我想起《鸡鸭名家》中的开篇之语："父亲在洗刮鸭掌。每个郄躞都掰开来仔细看过，是不是还有一丝泥垢、一片没有去尽的皮，就像在做一件精巧的手工似的。两副鸭掌白白净净，妥妥停停，排成一排……我小时候就爱看他用他的手做这一类的事，就像我爱看他画画刻图章一样。"

　　这样的一幅浮生世象图，身居"听水斋"的汪曾祺步出小小的校舍时也应当是见过多次的吧，或许启发了他的故里小说也未可知。

时已薄暮，折回走，弯进一个弄堂，老上海的生活气息顿时扑面而来，这是一处红砖砌就的老式里弄，七十二家房客蜗居的景象似无多大改观，透过人家昏黄的窗户依然可以看到几户合用的煤灶，一个阿婆大概正在炒菜，可以听到青菜或韭菜等落锅时"嗞嗞"作响的声音，身后不知什么地方有谁在问候："吃过了？"另一面便立即作答："吃过了，吃过了！"寒冷的空气里，这声音透着一种暖意与温馨。

小小的弄堂路中，一个不知谁家的孩子忽然就快乐地转着圈子，就那么简单地转，旁若无人，那么单纯地快乐着——这孩子忽然让人有些羡慕：大人们为什么不可以这样单纯地快乐呢？

弄堂并不长，很快就过去了，那边是长乐路，看了下这个里弄的名字，想把刚才的所见都记点下来，这才想起没带笔来，再折进里去，居然有家小小的杂货铺，一个20岁左右的小伙子正在昏暗的灯光下用劲扒饭，他的身后是一箱箱的酒，杂货柜似乎都有些歪斜，问他有没有笔卖，他看了我一眼，停止了咀嚼，说："没有卖的！"见我有些遗憾，顿了顿，忽然说："我这里只有一支记账的笔，你要的话拿去吧！"

这也真是意外，见我迟疑，他直接从饭碗底下掏出那支圆珠笔，站起来，似乎不由分说地递给我："不值钱的！"见我掏了一元钱给他，遂又憨厚地笑笑，道了谢，也就收下了。

平时也经常愤世嫉俗地说这是个物欲的社会，然而面对这个在上海里弄谋生的外地朴实小伙子，却蓦然觉得那些评论对于这些朴素的人完全并不适用，汪曾祺文章中所写多是人心的善与美，而其背后的野心则是与沈从文一脉相承的民族品德的重造，而面对这个小伙子，忽然竟对这个民族平增了许多信心——就如沈从文在《长河》中所言，总有些是变的，但也总有一些是不变的。

比如，世事尽可以变化，但老上海弄堂深处昏黄的路灯下那声"白糖莲心粥——"悠长的叫卖声，还有老上海记忆里热白果的香气，却似乎一直在某个时空而存在，从这一角度而言，汪曾祺在上海的"听水斋"也是会永存的。

2010 年元宵于上海

高邮记

季红真

知道高邮是因为那里走出了汪先生。他的作品满纸烟雨，勾起我的神往。一个师兄告诉我，汪先生是江苏高邮人。我自幼生活在北方，对于这个地名毫无所知，地理位置与人文渊源都无从想象，立刻萌生了去看看的念头。一晃 20 多年，竟没有机会成行，只有在他的回忆文字中，想象这个神奇的地方。知道了它的名字来源于古代的驿站，是大运河边的重要市镇，号称"江淮名区，广陵首邑"。历史上出了大词人秦少游，文游台是他与苏东坡等大文学家曾经饮宴唱和的地方。散曲作家王磐，大训诂学家王念孙、王引之父子，也出自这里。可谓文风昌盛！此外，名声远播的还有麻鸭、咸鸭蛋和两个短命的皇帝。

今年八月，立秋已过，到南京参加文学活动。东道主派了车送我到高邮，得以实现了多年的夙愿。一路细雨，小得北方人无法想象。沿途树木葱茏，田畴平坦，深厚的浓绿翻卷着，灌注了大地的每一个角落，溶化了所有的线条，只有整齐的农舍轮廓鲜明，平涂上暗灰的色块。车到高邮市区，下午三四点钟。在扬州教育学院整洁安静的校园里，找到了孙先生，他是朋友介绍的朋友。将行李放在专家楼青藤阁，那是一个小院子，一架藤萝覆盖着地面，迎面的墙脚小亭放着一块雕凿过的石头，斜对角是一眼古井，井口直径约一尺五，半尺高的石头圈出缩口的井沿。孙先生指点着说，这就是汪先生改写的高邮民间传说《鹿井丹泉》中的那口井，是和尚与母鹿相会的地方。他挥手划了一个大圈儿说，早年这一带都是寺庙，住了不少和尚尼姑。我一头扎进了传奇，汪老的高邮以它平淡的瑰丽迎面走来。

孙先生约了同事吴先生，商量着此行的路线。因为第二天中午就要返程，只能挑最重要的地方看。就近直奔大运河，这是汪先生的母亲河。河岸高悬出街市，高邮城果然是低洼盆地，故有盂城的别称。

堤岸两侧柳树茂密随风起舞，遮挡着50年代逼仄的国道，来往的车辆好像是从树丛中冲出来。吴先生说，这一段河道是大运河最辉煌的地段，河面宽阔，市井繁荣。时近傍晚，舟船稀少，多数泊在岸边树根下。河中心的小岛上，矗立着唐代的方形砖塔，被称之为南方大雁塔。新立起一座汉白玉的观音像，高大壮硕，像一着了古装的农妇。早已毁弃的镇国寺正在修建中，大型的器材搭在河床上，下班的工人络绎不绝地乘船摆渡回城。童年汪曾祺经常到这里来玩耍。

渡过大运河，寻觅上堤的小路。孙先生说，高邮湖是全国第六大湖泊，因为以前只统计前五大湖，故不为世人所知。一片渔船拥挤在岸边，都是机动的，无从想象汪先生笔下，木船上架着鱼鹰的场面。石头垒成的堤坝挡住了视线，看不到湖面。下面的砖房里住着渔民，多数是女人、孩子和老人。绕过沟壑，趔着向上的坡道徐行。几个中年男女猫着腰，用镰刀割一人高的蒿草，顺手平铺在身后。路边一片枯黄，估计是晾干以后当柴草。这景象近似于北方农家秋天的劳作，积攒过冬的燃料是生活的必需，高邮地处长江以北，生产活动近似北方也在情理之中。走上一处高坡，终于看见了高邮湖的远景。没有船只，也没有飞鸟，远处的堤岸时断时续，水天相连，浩浩渺渺，淡淡的烟雾水汽无形地笼罩着天地，半透明的湖水轻微地起伏着，似乎在呼吸。属于汪先生笔下"让人觉得有些荒凉，有些寂寞，有些神秘"的状态。

回程转向盂城驿。才走出浓荫，一座碑亭赫然立在路边。

白柱敦实，瓦顶乌黑，平稳的重檐古朴沉实，窄小的飞檐精美灵动，形体独特，乃是秦邮亭。北望街市，一片古建筑群好像是从地底凸起，两位先生说，这就是有着 600 年历史的盂城驿。一条横幅悬挂在街口，上面写着"庆祝全国邮文化节开幕"，始知邮文化的研究已然成风，而作为仅存的最大规模的古代驿站，盂城驿的文物价值是独一无二的。回想进入市区的时候，街心花园中有一尊青铜雕像，两名古装骑士策马飞奔，另有一匹骏马随行，想来是古代奉命驰邮的驿卒。古驿站的内部一个院子套着一个院子，秩序井然。里面展出着古代邮驿的整个程序，从驿丞公堂、礼宾的客舍到马夫的居室，都恢复了当年的式样。还有一处马神庙，以前只知其名，这次才见了实物，是一设在房屋中的神龛。另有钟楼独立于所有的建筑之上，一派巍峨。整个建筑群布局严谨，结构精巧，和秦邮亭的风格明显不同。经两位先生解说，始知秦代的盂城驿早已经毁于倭寇的战火，这里遗存的是明代的建筑。与高邮隔着两个县就是东海，倭寇曾经来犯。匆匆浏览，生出感慨，不能想象那是怎样一个在腐朽的制度中，创造出灿烂文化的时代。汪先生有诗曰："盂城建驿在何年？廨宇遗规尚宛然。"表达了他对于故乡历史文化复杂的感受。

晚饭设在一小酒楼上。小老板是孙先生的朋友，菜肴做得极其精美，而且多数时间坐在旁边听我们谈论汪先生。两位先生都是饱学之士，作为汪先生的故乡人，对于他的作品体味得格外精细，在文字的细节上多有心得，对于一些偏狭的评论大不以为然。在他们的言谈中，可以感受到对于汪先生的挚爱。饭后的时间，随两位先生漫步于新城区附近的老石阶。夜色朦胧，彩灯闪烁，上上下下之间，依稀可以看到树荫掩映中的旧砖城墙，据说是宋代的。人影像幽灵闪过，一对恋人相拥坐在小路边的石头上。又一座方形砖塔高居于坡岗之上，昏暗中只能看见一个轮廓，也是近于大雁塔的形体。回到青藤阁，已经九点。又和孙先生畅谈，说起看过的一篇文章，考证出汪老早年发表过 60 多篇文章。他立即说那是我写的。不由惊叹高邮乡学代有传承，汪先生已经融入故乡的文化学术传统。孙先生离去时，把大门锁上，将钥匙从钢筋门的空档递进来，约好次日清晨来，喊我开门。一座小院只有我一个人，又时逢暑假，空荡荡的校园沉寂如虚空。兴奋不已，失眠到深夜，在大的寂静中独自遐想。

次日一早，尚未醒来，孙先生就来敲门，他是翻墙头进来的。

一起到另一酒楼，与吴先生相会，吃菜包子和煮干丝。这在汪先生的文章中都曾提起，而煮干丝更是他待客的主菜。在南京，一朋友谈起，一片一公分不到的干豆腐要横切出 18 片，才算合格。另一个朋友立即反驳说，18 片只是学徒工的水平，而真正的名师要达到 25 片。可见刀工的精湛，干丝细的程度。汪先生以美食著称，但并不追求奢华。他做的菜都是故乡民间的家常菜肴，精致也是源自市民文化的传统与江南丰富的物产。一只大碗热气腾腾地端上来，干丝泡在汪着油的鸡汤里，配了虾仁、鱼片和猪肚片，果然鲜美异常。说话之间，又来了几位先生，都是高邮文化界的翘楚，其中有汪先生的妹婿金先生。他们闲谈汪家旧事，称赞汪先生的文学成就，以及汪家人的厚道，浓浓的乡情中浸透了淡淡的惆怅。

随了诸位先生，去看汪家的旧宅。途中经过傅公桥路，一位先生指点着说，这就是王小龙每天上学都要走的路。王小龙是汪先生小说《晚饭花》中的人物，原型是童年汪曾祺。故乡的人把两个人合二为一，幽默中带着温爱。汪家的老宅处于两条巷道之间，东边是原科甲巷，西边是竺家巷，曾经房屋很多，面积很大。现在的居室只有几间。狭小的客厅里，挂了汪先生的几幅花卉，镶嵌在玻璃的镜框中。后院搭盖了小厨房，近似于北京的大杂院。一个干练的年轻人沉默着出出进进，好像是在修饰房间，据说是汪家的远亲。汪宅的北面是一条东西向的商业街，和南方所有小城市的商业街大同小异，门脸是敞开着的，柜台横挡住一半，里面的货物一目了然。当户而坐的都是年轻女子，手里织着毛活。一小堆一小堆的老媪，坐在路边，各自说着方言，毫不理会过往的行人，大约是造访的人很多，早已经见怪不惊。一家大一些的店铺没有开张，原色的木板紧紧地封闭看临街的门面，这大概就是铺闼子门。不知道是关闭了，还是临时盘点。一位先生说，这就是宝全堂药店，是汪曾祺家的祖产。小说《异秉》就是以这里为环境的，而且写了两遍，可见他对这个题材的热爱，也就是对生活在这里的人们的热爱。管事的、刀上、同事和大脑袋的陈相公、卖熏烧的王二，还有见多识广的食客张汉……许多生动的人物，都被这扇门隔在了另一个时代。同时被隔断的还有碾药用的船型铁碾子、裁纸用的大弯刀，一个个高朋满座的热闹夜晚，放飞的风筝和变化无穷的巧云……先生们指点着附近的铺子一一核实，这是源昌烟店，王二发达以后租了下来，从宝全堂搬到这里；那是万顺酱园，张汉就是在这里寄食……

过这条街的北侧有两层的砖雕楼房，可见当年是繁华市井。连接着竺家巷的是大淖巷，通往汪先生的名篇《大淖记事》中的自然环境，早就名扬四海。踩着野草覆盖的沙石小路，穿过低矮的民居，沿途经了阴城。这是传说中的古战场，相传韩信在这里打过仗，至今还有韩瓶出土，是一种尖底的陶土瓶子，据说是他的士兵用的水壶。用这种瓶子插梅花，冬天还能结出种子。在汪先生的童年，这里已经成为乱坟岗子，阴城的名字大概由此而来。杂乱拥挤的棚户，几乎塞满了所有的空间，看不出当年是空寂的荒野。一位先生说，陶虎臣就是经常在这里试炮仗。这又是汪先生小说中的一位人物，《岁寒三友》之一。城市的小手工业者、小商人，是汪先生最熟悉也寄情最多的民间人物。到了他的笔下，市井生活才焕发出了具有创造性的神采，以及清贫中的诗意和伦理价值。

　　美丽的大淖历经沧桑，已经面目全非了。原来的沙洲上建起了水泥的楼房，看不出水的流动，而且水面壅塞得很狭小。就是在十几年前的照片中，它还是一片宁静的水域。怅惘的感觉油然而生。到哪里去了？芦荻茅草在风中点头摇摆的丝穗，高阜上黑漆书写着"鸡鸭炕房"的雪白粉墙，晾着耀眼浆块的平场，买卖荸荠、慈菇、菱角和鲜藕的五颜六色的鲜货行，牛棚水车和贴着圆形牛粪饼的农舍……到哪里去了？健壮的挑夫和俊俏的媳妇们，练武术、唱着萨满调香火戏的兴化帮锡匠们。还有那永远让人心痛的一对纯朴的俏佳人，英俊的十一子和花朵一样的巧云，他们和收缩了的水域一起消逝了。伊人何在？只有他们的传奇，保留在汪先生朴素至极的文字中，流传于无限深广的时空。

　　匆匆离开这令人失望的地方，直奔著名的文游台。原以为只是一座高耸的平台，不想竟是一片依了平缓的山势逶迤错落的建筑群。厅殿楼阁峥嵘轩峻美轮美奂，碑石文物随处可见，树木山石疏密相间，有蓊蔚洇润之气。而且历经多次兴废，仍然保存完好，似乎游离了时光的隧道，被历史遗留在浩劫之外。最早的建筑始于北宋，历代都有修缮和增建，逐渐形成目前的规模。古文游台的牌坊虽然不高，匾额却是明代著名学者、诗人王士祯所书。进入门厅之后的花坛中，赫然立着秦少游的塑像，呈暗绿色，似乎是青铜所铸。他褒衣博带，目视远方，一派风流倜傥、踌躇满志的神态，活脱脱一个多情才子，不愧是婉约派词宗。只是独立庭院，略为显得有些孤单和落寞，恰似王士祯的感喟："风流不见秦淮海，寂寞人间五百年。"汪先生自甘边缘，作品也以平凡人间的情爱取胜，并多次书写"万古虚空、一朝风月"，应该说是由来有自的乡学渊源。他在对童年的回忆中提到，父亲为他延请讲桐城派古文的先生，对归有光的小品文情有独钟，可见家学的传统，与婉约派词宗文气相通。汪先生的纪念馆设在东跨院中，可以相随相伴朝朝暮暮了。有了汪先生笔下的小英子和明海们，人间不再寂寞！这才是旷代的绝唱，汪先生属于这个优美的传统，也可能是最后的传人。

中午饭设在一家相当规模的酒楼，来宾不少，多是在外地工作因了各种公务回来的高邮人，可见人杰地灵。这一餐饭名曰汪氏家宴，是当地的厨师根据汪先生的文字索引创造出来的，是高邮的五大名宴之一。另有一种名宴是少游宴，则是根据秦少游与苏东坡等文士饮宴唱和的诗中钩沉而成。可见食文化的精神，在高邮的久远传统。高邮地处南北相接之域，有运河流转四通八达，故可以兼得各方饮食的长处。虽然属于淮扬菜系，但比之味儿重，因为稍用酱油略用糖；而比起北方的齐鲁菜系味淡，不用麻辣与浓酱，咸淡适宜。加上用料讲究，以保持调和各种原味儿见长。"食在高邮"，所言不妄。汪先生曾有诗云："年年岁岁一床书，弄笔晴窗且自娱。更有一般堪笑处，六米平方做郇厨。"其中的无奈与自嘲，也是一种人生的况味，也可以称为生活禅。

当日所食菜肴，除了塞肉回锅油条是他独创之外，其他都是寻常的百姓家常菜，用料全部出自高邮的物产。著名的双黄蛋品质细腻，而且不咸，麻鸭则嫩而不肥，香味浓稠。汪先生曾赋得《虎头鲨歌》赠友人，其中有"嫩比河豚鲜比虾"句，余成汤的虎头鲨确实味道鲜美异常。昂嗤鱼整条清蒸之后上席，头部的形状威猛，在淡水鱼中也可算另类。这两种鱼都出自高邮湖，至今仍然是野生的，故北方很少见到。汪先生极力推崇的咸菜慈菇汤，大约是最寻常的百姓家常菜，相当于土豆之于东北的农家。一位同席进餐的高邮籍人士说，童年遇灾的时候，就是以慈菇度荒，有的年景一年要吃几个月。同是救命粮，汪先生却认为慈菇的格与品都比土豆高。其中的故土之恋可谓深矣！水乡百姓日月生计中的浅淡诗意、市民阶层简约优雅的文化趣味，都以味觉的方式，点点滴滴渗入他的骨髓，像水乡的风情一样弥漫在他作品的所有细节中。

　　乘上回程的大巴离境的时候，雨越来越大，由淅淅沥沥到刷刷拉拉，终于瓢泼而下。高邮的人事景物迅速地退进了无边的烟雨，也退进了汪先生清淡的文字。走出了传奇，走进了更大的风雨，陷入更深的怅惘。

2005 年于北京

肇敬敏来访记

金家渝

　　毕业于西安交大就职于石家庄水泵厂的高工肇敬敏是汪曾祺作品的热心读者。她在扬州市参加机械行业年会后于 6 月 22 日来邮参观汪曾祺文学馆，在观看展览时得知高邮还保存一处汪曾祺故居，就从人民路找到中山路文化馆，打听汪曾祺故居在何处，有人回答，高邮没有汪曾祺故居，只有汪曾祺文学馆，在文游台。肇敬敏又跑回文游台，遇到一位爱读汪曾祺作品的修理摩托车师傅，这位师傅自称床头就放有汪曾祺作品集，睡觉前都要看一阵子，这时他自告奋勇带着肇敬敏找到了汪曾祺故居。

　　住在汪曾祺故居的是汪曾祺的妹妹汪丽纹、弟弟汪海珊（曾庆）和我（曾祺妹婿），我们接待了肇敬敏，听她谈了寻找故居的情况很感动，特别是听她介绍一家子人爱读汪曾祺作品更为高兴。

她说，她和先生是西安交大同学，有一个大女儿毕业于中国人民大学现在北京一所中学任教，一个小女儿毕业于泉州华侨大学在该市司法局工作。开始是小女儿爱读汪曾祺作品，逐渐是两个女儿继而是全家人"迷"上汪曾祺的作品。小女儿原来爱读一位著名漫画家的散文，但后来阅读视线转移了，特别专注汪曾祺作品，认为汪的作品篇篇都好。因此，只要书店有汪曾祺作品，必买来一读，还关心对汪作品的评论。

我对她说，现有的"故居"只是原来故居很小的一部分，很狭窄，接待多有不敬之处。她说，大点再布置点实物更好，现在小点也无妨，关键是原貌不是后人人为地摆设的就好。我向肇敬敏介绍了曾祺大哥三次回家的情况，也谈了曾祺对当时仍健在的任氏娘的敬重及其同街坊邻居邵家茶炉子、从家理发店主人的交往。应她的要求，我们陪她在汪家大院旧址的四周转了转，与街坊邻居老邵、老从进行了交谈。

肇敬敏说，她一到高邮就感受到一种浓厚的文化氛围，连呼吸也感到空气里弥漫着文化气息。她说她是努尔哈赤第十四皇子的后裔，父亲在新中国成立后仍享受专项生活补助，肇家与老舍、端木蕻良家有来往。她每当走到北京大学旁边一个书店见到汪曾祺写的招牌，总要长久伫立观看，高邮一个不起眼的小理发店也能有汪曾祺写的店牌，真是太幸运了。高邮人以拥有汪曾祺感到自豪是理所当然的，高邮发挥自身文化优势，搞好汪曾祺的研究和宣传也是顺理成章的事。

在汪曾祺故居，她提了一个建议，今后在有关展览、宣传上必须标明：汪曾祺故居在高邮市区人民路竺家巷9号。

临走时，她与汪曾祺的弟妹相拥分手，依依惜别。

（原载2006年10月《风流秦邮——珠湖文学旅游特刊》）

汪曾祺笔下的百工坊

郭　娟

　　小说家都有自己独特的艺术世界。

　　在汪曾祺小说中，高邮、西南联大、农科所、京剧院这四个地方，是经常出现的故事背景。高邮是汪曾祺的故乡，1920年他在那里出生，那里的风物人情构成汪曾祺小说最鲜明的艺术特质；40年代在西南联大，他接受高等教育，获得现代的、世界的眼光以及文学写作技艺；50年代末他戴着"右派"帽子下放到农科所，在接受劳动改造过程中进一步了解中国社会；"文革"中他被调去参加江青领导的"样板戏"——《沙家浜》《杜鹃山》的创作，一度的"荣宠"终究不能溺惑作家的良知，后来他的写作总是与政治喧嚣保持距离，始终亲近民间风习、日常生活与悠远传统。

　　在氤氲着大淖的水汽、回荡着小英子的笑声、飘散着王二熏烧摊子上各种卤味香气的汪曾祺的艺术世界中，真正的主角是五行八作中身怀绝技的人们：孵化小鸡小鸭的，做茶干的，挑担的，放鸭子的，卖时鲜果蔬的，做炮仗的，扎风筝的，编草帽的，行医的，开药店、开绒线店、开浆房的，走街串巷叫卖杨梅、玉麦粑粑、椒盐饼子西洋糕的，还有锡匠、画匠、车匠……他们日复一日、年年岁岁在那里认真地做着各自稔熟的活计，维持生计，承受好的或不好的变故。汪曾祺以温润的目光轻轻地一一抚过他们，心怀悲悯与敬意。

《大淖记事》中与巧云谈恋爱的精壮小伙十一子是个锡匠。在回肠荡气的恋爱故事之外，汪曾祺匀出一份笔墨、饶有趣味地去写兴华帮锡匠。那时锡匠还是个很兴旺的行业，家家都用着几件锡器，蜡台、香炉、痰盂、茶叶罐、水壶、茶壶，甚至尿壶，都是锡的。嫁闺女的陪嫁中，总有一套锡器，至少也要有两个能容四五升米的大锡罐，摆在柜顶上。锡匠手艺不算费事，一副锡匠担子挑着干活家什，炭炉，风箱，两块二尺见方、一面裱了好几层表芯纸的方砖。锡的熔点低，熔化的锡水倒进那对压的方砖里，方砖之间事先压一条绳子，用绳子大致圈出所打锡器的大致形状。冷却后的锡片用大剪子剪剪，焊好接口，用木槌敲打一番就成型了。细巧的锡器，还要用刮刀刮一遍，用砂纸打一遍，用竹节草磨得锃亮，这才交活——这样的锡匠早消失了吧？记得我小时候还见过挑担游走的铜锅铜碗的人，在居民大院站下做活儿，我看过他化锡块补脸盆，也敲打一番。这已是锡匠这一行的末路了吧。但锡器在马来西亚却是国家特产，到那里旅游总会带个把锡制的器物回来。

汪曾祺写到的那些行当如今多数已经消失了，他写的时候已经是写他记忆中的故乡旧影了。他写《戴车匠》，写戴车匠每天坐在上面工作的那台木制车床，上面的皮带、刀具、踏板，都应是《天工开物》里就有图形的吧。戴车匠每天坐在高高的车床上，好像在戏台上演戏。一帮孩子围着看，看他踩动踏板，执料就刀，那料坚实细致，有白檀、紫檀、红木、黄杨、枣木、梨木，最次也是榆木，"旋刀轻轻地吟叫着，吐出细细的木花。木花如书带草，如韭菜叶，如番瓜瓤，有白的、浅黄的、粉红的、淡紫的，落在地面，落在戴车匠的脚上"，不一会，一根擀杖或一个围棋罐出现了。孩子们最盼望的是他做的清明节玩的螺蛳弓，拉弓放箭，射出吃空的螺蛳壳，"哒——哒"地响，一射好高！

在那群孩子里，必定站着瞪大眼睛紧盯着看的童年时代的汪曾祺。汪曾祺许多回忆故乡风物的小说，都是通过孩子视角来描述的。如小说《岁寒三友》中，炮仗店的陶老板每次试放新炮仗，总会特意留几只加了长捻子（为了安全）的，给那一大群跟在他身后的孩子们放，让他们过过瘾。这小小的用心的善意，体现着人性的淳厚温润，也是汪曾祺小时候感受到的。再比如几次出现在不同小说中的一个场景：一个大人在那儿用天平称鸡毛——用来做蜈蚣风筝两边的脚，这要是称不准，两边重量不等，蜈蚣上了天会打转，飞不高也飞不稳。这个场景特别温馨，超脱功利——特别认真一顽主在那里做孩子玩的东西，玩得特别贵族气，带着汪式优雅闲逸。

在小说《戴车匠》结尾，小说家现身，说他1981年回故乡还去寻找戴车匠店，已经没有痕迹了，同样消失的还有侯家银匠店、杨家香店，都是他在小说中写过的。少小离家老大回，中间四十余年过去了。惆怅。

在西南联大时期，听惯昆明街市上各种叫卖声，他后来写了《职业》这一篇小说。小说不长，其中叫卖"椒盐饼子西洋糕"这一句，汪曾祺还在小说文字间附上了简谱——这也是一种类似用天平称鸡毛做蜈蚣风筝的好玩的心态、行为呢。小说中卖饼的孩子是个小大人，非常尽职，街上有什么热闹也不去看，一心一意挎着篮子卖饼，用稚气的嗓音叫卖"椒盐饼子西洋糕"。附近放学的孩子们跟着学，却调皮地谐音叫成"捏着鼻子吹洋号"。一日，小大人没有挎篮卖饼，高高兴兴地散手走在一条小巷里，看前后没人，忽然大声地、清清楚楚地吆喝了一声："捏着鼻子吹洋号！"这小大人突然撒放的童心，是汪曾祺的温情体现。

汪曾祺小说丰饶、有韵致，就与这些"闲笔"有关。这也不仅是一个环境氛围的营造，也是在铺陈情节、塑造人物。他写保全堂药店，就不只是童年的温馨回忆，他是做过一番察考的。若干年后，人们从他小说中可以清清楚楚地弄明白旧时药店是如何经营的——东家不到店，全信托管事的。管事的年底按股分红，对生意兢兢业业、忠心耿耿。白天他在前面忙，晚间睡在店里神农像后一间放总账、银钱、贵重药材如犀角、羚羊、麝香的屋里。那屋的钥匙在他身上，人在宝货在。吃饭时，管事的坐在横头末席，以示代表东家奉陪诸位先生。这"诸位"中，"刀上"地位最尊，薪金最高，是技术能手，管切药、跌药丸子。"饮片"切得整齐漂亮，生意就好。一般内行一看，就知道这药是谁切的。所以吃饭时"刀上"是坐上首二席（头席总虚着，除了有客），逢年节，有酒，管事的举杯，必得"刀上"先喝一口，大家才喝。"刀上"

以下都叫同事，没什么特别技艺，只抓药、记账，所以生意不好时最先被辞退——辞退方式颇为含蓄，谁在腊月的辞年酒桌上被请到上席去，谁就二话不说，客客气气卷铺盖另谋高就吧；当然事先已吹过风的。第四等是学徒，却被搞怪地称为"相公"，这相公是要干所有杂事的，包括倒尿壶。做错事还要挨打。保全堂的陈相公一次收晾晒的一匾筛药材，不小心翻到阴沟里，被"刀上"一顿狠打，那药材——泽泻，价钱不贵，切起来很费工。最后还是做饭的老朱替他说话：他也是人生父母养的！这老朱自己做饭却从来没正经吃过一顿饭，都是把大家吃剩的残汤剩水泡点锅巴吃，因此，一店人都敬畏他。而挨打的陈相公干完一天活，夜静人定后才悄悄哭了半天，向远方的家乡念叨着：我又挨打了，妈妈，不要紧，再挨两年打，我就能养活您老人家了！写了药店这一行当，同时也写活了人物。艺术匠心颇为精巧。

汪曾祺写小说很讲究艺术，但也不是没有教化追求。他交待过，还是想着通过文艺作品易风俗，正人心，要"再使风俗淳"。如果像柏拉图那样要个"理想国"，汪曾祺会将五行八作的能工巧匠先迎进去，他看重他们的聪明才智、心灵手巧，几乎视为艺术家，很是仰慕、崇拜。当然还要迎进勤劳、本分、自尊的劳动者，不论是洗衣的、挑担的，还是捡字纸的。像戴车匠那样的工匠，每天起很早，先看图样，然后就坐上车床一刻不停地干起来——汪曾祺说："一个人走进他的工作，是叫人感动的。"又说看到戴车匠坐在床子上，就想起古人说的"百工居于肆，以成其器"，中国的工匠都是很勤快的。这个理想国颇有古意，像尧舜之世，民风淳朴，无须清规戒律。像他的名篇《受戒》，题目叫"受戒"，写的倒是无戒的欢畅！那小明子穿着紫花裤去荸荠庵学做和尚，在汪曾祺写来，就是去学个谋生的技艺。那庵也没规没矩，倒是一切皆合人性，温暖和谐。小明子无拘无束长大，那是他的，也是汪曾祺的理想国。

现实没有那么美好。人生遭遇的黑暗与沮丧，已不可避免地侵汪曾祺的理想国。骑白马、奔走于乡间的名医陈小手，以他高超的医术和一双天生的小手，解救了多少难产的孕妇，却被混账团长从背后一枪打下马——他接生了难产的团长儿子，团长却因他"摸"了他的女人而打死了他，心里还"怪委屈的"。老鲁、绿杨饭店老板都曾经奔着好日子努力做事情，却因战争时局动荡而终于落魄、灰心……

有意味的是，汪曾祺戴着"右派"帽子，下放农科所，精神上的压力被他对技艺的热爱所舒缓。在农科所，他学会料理葡萄等各类农活，还画了一大本马铃薯图谱。他觉得这一切是很好玩的。何以解忧？——劳动技艺。如果汪曾祺没有受到高等教育，没有当作家，他一定会是一个受人尊敬的能工巧匠，不论他是做锡匠、车匠还是其他什么行当。

六十年代初，他重新提笔，写了小说《羊舍一夕》《看水》等篇，都属讴歌社会主义新人之作。那时文艺界运动不断，作家也不知怎么写好，一般都是跟政策、配合运动，因此文学作品一般都比较简单化、概念化。汪曾祺这几篇倒有意思，几位新人新形象活脱是社会主义时期的技术能手，或学做技术能手的有为青年——这又与他的老爱好联系上了。虽然那时早已公私合营，不再有他熟悉的个体作坊，但技艺常青！这几篇小说，我们至今还可以饶有兴味地阅读，不能不说是与小说中颇有情趣地写到各种鲜活生动的劳动场景有关。而且这样写，也巧妙避开了政治——反右、"大跃进"、三年经济困难时期。他单写一门心思学习劳动技艺的青年，单写他们勤奋工作，其他，一概不论。"文革"时期，在京剧院搞样板戏，即使在样板戏"三突出""高大全"的清规戒律下，戴镣铐跳舞，汪曾祺居然还写出了阿庆嫂脍炙人口的唱段，至今传唱："垒起七星灶，铜壶煮三江，摆开八仙桌，招待十六方，来的都是客，全凭嘴一张，相逢开口笑，过后不思量，人一走，茶就凉。"如果不是曾经坐惯了茶坊酒肆，有那样的细致的观察与了解，写得出吗？

真的要感谢汪曾祺对技艺，对五行八作、能工巧匠的这份热爱！

汪曾祺对于能工巧匠的虔诚礼赞，写得最好的，是小说《鸡鸭名家》。这个小说，他40年代做过一次，80年代又大大修改一番发表了。小说将两位民间能人写神了，神乎其技！那个平常高声大嗓的"鸡鸭名家"余五，当孵化小鸡小鸭时，话少了，说也是轻轻的，温柔极了，尊贵极了，总像在谛听什么似的，他身体各部"全在一种沉湎，一种兴奋，一种极度的敏感之中"；在"暗暗的，暖洋洋的，潮濡濡的，笼罩着一种暧昧、缠绵的含情怀春似的异样感觉"的炕房里，他精确地掌握小鸡出炕的时机，无须用表，"不以形求，全以神遇，用他的感觉判断一切"。还有那个平日里落魄的陆鸭，关键时刻，一根长篙在手便神乎其神地将四散藏匿的几百只鸭子召唤回来，韩信点兵似的，指挥一河鸭子快快乐乐、摇摇摆摆、迤迤逦逦如大军前进，整齐有致。写这两个能人的小说，题目叫《鸡鸭名家》，即便是鸡鸭事，也是名家！小说在讲述中时有类似走神的笔致——在闲闲絮絮讲着公鸭母鸭灰头绿头时，一转写道："沙滩上安静极了，然而万籁有声，江流浩浩，飘忽着一种又积极又消极的神秘的响往，一种广大而深微的呼吁，悠悠杳杳，悄怆感人。"

　　——这是什么？是境界。汪曾祺以他的笔力将向来被贱视轻忽的百业千行中的能工巧匠提升到艺术境界。人民性、平民性在汪曾祺的小说里得到如此细致深切的艺术表现。在帝王将相士大夫归置的传统之外，汪曾祺发现并艺术地揭示了这样一个历史真相：那些千百年传承于民间、仅被少数文人惺惺相惜地记载为"庖丁解牛""琵琶行""核舟记""口技"之属的技艺、智慧、生趣、情致，也是参与了我们文明缔造、理应被珍视的另一脉传统。从这个角度看，几百年后，汪曾祺小说不仅是出类拔萃的艺术神品，也是可以与《天工开物》《考工记》同看的吧。

（《经济观察报》2013 年 6 月 7 日）

汪曾祺与张家口

安　海

1958年10月的一天，京包线张家口段一个极小的火车站——沙岭子站，一列暗绿色的客车在甩下十几个乘客后，又缓缓地向北爬行而去。这十几个乘客下车后，很快便如倦鸟一样各自奔向自己的巢穴，站台上只剩下一个孱弱而忧郁的中年男人。他站在狭窄而空旷的站台上，像一只失群的小鸟，目视着渐行渐远的火车，目光中流露出一种恍惚、无助甚至是不知所措。良久，他抬头看了看阴霾的天空，开始背起行李走进候车室，向售票员询问此行的目的地——沙岭子农业科学研究所。随后，他走出候车室，依照人们的指点穿过铁路向农科所走去。

十月的塞外，已是满目萧条衰败：庄稼收割了，野草枯萎了，树叶落尽了，风也有些硬了，裹挟着地面的沙子打在脸上凉飕飕地痛。但他似乎对这些却毫无知觉，因为与裹胁他的那场政治风暴相比，这些小风沙实在可以忽略不计。那顶唤作右派的"帽子"，既像是一座大山，压在心头，让他喘不过气来，又像是一个魔法师，让他心灵的季节从阳光明媚的暖春一下子坠入寒风冽冽的严冬。车站到沙岭子农科所的那条土路并不长，但他却走了很久。他在这条路上背着行李踽踽行走的样子，显得那样忧郁而孤独。他就是著名作家汪曾祺，那一年，他38岁。

汪曾祺一生与五个地方结缘，张家口对于他来说是一个很特殊的地方。因为其他四个地方都是他成长、求学、生活、工作的地方，而张家口却是他劳动改造的地方。1958年10月，因为所在的文联系统右派指标不够，汪曾祺被错补为右派，下放到张家口的沙岭子农业科学研究所改造。两年后他虽然被摘掉右派帽子，结束劳动改造，但由于原单位不接收，只得暂时留在所里协助工作，直到1962年初才调回北京京剧团担任编剧，结束了在张家口近四年的特殊生活。

我想，汪曾祺对张家口这个地方的感情一定是颇为复杂的。上世纪八九十年代，汪曾祺以《受戒》等系列小说开始享誉文坛，而他的散文创作也进入井喷的状态，其中直接抒写张家口的散文就有《随遇而安》《沙岭子》《沽源》《马铃薯》《口蘑》《坝上》等多篇。在这些散文中，他以一种悠闲甚至是轻松的笔调抒写张家口的自然风物，考证马铃薯的种类流传，叙写口蘑的种类口味，即使是那些直接写劳动改造生活的文字，也很难看出右派大山重压下的那种紧迫的心态，传达的也并非都是沉重和苦闷。

对在张家口近四年的生活，他在《自报家门》中写道："这四年对我来说是很重要的。我和农业工人（即是农民）一同劳动，吃一样的饭，晚上睡在一间大宿舍里，一铺大炕（枕头挨着枕头，虱子可以自由地从最东边一个人的被窝爬到最西边的被窝里）。我比较切实地看到中国的农村和中国的农民是怎么回事。"在另一篇散文《随遇而安》中，他甚至表示"我当了一回右派，真是三生有幸。要不然我这一生就更加平淡了"。因此，他感激张家口三年多的时光对他的给予。在张家口，他"这个右派算是幸运的，没有受多少罪……所领导对知识分子是了解的，只是在干部和农业工人的组长一级介绍了我们的情况，并没有在全体职工面前宣布我们的问题。不少农业工人不知道我们是来干什么的，只说是毛主席叫我们下来锻炼锻炼的。因此，我们并未受到歧视"。我想，对于当时的汪曾祺来说，能得到一份做人的尊严和平等是最重要的，而张家口给了他这些。在 1959 年他劳动改造一年时，所里甚至想给他摘掉右派帽子，只是又考虑到时间太快才又推迟了一年。

即便如此，我们还是不应该天真地以为汪曾祺当初的生活会是如此轻松。事实上这不过是事过境迁之后的一种轻松回望罢了，是苦难过后成为财富论的一种翻版罢了。处于苦难中心时的汪曾祺断然不会有如此轻松的心态。"右派"这顶帽子重似千斤，即使沙岭子农科所那些干部群众不歧视他，然而来自于政治风暴中心的压力还是会时时侵压着他孱弱的神经，让他时时牢记自己的右派身份，事事夹着尾巴做人，一刻也不敢掉以轻心。作为一个长期在文化部门进行脑力劳动的文弱书生，让他一下子转变成一个体力劳动者，首先面临的便是肉体的脱胎换骨。正如他在《随遇而安》中所讲"初干农活，当然很累。像起猪圈、刨冻粪这样的重活，真够一呛"。这样的转变不脱几层皮掉几斤肉是不行的。

虽然他事后回忆起这段经历时颇引以为豪地称"力气也增长了，能够扛170斤重的一麻袋粮食走上和地面成45度角那样陡的高跳"。但当时肉体上切切实实的苦痛是别人难以体会的。沙岭子属塞北苦寒之地，那里"一年一场风，从春刮到冬"，冬天最冷时往往达到零下三四十度。这样恶劣的自然条件相对于出生于江南生活在北京的汪曾祺来说本就是一个不小的考验，况且还有那样繁重的体力劳动。

对于汪曾祺来说，比之肉体脱胎换骨的痛苦，精神上的郁闷和无助更沉重百倍。1959年3月，汪曾祺的父亲汪菊生去世。汪曾祺手捧弟妹发来的电报，心急如焚，悲痛难耐，泪流满面。父亲生前他没能床前尽孝，他多么想回家与父亲见最后一面，送父亲最后一程。但不久前发生在一个被改造同伴身上的事，让他踌躇不定。这位同伴家中的亲人死了，想回去奔丧，便向领导报告。领导却说："死了？死了也好嘛，你可以少背一点包袱。"得知逝者已埋了以后，这位领导竟然冷酷地说："埋了就得了——好好劳动。"汪曾祺明白，自己同样是戴罪之身，因此他最终没敢向领导提出回乡奔丧的请求。他只能把悲痛埋在心底，在夜色苍茫之际，跪在沙岭子高高的山冈上，面对家乡高邮的方向，一洒自己的思亲之泪，向父亲向家人表达自己深深的哀悼和亏歉之情。

汪曾祺的父亲汪菊生一生结过三次婚，第一任妻子即汪曾祺的生母，在他三岁时就因病去世，继母任氏是汪菊生的第三任妻子，她与汪菊生结婚后一共生了五个孩子。虽然是同父异母，但作为长子，汪曾祺对这些弟妹都很关心。父亲去世后，继母任氏

带领五个年纪尚小、没有独立生活能力的少年，其生活之艰难可
想而知。而接下来又偏赶上 1960 年开始的三年经济困难时期，小
弟汪海容活活饿死，更小的年仅 16 岁的妹妹汪绫纹，为了活命，
于 1963 年随人逃荒到安徽谋生，两年后嫁人成家，过上了暂时不
挨饿，但绝无爱情、动辄遭打受骂的生活。继母任氏无力支撑家庭，
几次欲投大运河自尽，幸都被人发现劝阻。这些情况通过家信传
达给远在张家口的汪曾祺，每每令他心如刀绞，肝肠寸断。但自
身的困境却令他常常感到一种无助，他唯一能做的，也只是给家
中寄一些活命钱，尽管他当时三个孩子都还小，生活并不宽裕。
被打成右派后，他的工资由 180 元降为 105 元，他给家中寄 40 元外，
自己只留下 25 元的生活费，剩下的 40 元寄给远在故乡的继母及
兄妹，其经济上的困窘可想而知。

　　汪曾祺在张家口生活了近四年时间，在这一千多个日日夜夜
里，他心中的苦楚是难以与人言说的。尤其是前两年，他右派帽
子未摘，一方面遭受着肉体的苦痛，另一方面还要背负着精神的
重压。经济上的困顿自不必说，而右派前途的未卜、父亲的去世、
故乡亲人生活的悲惨都时时挤压啃啮着他脆弱的心。而在右派帽
子摘除后，他虽然有一种轻松感，但由于原工作单位不接收他，
他只有继续待在农科所协助工作。在《马铃薯》一文中，他曾记
录下当初他的那种情绪："远离了家人和故友，独自生活在荒凉
的绝塞，可以谈谈心的人很少，不免有点寂寞。"右派生涯结束
后，他原本可以回京与家人团聚，但没有单位接收，他便只能还
如失群的小鸟一样，孤单地在张家口飘零了一年多。个中的感觉，
肯定绝不仅仅只是一个寂寞可以形容的。

　　1983 年，汪曾祺应张家口市文联之邀，给当地青年作家讲课，其间重返沙岭子，然而时隔二十年，一切已是面目全非。"这不是我所记忆、我所怀念的沙岭子，也不是我所希望的沙岭子。然而我所希望的沙岭子又应是什么样子呢？我也说不出。"而对于他生活过几个月的沽源县，在《沽源》一文中，他心情复杂地表示："我这辈子大概不会再有机会到沽源去了。"事实上他也的确没有再能回去过，沽源在他的印象中永远停留在马铃薯、口蘑、低矮的城墙与多变的天气上。

　　往事或许并非不堪回首。张家口作为汪曾祺生活过的一个特殊的地方，对于他来讲已然不是一个单纯的地理概念，而成为融有他的汗水、泪水甚至血水的留有他生命气息的一块生命之地。在这块土地上，他犹豫过、彷徨过、悲伤过、失落过，他也憧憬过、思索过、感受过，他一生最坎坷的几年是在这片土地上度过的，张家口因此成为他生命中不可或缺的分量最重的一部分。尽管这片土地在他的生命中，往往是与苦难与坎坷与命运的不济相连，但恰恰是这块土地接纳了他、包容了他、陪伴了他、慰藉了他，他对这片土地的感情曾是复杂的，是爱恨交加的。而当时光的荏苒使历史成为云烟，曾经的苦难终成为一种人生的财富时，张家口这个地方也最终化作一种坚硬的血液融合到他长流的生命和文学的血脉中。

　　张家口其实距离北京仅仅有 200 公里，是庇护北京的后花园，进入 21 世纪后，张家口这个地方发生了翻天覆地的可喜变化，开放包容的张家口敞开自己广阔的胸怀迎接四方的宾朋，许多京津冀的游客都把张家口作为他们休闲度假的首选之地，在他们的眼里，张家口是一个美丽的地方，是一个能够消解他们疲倦焦虑情绪的地方。汪曾祺笔下只有罪犯"发往军台效力"的沽源也以五花草甸等优美的自然景观吸引着全国各地的游人。以汪曾祺在张家口生活的年代计，历史的册页已经翻过去了半个世纪。回首过往岁月，汪曾祺曾发出过"我只觉得这一代人都糊里糊涂地老了。是可悲也"的感叹，也曾发出过"为政临民者，可不慎乎"的希冀。社会发展了，时代前进了，那种简单粗暴的政治风暴或许永远也不会再发生了。我想，如果作家本人还活着的话，能够重回张家口，一定会感触良多。而如果时光可以倒流，历史可以重写，我多么希望汪曾祺与张家口的缘不再是由于沉重的政治风暴，而是出于这个地方固有的善和美，正如现在那些来张家口休闲度假的人们一样，所感念的是这片土地粗犷、辽远、包容、大气的美！

（《当代人》2013 年 4 期）

难忘汪老的教诲

葛国顺

1981 年 9 月，汪曾祺阔别故乡 42 年后第一次回高邮，来水乡川青采风。汪老一行兴致勃勃乘坐公社的小轮船，沿五里河两岸绿柳成荫的河道到南面的芦苇荡区观光。当时，川青公社在苏北里下河颇有名气：农田方整化，田成方、河成网、树成行，还是闻名全国的"绿化先进单位"。汪老一路观光，谈兴甚浓，不时问一些有关农民生计的问题，大多是盛赞水乡的自然风光。后来我才知道，他是在为创作一篇反映高邮变化的报告文学《故乡水》积累素材。中午的餐桌上，自然少不了具有水乡特色的菜肴，如雪花豆腐、过桥鱼和一些野味，汪老细细品味，赞不绝口，吃得很开心。当汪老听说我从事基层文化工作时，便鼓励我说，农村广阔天地素材多，创作天地宽，干文化工作挺有意思。可能是改编京剧《沙家浜》的缘故吧，汪老对芦苇荡印象颇深，还叮嘱我有机会可以写写芦苇荡斗争。饭后，汪老还挥毫写下了"素心常如故，良苗亦怀新"十个大字，抒发了对绿野平畴川青新貌的感慨。在汪老第三次回故里期间，县文联给我们基层业余作者提供了学习平台。我曾两次聆听汪老的创作讲座。汪老侃《受戒》《大淖记事》等作品如叙家常般的讲课，让我受益匪浅。汪老以自己淙淙思乡的眷恋，启迪人们有一颗平常心，追求未来美好生活。是汪老治学严谨的精神、高尚品质和人格魅力，影响着我的一生。

（《解放日报》2012 年 3 月 22 日）

汪氏故居的温度

陈永平

汪曾祺先生晚年发力，写出一批脍炙人口的精品佳作，部分作品堪称经典，生前身后都有一群自称"汪迷"的读者。作为一名作家，算得上功德圆满了。

然而也有遗憾。身居里巷的汪曾祺故居，顶着很响的名头，却陈旧逼仄，且住着三位老人：汪先生弟汪曾庆、妹汪丽纹、妹婿金家渝，让寻摸来的同道和"汪迷"感叹唏嘘。

我曾在高邮汪家巷生活过三年，对这一带较熟。汪家巷原是汪家祠堂，南北向，南连臭河边，北接人民路，俗称"东头街上"。"汪迷"对这一河一街都不陌生。汪家巷西挨着十六联医院（现为城北医院），汪先生父亲汪菊生及妹妹、妹婿曾在这里就职。巷东不远是汪先生叔母的住处，后来成了镇办的造纸作坊，生产手纸，这种纸先要贴墙晒干，再裁成砂纸大小，粗糙也如砂纸。作坊停办后，房子便空着。汪先生幼年时过继给叔母，有房契等一应手续，他曾请求落实政策发还老屋，可叹夙愿未偿。

造纸作坊大门口，沿臭河边东走三百来步，才是汪先生出生的地方。汪家大门开在科甲巷，今已不存；在竺家巷有一后门，两间小屋，据说是堆柴草的屋子，1951 年汪父带了一家人从镇江回高邮，就住这里，现在门口挂了一块牌匾："汪曾祺故居。"王安忆对汪氏故居有精准描述，兹照录：

> "门内簇拥着沙发、茶几、书柜、矮橱，一对夫妇，年在七十上下，让座与斟茶，原来是汪老的妹妹和妹婿。汪家当年的宅院，历经动荡变迁，如今只余下这前后套的两间，背着一小块天井，天井里颇为奇迹地贴墙筑一道窄梯，楼顶上搭一间阁楼，悬着，住汪老的一位兄弟。汪家人戏称是'皮凤三楦房子'——汪曾祺的小说名。所以，这里不仅是汪曾祺故居，也是今居，生活着汪老的亲人。"（王安忆：《去汪老家串门》）

我与三位老人结识于 1995 年。是年秋，我以家乡电视台记者的身份，赴京采访汪先生，录了五盒影像资料，回高邮后制作专题片《文章淡淡忆儿时》，汪曾庆和金家渝夫妇是我的采访对象，也帮我寻找汪先生笔下人物的生活原型，《徙》中的汪厚基、高冰（令人惊奇的是，名字是真名）就是金先生联系的。汪厚基对高冰妹妹高雪的感情，一如小说里说的，"含在嘴里怕她化了"。高雪死后，汪厚基续娶，但对高雪的情意真挚绵长，他请妻子缝制了一只缎面小夹子，里面有高雪的遗照，放在贴身的上衣口袋里，直至去世。金先生又带我们见了《岁寒三友》中靳彝甫、王瘦吾的儿子，陶虎臣（真名陶汝）的女儿。三户人家都住"东头街上"，距离很近，互通吊庆，父辈的友谊传续至今。

我最想见的人是大英子（《受戒》中小英子原型）。其时，我们知道的信息，大英子已身染重疾，卧病在床。一天深夜，金先生电告我，大英子病情有加重趋势，我们随他疾驱界首镇王家河村，看到了大英子。遗憾的是，大英子已处弥留之际。我们没有进入拍摄，我今天也不能描述她的容貌，以免影响读者心中小英子的形象。

自此，我和金家渝夫妇、汪曾庆先生成为忘年交，时常上门走走聊聊。许多作家、"汪迷"跟我一样，多是不请自到。王安忆与夫君到高邮，自己安排了住宿，乘三轮车一路打听，颇费周折，终于找到汪氏故居。知名作家中，还有铁凝、毕飞宇等，更多是汪先生的普通读者。来的都是客，来了，大门若关着，敲敲试试，马上就有一位老人笑容可掬迎接您，让座斟茶，与您侃侃而谈；有时到饭点儿了，桌上会变出一碗高邮阳春面。老人们不会因"汪迷"的打搅心生不快，"汪迷"的虔敬热诚也令他们感动。

2011年除夕临近傍晚，汪氏故居来了位甘肃客，自称体育教师，有抑郁倾向，他努力让自己读一点书，读到汪老，爱不释手，时间久了，抑郁减弱竟至康复。此次到宝应亲属家过年，第一站却落脚高邮，目的是向汪先生致敬。金先生给这位不速之客安排旅店，还在大年夜的餐桌上，为客人备下一双筷子。金先生给我讲述这故事时，我立即想到汪先生的一句诗："人间送小温。"他的作品有温度，能给人温暖，可抚慰心灵，我相信汪先生的创作有治疗心理疾患的功效。

同样，汪氏故居里也是有温度的。这里没有解说员背书式的讲解，那种讲解方式缺乏感情，令人生厌。汪氏故居因为三位老人而有温度，它是汪先生的家，他们是汪先生的家人，有人的家就有温度。

2012年国庆节，独立制片人季丹来高邮，有意拍摄汪曾祺题材的纪录片。我们相约小聚，金先生也在受邀之列。那天他来迟了，解释说正在装修房子。我半玩笑半认真地说："您这是拿钱为公家办事啊！"最近听说，高邮拟建汪曾祺纪念馆，并且已有所动作，将部分恢复科甲巷原貌。此事若成，则善莫大焉，功莫大焉！它体现的是对于文化的尊重，散发的是一座城市的温度。高邮，尽管有2000多年的文化底蕴，仍然需要温度，有温度，才有生气。

（《新华日报》2014年9月25日）

声　明

　　因本书出版匆忙，一些作者联系方式不详或其他原因未能及时与著作权拥有者取得联系，著作权人发现本书选编了其拥有著作权的作品时，请主动与以下邮箱联系，提供相关证明材料，我们将及时与您联系。

　　邮箱：mzzy_16@163.com